NHK BOOKS
1244

象徴天皇制の成立

昭和天皇と宮中の「葛藤」

chadani seiichi
茶谷誠一

NHK出版

はじめに

二〇一六年七月一三日、NHKテレビ一九時のニュース番組で、天皇が生前退位の意向を宮内庁関係者に伝えたという報道が流れた。翌一四日の全国主要新聞は各紙とも一面でこのニュースを取り上げ、一晩にして世間をにぎわす大ニュースとなった。筆者は一三日夜の記憶は定かでないものの、一四日の『朝日新聞』朝刊にて、このニュースを知ることになった。一般の方々も驚《きょう》愕《がく》したかと思われるが、研究者のはしくれとして日本近現代史を専攻とする筆者も、執筆依頼を受けた本書の構成を練っているさなかであり、また、大学の授業で日欧君主制の比較史をテーマとする講義を担当していたなかでのニュースであったため、非常に驚きながら新聞を手にとり、食い入るように関連記事を読みあさった。

そして、生前退位問題のニュースが報じられた週の大学の講義で、さっそく新聞をスクリーンに映しながら、授業を履修している学生たちに概要を伝えた。学生たちの多くもすでにこのニュースについて把握していたようで、授業時に書いてもらったコメントにも、「驚いた」という意見が圧倒的に多かった。その後、生前退位問題は、同年八月八日、自身の思いを国民に向けて語る天皇のビデオメッセージが流されたことにより、いっそう世間の注目を集めることとなった。

生前退位のニュースに驚いたのは政府関係者も同じであり、突然の天皇の意向表明に戸惑いを隠せなかったようである。二〇一六年一〇月、安倍晋三政権は専門家や研究者からなる有識者会議を立ちあげ、政府としてとるべき対応について検討させる措置をとった。二〇一七年三月現在、生前退位問題は有識者会議からの答申をふまえ、国会の与野党が協議した結果、一代限りでの退位を容認する特別措置法の制定という方針で合意にいたったところである。

大多数の国民にとって、今回の生前退位問題の報道があって初めて、皇位継承のしくみやその根拠となる皇室典範の具体的な内容、そして、現在における皇位継承の問題点について知るところとなったのではないだろうか。また、生前退位問題は、象徴天皇制という制度自体を考える良い機会となったはずである。

一九四七年五月三日の日本国憲法の施行とともに象徴天皇制が誕生したことは周知のとおりである。しかし、天皇の地位がいかにして明治憲法下の「統治権の総攬者《そうらんしゃ》」から日本国憲法で規定される「日本国の象徴であり日本国民統合の象徴」たる象徴天皇へと変化したのか、その成立過程を詳しく理解している読者は少ないのではないだろうか。本書では、今回の生前退位問題で注目を集めることになった象徴天皇制が、戦後、いかに誕生したのかという成立過程を詳細に追い、さらに、独立回復までの占領期を中心に、新たに成立した象徴天皇制がどのように展開していったのかを論じていく。

具体的には、近年利用できるようになった資料も用いつつ、昭和天皇と宮中の側近たち、東久《ひがしく》邇宮《にのみや》内閣以降の日本政府、マッカーサー率いるGHQの三つの勢力の言動分析を中心に、これらの勢力の周囲で奔走していた関係者などにも注目しながら、象徴天皇制の成立過程を検証していく。詳しくは本文を通読していただきたいが、象徴天皇制は簡単に生まれた制度ではなく、その過程では各勢力間で激しい応酬が繰り広げられていた。昭和天皇と側近たちは皇室・宮中の民主化を求めるGHQとの折衝のなかで苦悩し、葛藤していくのである。その結果、一九四七年五月三日の新憲法の施行とともに象徴天皇制はスタートするわけであるが、象徴天皇制に対する理解は各勢力によって異なり、現実の運用にあたっても混乱が生じていくこととなる。

本書に目を通すことにより、このような象徴天皇制が成立するまでの産みの苦しみや成立後の混乱から何が問題となっていたのかを読みとっていただければと思っている。また、現在、話題となっている天皇の生前退位問題や政界で話題となっている憲法改正論議、とくに、「押しつけ憲法」論を考えていくうえでの一助になればと願っている。

なお、本書で引用していく資料や参考文献のうち、以下の頻出するものについては、巻末の注として表記する煩雑さを避けるため、本文の引用箇所に続けて（）内に略称した書名・巻号（丸数字）・年月日（西暦下二桁と月日）を表記していくスタイルをとる。

『芦田均日記』→『芦田』
『入江相政日記』→『入江』
『回想十年』→『回想』
『河井弥八日記　戦後篇』→『河井』

『木戸幸一日記』下巻↓『木戸』
『昭和天皇独白録　寺崎英成・御用掛日記』↓『寺崎』
『側近日誌』↓『木下』
『高木惣吉　日記と情報』下↓『高木』
『高松宮日記』↓『高松宮』
『徳川義寛終戦日記』↓『徳川日記』
『東久邇日記』↓『東久邇』
「木戸幸一政治談話速記録」下（国立国会図書館憲政資料室所蔵）↓「木戸談話録」
「関屋貞三郎日記」（国立国会図書館憲政資料室所蔵）↓「関屋」
「寺崎英成日記」一九四九年分（寺崎太郎遺族提供）↓「寺崎」
「林敬三氏談話速記録」（国立国会図書館憲政資料室所蔵）↓「林談話録」
「田島道治日記」↓「田島」※1
「昭和天皇実録」↓「実録」※2

※1　「田島道治日記」は、加藤恭子氏が解読し著書のなかで引用している箇所をそのまま援用していく。
※2　「昭和天皇実録」は、刊行されている宮内庁編修『昭和天皇実録』（東京書籍）ではなく、宮内庁への情報公開法にもとづく開示請求によって入手した「昭和天皇実録」複写版（ＣＤ－Ｒ版）を使用している。

目次

第二章　象徴天皇制への道　59

第四章　象徴天皇制の成立過程にみる政治葛藤　147
——一九四八年の側近首脳更迭問題

校　　閲　猪熊良子
本文DTP　NOAH

序章
象徴天皇制とはどんな君主制形態なのか

一　象徴天皇制研究の盲点

君主制形態の分類

明治憲法による「統治権の総攬者」から日本国憲法の「象徴天皇」へ、戦後、天皇制は国制史上における大転換を遂げた。象徴天皇制の成立という重大事件について、歴史学、政治学、社会学をはじめ、社会科学系のあらゆる分野で研究が積み重ねられてきた。そのいっぽう、筆者が専門とする歴史学分野では、象徴天皇制をテーマとする多くの先行研究があるにもかかわらず、新旧の憲法体制、政治体制を示す用語に統一性がみられないことに気がついた。

具体的にいえば、新憲法制定当時の国会議論やメディアでも取り上げられた、「国体は変わったのか」という古いテーマに帰着するのだが[1]、象徴天皇制の成立過程を分析した先行研究では、象徴天皇制が明治憲法からどう変化し、どこが変化しなかったのかという点や、君主（天皇）のもつ政治的権能の有無や政治的影響力の強弱を説明する際、比較のための君主制形態を示す語句や定義が明確でないのである。たとえば、研究史上でよく使用される「戦前の立憲君主制から戦後の象徴天皇制への移行」という表現について[2]、天皇（この場合は昭和天皇）の権能がどう変化したのかという分析視角を用いた場合、「立憲君主」と「象徴天皇」という君主制形態を適当な用語で表現しなければならず、その語句や定義が各研究によって異なっている。しかも、君主制形態に関する先行研究整理を論理的におこなっている研究自体が少ないように見受けられる[3]。

そこで、本書を論述していくにあたり、まずは新旧両憲法を比較、検証した先行研究のなかから君主制形態を表した用語やその定義について拾いあげ、それらが国法学上でどの国家形態に分類されるのかという点をあらかじめ整理しておきたい。

戦前と戦後の天皇制を比較する際には、国家形態論による君主制分類から類似点や相違点を明確にすると理解しやすく、すでに、新憲法の制定過程においても、政府内部や議会、メディア、学会などで議論されてきた。しかし、当時から、国家形態論にもとづく君主制の類型比較に意義があるのかどうか、また、ゲオルグ・イェリネック（Georg Jellinek）に代表されるドイツ国法学流国家形態論の君主制と共和制の区分自体、現代の国家事情から適当な視角なのかといった疑問の声もあがっていた。第二次世界大戦後、「君主の権限がほとんど形骸《けいがい》化し、したがって、君主制がほとんど共和制化してしまった今日においてはかかる分類はもはやほとんど意味がない」[4]といった思考である。そもそも、君主制を類型化する場合、何をメルクマールとするかによって、その様相は異なってくるのであり、現代における君主制の実態を網羅的に表現し、分類する作業はきわめて困難である。[5]

君主制のもつ「歴史的・社会的機能」

ドイツ国法学流国家形態論による君主制分類の問題点に対しては、二つの克服法が示されてきた。一つは、国家形態論の欠点を認識しつつ、「複雑で混乱せる知識を整理しこれに統一を与える」[6]べく、あくまで君主制と共和制の概念区分を明確にし、君主制形態の分類を精緻化《せいちか》させることで、「議会主義的君主制」に属する君主制をより細分化する方法である。いま一つは、国権の源泉者の数を国家形態のメルクマールとするドイツ国法学の方法論とは別に、君主制の歴史的・政治的・社会心理的考察も含めて検討していく方法論である。[7]

本書でもこの二つの方法論に留意しながら、象徴天皇制をめぐる研究整理をおこなっていく。まず、国法学的方法論にもとづく国家形態の分類にこだわる理由として、「象徴天皇」の地位をめぐる解釈論はさておき、日本国憲法は国民主権を明記している点において、国制上、「共和制」国家と規定されているからである。君主制と共和制を区別せずに「議会主義的君主制」[8]という範《はん》疇《ちゅう》から君主制比較をおこなうと、今日における君主制はほぼすべてこの形態に属してしまい、また、よく比較の対象にあげられる日英の君主制も「議会主義的君主制」に属することから、[9]双方の相違点が曖昧になってしまう。

さらに、国家形態論による君主制分類を明確にしなければ、憲法改正や天皇制処理問題において登場する各政治勢力、天皇・側近、日本政府、GHQ（とくに民政局 Government Section 以下、GS）らが想定していた君主観の相違点を十分に理解できなくなってしまう。これらの政治勢力は総じて「議会主義的君主制」の採用を受容していたが、[10]天皇の権能や皇室、宮中の役割をめぐり、千差万別の意見が示されていた。この状況は結局のところ、戦後の象徴天皇制を「議会主義的君主制」のなかにどう位置づけていくのかという、細分化された君主制形態を想定したなかでの議論に収斂《しゅうれん》される問題といえよう。

また、本書で象徴天皇制の機能を論じていくうえで、国法学的方法論の範疇に属さない、君主制のもつ「歴史的・社会的機能」にも着目したい。象徴天皇制の機能を考える場合、当然、戦後の象徴天皇制が民衆に受け入れられていく社会的土壌を考慮せねばならず、さらに、その要因として、明治憲法を制定した伊藤博文の説く、「国家の機軸たる皇室」という民衆心理操作の手段と方策が、敗戦後も民衆のなかで残存し続けていたという政治思想面にとどまらず[11]、古代以来の天皇がもつ歴史的・社会的機能も戦後の民衆の心理作用に大きく影響していたと考えられるからである。天皇制を「歴史的・社会的機能」から回顧してみれば、明治憲法制定以降の「統治権の総攬者」時代は、長い天皇制の歴史において「特殊」だったのであり、本来の「象徴」天皇に回帰しただけという見解につながっていく。このように、天皇のもつ伝統的な「象徴」機能を理解するためには、「君主制の歴史的・社会的機能」も視野に入れなくてはならない。

二　国法学的国家形態論からみた象徴天皇制研究

榎原猛の君主制区分

表1は、新旧両憲法下における天皇制の政治構造上の変化について、代表的な実証研究をとりあげ、そのなかで使用されている語句をまとめて列挙したものである。まず気づくことは、明治

表1　象徴天皇制研究における新旧体制表現の比較表

著者	旧憲法体制	新憲法体制	新憲法下の天皇制の定義や国家形態的分類、「象徴」機能に関する説明
御厨貴	「帝国憲法」体制	「日本国憲法」体制下の象徴天皇制	統治システムの変遷を述べるなかで、天皇以外の国家機関の関係の変化を中心に論述されており、天皇の地位の変化に関しての記述はなし。
川田稔	立憲制的君主制→議会制的君主制	象徴天皇制	「天皇不執政」以外、言及なし(341頁)。
後藤致人	立憲君主制(立憲主義的路線から「天皇親政」的色彩と振幅の差あり)	天皇不執政に基づく象徴天皇制と立憲君主制路線	国家形態の根本部分はあいまい(209頁)。片山、芦田内閣が進めようとしたのは、日本国憲法で規定された「天皇不執政に基づく象徴天皇制路線」であり、吉田、佐藤内閣のように、天皇と内閣の関係を「君臣関係」と位置づける立憲君主制路線が存在(208〜238頁)。
ケネス・ルオフ	近代君主としての天皇(制)	国民主権の下での立憲的象徴君主制	皇室の象徴としての地位は、主権者である国民の意思に基づくが、象徴天皇の栄典授与や宗教的儀式など一件、近代以前への伝統の回帰にみえつつも、近代以降につくられた制度や発明にもとづいている(128〜130頁)。
渡辺治	統治権総攬者としての天皇制	立憲君主的天皇像と象徴天皇本質論	立憲君主的天皇には政治的権能が必要。象徴天皇本質論は、新憲法の象徴天皇規定こそ、天皇制の不執政や平和主義といった伝統の姿を表明したもの(8〜12頁)。
冨永望	立憲君主制	議会主義的君主制、「象徴天皇(制)」	憲法改正に参画した日本の政治勢力がめざした形態は、レーベンシュタインの説く「議会主義的君主制」でほぼ一致。GHQは、さらに君主権力を弱体化させた「20世紀憲法」の感覚で天皇制をとらえていた(18〜28頁)。

出典：御厨貴「『帝国』日本の解体と『民主』日本の形成」（中村政則ほか編『戦後日本　占領と戦後改革2　占領と改革』岩波書店、1995年)、川田稔「立憲制的君主制から議会制的君主制へ」（伊藤之雄／川田稔編『環太平洋の国際秩序の模索と日本』山川出版社、1999年)、後藤致人『昭和天皇と近現代日本』（吉川弘文館、2003年)、ケネス・ルオフ『国民の天皇』（共同通信社、2003年)、渡辺治「戦後国民統合の変容と象徴天皇制」（歴史学研究会／日本史研究会編『日本史講座10』東京大学出版会、2005年)、冨永望『象徴天皇制の形成と定着』（思文閣出版、2010年)。

※川田氏はマックス・ウェーバーの『支配の諸類型』（創文社)、後藤氏は今谷明の『象徴天皇の発見』（文春新書)、冨永氏はレーヴェンシュタイン『君主制』（みすず書房)をそれぞれ参照。

憲法下の天皇制を「立憲君主制」と表現している研究者が多い点である。明治憲法下の天皇制を立憲君主制と認識する見方は、ドイツ国法学の国家形態分類（制限君主制、立憲君主制）に限らず、現在では一般に共有されつつあるといえよう。[12]対照的に、新憲法下の天皇制の規定について、研究者間でその定義や使用する用語が異なっている。また、新憲法下の天皇制が国家形態のどの君主制タイプに分類されるのかという点についても、「立憲君主制」から「象徴天皇制」、「議会主義的君主制」という表現で明確に定義されておらず、曖昧に位置づけられている。そのなかで、冨永望氏は君主制と共和制の国家形態上の区分をより明確にしようという視角から、カール・レーベンシュタイン（Karl Loewenstein）の国家形態論を援用しつつ、旧憲法下の「立憲君主制」と新憲法下の「議会主義的君主制」に区別し、象徴天皇制をめぐる各勢力間の対立を「議会主義的君主制」の範疇で論じている。[13]

研究者の間でも確固とした位置づけがなされていない、新憲法下の天皇制については、憲法学者の榎原猛氏による区分が一つの拠り所となる。榎原氏は、イェリネックやレーベンシュタインの国家形態論における「議会主義的君主制」を分類し直して「国会主義的君主制」と表現し、[14]これを君主国の「国会主義的立憲君主制」（「国会制的間接君主制」と「君主制的間接君主制」）、共和国の「共和国における君主制」に大別し、さらに「共和国における君主制」につき、「君主制的間接民主国〔制〕」「君主参加国会制的間接民主国〔制〕」「象徴君主保持国会制的間接民主国〔制〕」の三つに細分化している（表2を参照）。

このように詳細な君主制類型を設定した榎原氏は、天皇制の形態変遷について、武家政権時代

表2　榎原猛氏による君主制の国家形態分類

君主制 （主権者が1人）	専制 君主制			
	制限 君主制	等族議会 君主制		
		立憲君主制	**君主主義的立憲君主制**	
			主権者の君主のもとで、立憲政体を採用。君主の権力は強大で、国会より君主が優位にたつ。	
			国会主義的立憲君主制	**君主制的間接君主制**
			君主は名目上の主権者、国権の源泉だが、実際には行使しない、議院内閣制が確立。	主権者たる君主は、ある特定の一人に国権の発動を委任し、間接的に国権を発動する。
				国会制的間接君主制
				君主は国権の源泉の立場を維持しつつ、国会優位の原則や議院内閣制を憲法で明文化し、徹底。
共和制 （主権者が 2人以上）				**君主制的間接民主制**
				君主は国権の行使を主権者たる国民の代表から認められている。
			（共和国における君主制）	**君主参加国会制的間接民主制**
				主たる国権の行使は議会など、国民の代表が行うが、君主は、なお法上、実質的に国家意思形成に参加できる。
				象徴君主保持国会制的間接民主制
				象徴君主は存在するが、実質的に国家意思形成に参加しない。日本のみが該当する類型。

（↕ 広義の「議会主義的君主制」）

※間接君主制…主権者たる君主がみずから国権を発動することなく、他の機関（国会）に委任している制度
※間接民主制…君主が主権者たる国民から主たる国権の行使を委任された制度
※「象徴君主保持国会制的間接民主制」とほぼ同義のものとして、下條芳明氏の「情報権的君主制」、佐藤功氏の「人民主権下の議会君主制」もあてはまる。
注記：榎原猛『君主制の比較憲法学的研究』（有信堂、1969年）より作成。

以降を「君主制的間接君主制」、明治維新から明治憲法制定までを「専制君主制」、明治憲法制定後を「君主主義的立憲君主制」、新憲法施行後を「象徴君主保持国会制的間接民主国〔制〕」と分類した。[15]榎原氏は、象徴天皇制下の日本は国民主権を定めた日本国憲法上、共和国であるが、「国家の憲法構造の中に君主なる特定の機関」を有し、しかも天皇は「君主」資格のメルクマールである独任制機関、世襲制、国民からの崇敬的感情の存在といった諸要素を満たしていることから、「広義の君主」国だと説く。しかしながら、天皇は政治的権能を有せず、国家意思形成にも参加しないため、「象徴君主保持国会制的間接民主国〔制〕」という国家形態に分類されると主張する。[16]

国法学的な曖昧さをもつ象徴天皇制

榎原氏の君主制分類によると、敗戦直後の幣原喜重郎《しではらきじゅうろう》や吉田茂ら親英米派の面々をはじめ、当時の国家支配層の大部分が志向していたのは、政友会と憲政会（民政党）が交互に政権を担当する政党内閣制が機能していた一九二〇年代の立憲政治、すなわち「国会主義的立憲君主制」であり、昭和天皇もこの形態を志向していた。しかしながら、イギリス流立憲君主制のように、象徴天皇にも政治的権能を付与すべきか否かの点について、マッカーサー（Douglas MacArthur）や新憲法草案の作成にあたったGS局員は明確にこれを否定していた。マッカーサーやGS局員は新憲法下において天皇の地位を定めるにあたり、あらかじめ国法学的な君主制分類による特定の君主制形態をあてはめようと考えていたわけではなく、君主の権能を制限させたヨーロッパの君主制国家を漠然としたモデルにすえ、新憲法の天皇規定に適用させようとした。

そもそも、GHQ草案のもととなるマッカーサー三原則のなかには、「予算については英国を例とす」[17]という一文も含まれており、イギリス流立憲君主制を模範とした制度導入も指示されていた。後に憲法改正案をめぐる日本側との交渉でも明らかとなるが、マッカーサーやGS局員が第一義に考えていたのは、天皇制を議会の管理下に置くことであった。

マッカーサーは日本の民主化とキリスト教化を占領統治に向けたイデオロギーとし、国家神道の廃止や天皇の神格性という虚構の破砕を最優先すべき課題と認識してきた。[18]よって、マッカーサーは「天皇を神とみな」し、絶対君主として崇める「神人融合の政治形態」を解体させ、「議会が国家権力の最高機関」となる民主的な政治形態への変革を日本側に求めるため、[19]議会主義が発達したイギリスをモデルに新憲法の草案を提示したのであった。たしかに、イギリス流立憲君主制は、「議会における国王」（King in Parliament）と称されるように、長い年月をかけ君主の地位や権限を国民の代表からなる議会（下院にあたる庶民院）の管理下に置いてきた歴史を有し、[20]この程度の知識をもつマッカーサーは漠然と予算の問題についてイギリス王室を例に議会の承認を必要とする点を強調したかったのであろう。

また、GSで憲法草案の起草にあたったチャールズ・ケーディス（Charles Kades）次長らGS局員は、草案起草前の全体会議で、「主権を完全に国民の手に与えることを強調すべきであり、天皇の役割は社交的君主にとどまるように規定すべき」[21]ことを申し合わせただけであった。

憲法草案起草のために編成された小委員会のうち、天皇に関する小委員会はジョージ・ネルソン（George Nelson）陸軍中尉とリチャード・プール（Richard Poole）海軍少尉が担当することになった。

プールは戦後の聞き取り調査のなかで、草案起草にあたっては明治憲法の英訳のほか、「スウェーデンやノルウェーなど、北欧の王政の国々の憲法も読みました。一番参考にしたのは、英国の制度です」「私はイギリスの王室のような制度を考えていたんです。天皇は、国を支配する権力は持たなくても、国民から尊敬される存在になればいいと考えました」[22]と語っている。やはり、GHQ草案の天皇条項のモデルは、イギリス流立憲君主制や北欧の君主制といった、広義の「議会主義的君主制」だったのである。

そのいっぽう、GHQ草案では国民主権を原則とし、君主のもつ大権を一切認めず、国政に関与することすら禁じる条項を盛り込んでいる。この点に関する説明として、プールは、天皇を「直接的には政治上の権限は持たないけれど、ある重要な役割を持った、日本国民に尊敬される立場にあるという位置」として規定し、「悪用される可能性のあるような憲法上の権限」をもたせないようにしたという。[23]そして、このような天皇の地位を示す言葉がイギリスのウェストミンスター憲章にでてくる「象徴《シンボル》」だったという。[24]

以上、GHQによって示された新たな天皇制の形態は国法学的にみれば非常に曖昧で、[25]解釈によってはイギリス流立憲君主制のような運用をおこなっていくことも可能であった。新憲法施行後に象徴天皇となった昭和天皇が国政関与への意欲をもち続け、時に積極的な行動をとることになるのも、象徴天皇制の国法学上の規定が曖昧であったことに起因していたのである。

「あこがれの中心としての天皇」

象徴天皇が明治憲法で規定された「統治権の総攬者」としての地位から変化したことは、憲法学上、明白であり、いわゆる「国体は変わったのか」という問いに対し、大半の法学者が国体変更論の立場をとるのも当然である。[26] 第一次吉田茂内閣で憲法担当の国務相に就任した金森徳次郎の発言や著述からは、国体の変化、不変といった当時の意見相克の様子をうかがうことができる。いっぽうで、憲法学者でもある金森は新憲法の主権規定から、法的に国体が変わったことを認めている。[27] 金森は君主制を法的側面のみで規定せず、国民感情に基礎を置く社会現象の側面から、「あこがれの中心としての天皇」という言葉を用い、「国体」の不変を主張していた。[28] 金森は、日本国民の精神結合の中心たる天皇の存在する「国体」は不変であり、国家統治の主体が天皇から国民へと移行したことで「政体」は変化したのだという論法により、国会答弁を乗り切った。[29]

一九四六年二月一三日にGSからGHQ草案が提示され、当時の幣原内閣がこれを受け入れた時点で、天皇の国政上の地位は、「統治権の総攬者」からの転換を余儀なくされた。しかしながら、GS局員らと折衝しつつ、新憲法における天皇条項の趣旨を理解していったのは、閣僚や法制局局員ら一部の人々だけであり、当時の国家指導者層は概して旧来の国体観から脱却できず、新憲法案に反発する姿勢を示した。

新憲法制定前後、日本側では明治憲法体制下の天皇の政治的権能を維持させようとする言動も依然として活発であり、「共和国における君主制」の「君主制的間接民主国」「君主参加国会制的間接民主国」「象徴君主保持国会制的間接民主国」の三類型のみならず、君主国形態の「国会主義的立憲君主制」「国会制的間接君主制」も天皇制のとるべき選択肢に含めたうえで、憲法改正をめぐる国内の議論は深化していった。[30] このうち、「国会主義的立憲君主制」はイギリス王室との比較から、「国会制的間接君主制」は古代以降の天皇不親政の歴史のなかで、「君主制的間接君主制」を長期間にわたって継続してきた歴史の経験をもとに、議会のなかの天皇という思考の置き換えにより、[31] それぞれ採用の道を見いだそうとする論理であった。

前述の君主制形態のうち、占領期の日本がとれる選択肢は、「君主参加国会制的間接民主国」か「象徴君主保持国会制的間接民主国」の二つしかなく、より厳密にいえば、後者に限定されていたといえる。両形態の違いは、「君主が国家意思形成に参加する」ことを法的に認めるか否かであり、新憲法下の日本にあてはめると、天皇になお国政関与の道を開く政治的権能をあたえるか否か、もしくは、国事行為の規定のなかに国政に関する行為を含めるか否かで判断が分かれてくる。

新憲法の施行後、日本は「象徴君主保持国会制的間接民主国」となり、当然、君主である天皇は国家意思形成に参加できなくなった。榎原氏は新憲法のなかで天皇の権能について定めた第四条「天皇は、この憲法の定める国事に関する行為のみを行ひ、国政に関する権能を有しない」の解釈につき、国事は「国家の形式的事務」であり、国政とは「国家の実際的政治」としてとらえ、

「天皇は国家の政治を実際上動かすいっさいの行為をなすことができない」と説く。[32]

しかしながら、次章以下で紹介していくように、象徴天皇制が「象徴君主保持国会制的間接民主国〔制〕」という国家形態となった事実を認識できない（というよりは、意図的に認識しない）人々も多く存在していた。そのため、象徴天皇の地位や権能をめぐり、混乱をきたす事態が頻出するのであった。

三 「君主制の歴史的・社会的機能」からみた象徴天皇制論

「象徴君主」の政治的権能は何か

新憲法下の天皇制を表現する際、各研究者は天皇制の「象徴」機能について類似した特質を指摘している。その「象徴」機能とは、ウォルター・バジョット（Walter Bagehot）が「イギリス憲政論」で説いた君主の「尊厳的」機能に代表される、[33]「君主制の歴史的・社会的機能」の側面である。「君主制の歴史的・社会的機能」から規定される君主制は、「儀礼君主」や「社交君主」と呼ばれ、[34]各研究者ともこの点に留意しながら象徴天皇制の特質を論じている。渡辺治氏の「象徴天皇本質論」、後藤致人氏の「天皇不執政に基づく象徴天皇制」などは、古代以降の長い歴史のなかにおける天皇の不親政をその起源としてあげている。

戦後の天皇制処理の過程において、統治者、被統治者の双方が改めて天皇や皇室のもつ歴史的、社会的影響力を再認識することになる。金森徳次郎のいう「あこがれの中心としての天皇」も、天皇制の歴史的・社会的機能をとらえた表現といえる。[35] そして、この天皇の社会的影響力こそ、昭和天皇や側近らが天皇制存続のために依拠しようとし、GHQが警戒した点にほかならない。

君主制を社会心理学の視角から考察したイギリスのパーシー・ブラック(Percy Black)は、被統治者による君主への「神秘的・精神的な性質への信頼」の心理を君主制の成立要因とみなして、「国民的誇りの理論」「感情的理論」「惰性的理論」などの視角を用いて説明し、同様に、レーベンシュタインも王朝の宗教性や血統の正統性といった「感情的理由づけ」の側面を君主制存続の要因としてあげている。[36] 榎原氏や佐藤功氏も両者の研究を紹介しながら、このような「君主制の歴史的・社会的考察」を天皇制の説明に適当な視角であると説く。[37] このうち、榎原氏は日本の君主制が君主制的間接政体(君主制的間接君主制)を多用してきた経緯につき、「特殊日本的政治形態であった」と論じ、天皇制が長期間にわたって存続してきた根拠としている。[38] また、象徴天皇制の制度上の定着過程と一九七〇年代のスウェーデン君主制を比較した下條芳明氏は、君主のもつ権能から特徴づけた形態概念として、「情報権的君主制」という語句を用い、[39] 象徴天皇制を以下のように定義している。

君主には一切の政治的権能の保持が認められていないにもかかわらず、象徴君主制の理念に基づき、立憲君主における「相談を受ける権能」が弱化され、しかも洗練された結果、君主は、象徴としての職務を円滑に遂行する前提として、国政について報告を受ける権能を行使する。[40]

下條氏は、現代における国家元首のメルクマールとして、「国家・国民統合の象徴機能の担い手である」ことを指摘し、その場合、立憲君主制形態における政治的権能の保持は重要でなく、「社会心理上、天皇への敬意、憧れ、追憶といった国民感情」が存在することで、「天皇の国家元首性確保のための要件」を満たしていると主張する。そして、このような「象徴君主」は国家・国民統合の象徴機能を果たすために必要な情報の収集を求める権利を有しており、この点をバジョットの説く三つの権利のうちの「相談を受ける権利」を弱体化させた「報告を受ける権利」から説明している。[41]「報告を受ける権利」は、まさしく戦後の象徴天皇制下の「内奏《ないそう》」にほかならず、[42]下條氏は、「内奏」が慣行化されてきた戦後の歴史から、象徴天皇制も「情報権的君主制」に属するとみなしている。[43]

同様に、後年の佐藤功氏も君主制の歴史的発展型として、絶対君主制、立憲君主制、議会君主制の次に、一九七〇年代のスウェーデン、スペインの憲法で規定された「人民主権下の議会君主制」をあげ、その原型を日本国憲法下の「象徴天皇制」に求めている。[44]このように、おもに「君主の歴史的・社会的機能」の面から象徴天皇制とヨーロッパ君主制の共通点を重視した意見があるいっぽうで、「法」をめぐる君主の地位の相違など、国制上の支配形態論から両者の相違点を強調し、「象徴天皇制が西欧的君主制に近づくのは容易なことではない」と指摘する声もある。[45]

「慈恵主体」としての天皇

君主制の社会心理的影響力については、イギリス王室を例に、国王による福祉、社会問題、労働問題への関心が王室に対する国民の心理面に好影響をもたらしてきたことが指摘されている。[46]近代天皇制についても、第一次世界大戦後における国際的な君主制危機への対処という、現実的な政治課題の側面や大衆社会における皇室と国民との関係という社会史的視角から、大正期以降の皇室による社会事業への積極的取り組みが紹介されてきた。[47]近代天皇制の確立期において、時の権力者、有識者らが天皇の「慈恵《じけい》主体」たる側面を重視し、「国体概念を実態化する手段は慈恵救済にある」との認識のもと、「天皇と国民の間に精神的結束を図る」べく、積極的な社会事業に取り組んできた経緯を見逃してはならない。[48]それゆえ、本書で詳述していくように、敗戦後、天皇や皇族は皇室のもつ「慈恵」の影響力を利用すべく、いち早く疲弊した民衆を救済する措置を講じていくのであった。

以上のような象徴天皇制研究をめぐる研究整理と問題提起をふまえ、第一章以下の各章で具体的な事象を説明していく。その際、随時、「国家形態論による君主制分類」と「君主制の歴史的・社会的機能」の視角から象徴天皇制をめぐる議論を整理しつつ、論述を進めていきたい。「国家形態論による君主制分類」では、榎原氏の研究にもとづいて君主制の各分類を紹介してきたが、本書では、読者の理解の利便性を考慮し、君主が何らかの形で国家意思形成に参加できる立憲君主制下の「君主主義的立憲君主制」から共和制下の「君主参加国会制的間接民主制」までを広義の「議会主義的君主制」と規定し（表2参照）、新憲法下の「象徴君主保持国会制的間接民主制」との区別を明確にしながら説明していくこととする。

第一章

敗戦前後の国体危機と昭和天皇

一　「終戦工作」にみる昭和天皇のリーダーシップ

天皇による木戸内大臣更迭論

アジア・太平洋戦争末期、日本の敗戦が濃厚となるなかでも、天皇をはじめとする日本の国家指導者たちは、いかにして有利な条件で戦争を終結させるかという思考から戦争を継続させていた。天皇もこのような「一撃講和」論を支持しており、[1] 早期停戦を訴えた一九四五年二月の近衛上奏文の「拒絶」に示されたように、沖縄戦での後退が明確となる同年五月初旬まで軍部とともに米軍への一撃を期待して戦局を見守っていた。

いっぽうで、天皇は戦局悪化への対応と今後の戦争指導方針の検討を考慮するにあたり、従来までの戦争指導体制や国家意思決定システムの刷新を求めるような言動をとるようになる。近衛上奏文に代表される一九四五年二月の七人の重臣への意見聴取も、重臣の重用を避けてきた木戸幸一内大臣の輔弼《ほひつ》論を退けて実行したものであった（『木戸』45・1・6、13）。

さらに、一九四五年五月の空襲によって宮殿を含む建物が焼失するという事態を受けて松平恒雄宮相が辞意を表明すると、木戸の発案で知己の石渡荘太郎《いしわたそうたろう》（小磯国昭内閣で蔵相、国務相、内閣書記官長を歴任）を後任に起用する案が浮上する。木戸は親しい側近たちと簡単な協議をおこなって石渡後任案に理解を求め、鈴木貫太郎首相と東郷茂徳《しげのり》外相にも宮相更迭《こうてつ》のやむなき事情を伝えたうえ、天皇に内奏して裁可を求めた（『木戸』45・5・25～6・2）。すると、天皇はいったん宮相人事を裁可した後、木戸を呼んで木戸の宮相転任と石渡の内大臣起用を提案したのである。驚いた木戸は、「諸般の事情」を理由にあげて天皇の考えに反対すると、天皇も意見を引っ込めたため従来どおり石渡の宮相就任で落ち着くこととなった（同前45・6・2）。木戸は自身の発案である宮相人事が即座に裁可されなかったことに不安を感じ、念のため藤田尚徳《ひさのり》侍従長や広幡忠隆《ひろはたただたか》侍従次長とこの件につき協議している（同前45・6・6〜7）。

一九四五年六月という戦争末期の情勢から鑑みても、天皇による木戸更迭論が単なる思い付きや咄嗟《とっさ》の発案でなかったことは明らかである。天皇の内大臣更迭論の真意は、戦争指導体制と国家意思決定システムの刷新をみすえ、従来までの木戸による情報管理体制を脱し、新たな情報ルートを設けようとしていた点にあったと考えられる。[2] 同時期、側近体制や国家意思決定システムの再編を求める声が指導者層から提起されており、[3] そのなかには元内大臣で天皇からの信頼の厚い牧野伸顕《のぶあき》を重臣や側近として起用する案も含まれ、関屋貞三郎《ていざぶろう》（元宮内次官）や鈴木貫太郎（元侍従長）は、木戸をはじめとする現役の側近にその実現を訴えていた。[4] 牧野の起用案が天皇の耳にまで達していたかどうか定かではないものの、時局の打開を望み、木戸の管理する情報ルート以外からの意見を欲するようになっていた天皇にとって、関心のある話であったことは確かである。

天皇の周辺で既存の国家システムの再編を求める声が叫ばれるような環境は、これら外部の意見を「雑音」とみなす木戸にとってゆゆしき事態として受けとめられていたはずである。[5] そのため、木戸は内大臣である自身以外の側近首脳から天皇にこれらの「雑音」が上がるのを防ぐとともに、外部ルートから天聴に達した「雑音」を収拾する意図をもって側近首脳四名（内大臣、宮内大臣、侍従長、侍従武官長）による昼食会の機会を設けたと考えられる。木戸をはじめ、各自がそれぞれ思惑をもって臨んでいたためか、戦時期の昼食会が互いに胸襟《きょうきん》を開いて語り合う意思疎通の場となりえなかったことは、当事者の証言するとおりである。[6]『木戸幸一日記』（以下『木戸日記』）をみると、木戸が石渡宮相（前任の松平宮相を含む）や藤田侍従長と協議する案件は、松代《まつしろ》大本営への宮中移転や宮内省組織の改編問題など宮中業務に限定されており、政治問題が議題となることは稀であった。[7]

天皇の積極的な言動

その後、天皇は六月八日の御前《ごぜん》会議や梅津美治郎《よしじろう》参謀総長、長谷川清海軍戦力査閲使《さえつし》による残有戦力・生産力の調査報告を受け、本土決戦という「一撃」が不可能な状況であることを悟り、連合国側との交渉による終戦へと意識を転換するにいたる。天皇の意識変化を看取した木戸は外交交渉による戦争終結を趣旨とする「時局収拾対策試案」を作成し、鈴木首相以下の主要閣僚への根回しをおこなう。そして、六月二二日、天皇による「御召《おめし》」という形式での御前会議を開催し、ソ連への和平仲介交渉の開始をその場で申し合わせる（『木戸』45・6・8〜22）。さらに、天皇はなかなか進展しない対ソ交渉の行方を按じ、木戸に対応を諮《はか》ったうえで鈴木首相を呼び、交渉を督促する。[8]

天皇の督促によって対ソ交渉は進展するが、すでに同年二月のヤルタ密約で対日参戦を決意していたスターリンは、日本側からの和平斡旋《あっせん》の要求を受け入れずに放置し、そのまま七月二六日のポツダム宣言勧告へと経過していった。ポツダム宣言勧告後もなおソ連からの返答を期待していた日本に対し、アメリカは八月六日に広島へ、同九日には長崎へ原爆を投下する。さらに、この間、八月八日夜にソ連が日本に宣戦布告し、九日未明、国境を越えて満州国や朝鮮への攻撃を開始していた。

最高戦争指導会議を構成する国家指導者たちは、この逼迫《ひっぱく》する情勢下にもかかわらず、どのような条件で降伏するかをめぐり延々と議論を戦わせていた。よく知られているように、この八月九日から翌一〇日にかけ、「国体護持《ごじ》」のみの一条件による受諾論を説く近衛文麿《ふみまろ》、前外相の重光葵《まもる》、軍令部出仕兼部員の地位にあった高松宮宣仁《のぶひと》らが木戸を説得し、同時に、意見を集約できない国家意思決定システムの弊害を打破する手段として聖断方式をとることまで申し合わせたうえ、天皇の了解をえた後、木戸から鈴木首相にそのシナリオを伝え、一〇日未明の御前会議においてシナリオにそって聖断が下され、ポツダム宣言受諾の決定へといたる。[9]

従来、あまり注目されてこなかったが、一回目の聖断が下されるまでの過程において、天皇は「事重大なれば重臣の意見をも徴《ちょう》したき思召《おぼしめし》」（『木戸』45・8・9）を木戸に語っている。木戸は八月九日午前に天皇の希望を鈴木首相へ伝え、重臣からの意見聴取に先立って事前に事情を説明しておくよう依頼する。重臣拝謁《はいえつ》の手配が整えられているさなかに前述の急展開があったため、重臣の参内《さんだい》は聖断が下った後の一〇日午後となってしまい、[10] 重臣の意見が天皇の意思決定に影響を及ぼすことはなかった。結果からみれば、八月一〇日の聖断は最高戦争指導会議という国家意思決定システムのなかで実行されたことになるが、天皇自身は既存のシステムによらない意思決定の方途を志向していたといえる。この後、連合国はバーンズ回答によって「国体護持」の保証をあたえなかったため、指導者間で再び議論が紛糾するが、八月一四日に二度目の聖断が下されて、ようやく戦争は終結する。

「終戦工作」過程でみられた天皇の言動からは、立憲君主としての意識の向上とともに、側近からの自立傾向がうかがえる。天皇は国家意思決定システムが機能不全に陥った状況下、行き詰った事態を打開するための措置を次々と提言していった。とくに、木戸内大臣による情報管理や輔弼体制の管理に満足できず、木戸の内大臣更迭や木戸の嫌う重臣への意見聴取を主張していた。ポツダム宣言受諾時の二度にわたる聖断は木戸をはじめとする周囲の輔弼者によって準備された非常時の例外措置であり、天皇が提起した一連の主張も輔弼者によって処理された。結果として、天皇は立憲君主としての姿勢を貫き通したことになる。ただし、在位二〇年近くに及び、年齢も四〇代半ばとなり政治経験を積んで成熟の域に達しつつあった天皇は、当時の日本においてもっとも政戦両面の情報に通じていたがゆえ、「国体」(天皇制という国家体制を含む国家や社会全体をさす)の危機に際して積極的な言動を示すようになっていた[11]。このように積極的な天皇の姿勢は、占領期の宮中改革にあたり、側近の先頭をきって主導性を発揮していく原型としてとらえることができよう。

二　敗戦処理過程における天皇と宮中——東久邇宮内閣の奏請

皇族の「権威」と敗戦処理内閣

敗戦を受け入れた日本であったが、すぐさま敗戦処理という次の課題が重くのしかかってくる。木戸内大臣は八月一四日午前の御前会議におけるポツダム宣言受諾決定の時点で頭のなかを整理し、同日午後からはいかにして敗戦処理を実行していくかを考慮しはじめていた。[12] 木戸はポツダム宣言受諾という大仕事を成し遂げた鈴木内閣の後継として、東久邇宮稔彦《なるひこ》を首班にすえた皇族内閣によって困難な敗戦処理にあたらせようと考えた。ポツダム宣言受諾の過程でも明らかとなったように、木戸は軍部内の抗戦派を統制することが円滑に敗戦処理を進展させていくうえで重要だと認識しており、この観点から、陸軍に籍を置く東久邇宮が適任だと結論づけた。[13] 木戸は日米開戦前に東久邇宮を擁立して挙国一致の姿勢を構えて戦争に臨もうという声が軍部内で高まっていたさなか、戦争に負けた場合を想定し、「皇室は国民の怨府《えんぷ》となるの虞《おそれ》あり」（『木戸』41・10・16）という理由からこの案に反対して陸軍の東条英機を推薦したことがあったが、この時と同じ論理で今度は政治の中心に皇族をすえることで、皇室が率先して敗戦処理にあたる姿勢を国民や占領軍に示そうとしたのである。

八月一四日、木戸は松平康昌内大臣秘書官長を東久邇宮のもとへ遣わし、鈴木内閣総辞職の気配を伝えるとともに、「軍部を抑えて行ける自信のある人が重臣の中にはないから」（『東久邇』

45・8・14）という理由から首相就任を要請した。その場では首相就任要請を固辞した東久邇宮であったが、翌一五日午後、松平が再訪して前日と同様の政治情勢を語り、天皇の内意として東久邇宮への大命を考慮していることを伝えて奮起を促すと、東久邇宮も難局に立ち向かう覚悟を決める（同前45・8・15〜16）。この間、木戸は東久邇宮の首相奏請（憲法上の任命者である天皇に推薦すること）にあたり、従来までの重臣会議方式をとらず平沼騏一郎《きいちろう》枢密院議長とのみ相談し、東久邇宮の推薦を決定している（『木戸』45・8・15）。木戸は東久邇宮内閣後の幣原喜重郎内閣を選定する際には、平沼とも相談せず、内大臣たる自身の判断で首相奏請にあたっている。この点につき、木戸は「重臣なんか、今はもうそういった状況でしょう。いまさら重臣を集めてたって、どうということはないんだ[14]」と語っている。前段では敗戦直後の混乱を理由にあげているが、もともと重臣の政治力量を軽視していた木戸の本音が透けてみえる後段が重臣会議を招集しなかった真意であったと思われる。

東久邇宮の組閣にあたり、近衛が相談役の副総理格で入閣する[15]。組閣人事は近衛と内閣書記官長に起用された緒方竹虎が中心となり、木戸と石渡宮相の意見も参考にしながら固めていき（『東久邇』45・8・16）、八月一七日に東久邇宮内閣が成立する。東久邇宮内閣には近衛や留任した米内光政《よないみつまさ》海相のほか、外相には重光が就いた[16]。これで、東久邇宮を擁立した木戸をはじめ、ポツダム宣言受諾に向けて奔走した「聖断断行派」ともいえる人々が結集した形となった。東久邇宮内閣は前任の鈴木内閣と同様、木戸内大臣と通じる重臣や政治家を集めた敗戦処理内閣としてスタートしたのである。

東久邇宮内閣にとっての重要な使命は、自身も述べているように、敗戦を受け入れられない軍部抗戦派の暴発を抑え、平穏に占領軍を迎えることにあった（同前45・8・22）。この点では、東久邇宮内閣はうまく機能したといってよい。[17] 玉音放送後も陸海軍内部では一部の抗戦派による暴動が何件か発生していたが、[18] そのなかで東京近辺の陸軍軍人らが八月二〇日頃に結集して皇居を占拠しようという計画がもちあがった。この情報に接した東久邇宮は首謀者二人を自室に呼んで決起の不可なる所以《ゆえん》を説き、暴動の発生を未然に防いだのである（同前45・8・20〜21）。少壮軍人らによる暴動を抑制することができたのは、東久邇宮の首相兼陸相（下村定《さだむ》の陸相就任は八月二三日）としての権限の抑止力というより、皇族としての「権威」が功を奏した結果といえよう。

戦争責任問題と憲法改正への対応

占領軍を混乱なく迎え入れた後、占領改革に対する姿勢をどう整えていくかが政府の次なる課題であった。ポツダム宣言に盛り込まれた内容から、占領軍は政治、経済、社会など既存の体制全般に変革を求めてくることが予測され、東久邇宮内閣はその矢面に立たされることになったのである。わずか二カ月ほどで退陣する東久邇宮内閣だが、同政権の内部では戦争責任問題をはじめ、憲法改正、皇室制度改革、選挙法改正など、後任の幣原内閣以降の政権が直面していく難問について検討、協議していた。[19] これらの諸問題に関する研究は占領史研究のなかで専門分野ごとに研究成果が積み重ねられているので、以下、本書では天皇や側近らがからむ範囲で取り上げていきたい。

まず注目すべきは、戦争責任問題である。東久邇宮内閣では連合軍による戦犯裁判開始前に先手を打ち、国内法規にもとづく自主裁判構想を立ちあげ、主要閣僚と陸海統帥部長からなる終戦処理会議で決定したうえ[20]、東久邇宮首相がその裁可を求めに上奏する。すると、天皇は「只管《ひたすら》忠誠を尽したる人々なるに、之を天皇の名に於て所断するは不忍《しのびざる》ところ」(『木戸』45・9・12)との理由から、自主裁判の開催に抵抗した。

天皇は明治憲法にもとづいて司法権を行使すれば、自身の戦争責任をさしおいて輔弼者を断罪することになってしまうので、自主裁判に抵抗したのであった。天皇が自主裁判開催に納得しなかったため、東久邇宮首相をはじめとする終戦処理会議構成の主要閣僚は木戸内大臣を交えて対応を協議し、改めて自主裁判の実施を天皇に求める手続きをとる。天皇も東久邇宮ら輔弼責任者の決定による再度の上奏を許可せざるをえなかった[21]。結局、日本側による自主裁判構想はGHQ側から実質的に拒絶されたため、実現することはなかった[22]。

なお、東久邇宮内閣では、民衆に向けて「一億総懺悔《ざんげ》」を唱えつつも、いっぽうで、天皇の戦争責任問題について議論し、そのなかでしかるべき時機に退位すべきという意見も提示されていた。すなわち、東久邇宮内閣が成立した直後、首相の東久邇宮は近衛や木戸、その他閣僚らと天皇の戦争責任について協議したところ、天皇は祖先や国民に対する道徳上の責任から退位したほうがよく、その時期は新憲法発布時か講和条約調印後がいいという意見も提示されていたのである（『東久邇』45・9・14）。この時の退位論は、後に木戸によって再提起されることとなる（第五章参照）。

つぎに憲法改正問題について、日本側での憲法改正への着手は一〇月四日に近衛がマッカーサーを訪問した際、マッカーサーから憲法改正の必要性を提言されたことで本格化していく。ただし、東久邇宮は組閣直後に近衛や緒方と「時世に適応する民主的、平和的新憲法の制定を実現しようと計画」（同前45・9・6）していたというし、内閣副書記官長として政府入りした高木惣《そう》吉《きち》も、「改正トセズ、新憲法トスルコト」「英国式トスルコト」[23]など憲法問題について独自に研究していた。

マッカーサーとの会談後、近衛は憲法改正に向けて動きだすが、東久邇宮内閣が一〇月五日に総辞職したために国務大臣の地位を失ってしまう。そこで、近衛は木戸に対処を依頼し、木戸の計らいで内大臣府御用掛《ごようがかり》に任命され、本格的な憲法改正調査にとりかかる。その後、内大臣府による憲法改正調査の動向を知った幣原内閣から反対の声があがり、政府のほうでも松本烝治《じょうじ》を委員長とする憲法問題調査委員会を設置していく経過は周知のとおりである。[24]憲法改正問題に内大臣府が関与していたことからもわかるように、敗戦後も旧体制を維持した政治体制をとっている以上、東久邇宮、近衛、木戸らの輔弼責任者と彼らのブレーンの意思形成と協議によって対策が練られていく、従来までの国家意思形成方法が機能していたことを再確認しておきたい。

天皇のマッカーサー訪問をめぐって

いっぽうで、側近体制には変化が生じるようになっていく。戦後も内大臣府（といっても政治問題に関与するのは木戸内大臣と松平秘書官長の二人だけだが）が政治問題を処理するための中心的な機能を担い続けていたのは確かであるが、未曾有の国体危機に際して、宮内省を含めた宮中全体で対処していかなければならない事態が生じていた。このような非常事態に対し、戦前の木戸内大臣期に確立した宮中における輔弼機能の分担体制では処理できず[25]、政務と宮務の双方にからむ事案には、組織の枠を超えた協力が必要となってくる。内大臣府による憲法改正調査でも、近衛から木戸に相談があった際、木戸は石渡宮相に相談し、近衛に調査作業を任すことや任務遂行上の身分について意見を聴取している（『木戸』45・10・9〜11）。

また、天皇による初めてのマッカーサー訪問についても、組織全体で慎重に対応していった形跡がうかがえる[26]。天皇のマッカーサー訪問について、宮中側の関与を示す資料上の初出は、『続重光葵手記』にある「宮内大臣〔石渡荘太郎〕より、マ入京に付、侍従長〔藤田尚徳〕派遣の可否、問合せ[27]」（九月八日）という記述である。その後、同件につき大金益次郎《おおがねますじろう》宮内次官が木戸を訪ね、「マ元帥司令部へ侍従長御差遣《さけん》」（『木戸』45・9・19）が決まった旨を連絡している。

この経緯につき、当事者の一人である藤田侍従長は「内大臣も宮内大臣も、マ元帥に対して陛下がどのような態度をとるべきか、何《いず》れとも決しかねて困っていた」と回想している[28]。いっぽう、木戸はマッカーサー訪問が天皇の発案であり、「それで外務省とも相談した」と証言している。[29]つまり、天皇のマッカーサー訪問は側近や政府側から提案されたものではなく、天皇自身の希望で検討がはじまったという。この見解を裏づけるように、重光の後任として外相に就任する吉田茂も、就任直後に「元帥に会いたいといわれる陛下の御内意を聞かされた私は、随分いろいろ考えたが、やはりお会いして頂いた方がよいと思って、その旨元帥に伝えてみた」(『回想』①一〇七頁)という経緯を回想している。

では、どのようにして藤田侍従長のGHQ派遣が決定されたのであろうか。その経緯を資料上から探っていきたい。まず、天皇がマッカーサーとの会見を希望するにいたった理由は、やはり自身の戦争責任もからむ戦犯処理問題に求められよう。八月二九日、天皇は木戸に対して「戦争責任者を聯合国に引渡すは真に苦痛にして忍び難」いので、自身が「退位でもして納める訳には行かないだらうか」との胸中を打ち明けている(『木戸』45・8・29)。天皇の意見は木戸の慎重論により退けられるものの、天皇の脳裏から戦犯処理問題が離れることはなかった。なお、ここでの木戸の退位反対論は恒久的な措置としてではなく、連合国側の動向が読めないなかでの拙速な行動を回避すべきという、暫定的な退位不可論として提案されていたことを指摘しておく。

それから数日後の九月三日、重光外相は横浜にいるマッカーサーを訪ね、軍政方式による直接統治の中止を訴えた。その際、重光はマッカーサーから入京の日程が同七日頃である旨を聞きとったほか、マッカーサーから「天皇は皇居で居住しているのか」、「警備はどうなっているのか」などと質問を投げかけられた。[30]帰京後、重光は木戸内大臣立ち合いのもと、マッカーサーとの会談の概要を天皇に奏上すると、天皇から「重光がマッカーサーに会見した結果非常によかつたね」との発言があった。[31]重光の奏上では軍政回避の件はもとより、マッカーサーの入京日程や天皇の現況について尋ねられたことも語っているはずである。天皇は重光の報告に接し、入京するマッカーサーと早めに接触して自身の思いを伝えようと考えたのであろう。

その後、天皇と側近がマッカーサー訪問についてどのような協議を交わしたか詳《つまび》らかではないものの、九月八日に石渡宮相が藤田侍従長差遣の件を重光外相に照会することになる。ここでの注目点は、重光への照会者が内大臣として政務面での輔弼機能をほぼ独占し、重光とも懇意な関係にあった木戸ではなく、石渡宮相であったという事実である。当然、天皇は木戸にもマッカーサー訪問の是非について尋ねているはずである。しかし、重光への照会が石渡からなされていることから、木戸は戦犯引き渡しにからむ退位発言の時と同様、天皇の意見に対して慎重論を述べたのではないだろうか。木戸の天皇への対応は、石渡から藤田侍従長差遣の件を照会された重光の「必要なし」[32]という返答からも推測できる。重光の意見を承知していた木戸が、天皇のマッカーサー訪問について重光と同様に慎重論を唱えたため、天皇は再度、石渡から重光に藤田差遣の件を照会させたと考えられる。

重光外相の反対により、天皇のマッカーサー訪問に向けた準備としての侍従長差遣の件はいったん立ち消えとなる。しかし、九月一七日に重光が外相を辞任し、吉田茂が後任にすえられると、事態は一気に進展していく。[33]外相更迭の人事案が天皇に上奏された際には、「マ元帥と話の出来る外相を据《す》へ」（『木戸』45・9・17）るという起用方針が伝えられている。翌一八日、天皇は何事かを諮るため石渡宮相と木戸内大臣を呼び、同日の夕方には連合国の通信記者や新聞記者との会見で天皇の戦争責任問題にもふれた東久邇宮首相が拝謁して政務奏上をおこなう。そして、一九日午前に天皇が木戸を召した後、側近首脳による昼食会が開かれ、午後二時過ぎには再び天皇が木戸を召して三〇分ほど何事かを協議し、四時過ぎに大金次官が木戸の部屋を訪ねて藤田侍従長のマッカーサー訪問の件を連絡するといった経過をたどっていく。[34]

以上の経過から、重光の反対によっていったんは立ち消えとなった藤田侍従長の差遣につき、天皇は吉田外相を通じて再度GHQ側へ打診するため、木戸や石渡に指示を出していたものと思われる。[35] すなわち、天皇はマッカーサーとの会見希望を九月一八日か一九日の午前中までに石渡宮相や木戸内大臣に伝えて検討を依頼し、一九日の側近首脳の昼食会にて木戸、石渡、藤田（通常であれば蓮沼蕃《はすぬましげる》侍従武官長も参席）が集まって対応を協議した結果、藤田の回想にある「宮内省としては、侍従長が陛下の使者ということで、一度GHQにマ元帥を訪問した方がよかろう、ということに決し[36]」たという流れになったのではないだろうか。

天皇・マッカーサー会見と吉田茂

九月二〇日正午、藤田侍従長は第一相互ビルにマッカーサーを訪ね、天候や健康に関する挨拶を述べたうえ、「ポツダム宣言事項を実行するとの〔天皇の〕御決意を伝え[37]」た。マッカーサーがこの伝言に気を良くしたであろうことは想像に難くない。マッカーサーはこれから取り組む占領統治にあたり、天皇が協力の姿勢を示してくれたことを評価し、来るべき天皇との会見を好意的に受けとめるようになったはずである。藤田の訪問に先立ち、同日午前には吉田外相もマッカーサーを訪ね、同様に天皇との会見について意見を求めている。[38] マッカーサー訪問を終えた藤田侍従長は皇居に戻って天皇に復命し（『実録』45・9・20）、木戸内大臣と石渡宮相にもその様子を伝えている。宮中では吉田外相によるマッカーサー訪問の結果も聴取したうえで天皇のマッカーサー訪問を決定し、以後、日程や随員、警備体制などをつめていった。こうして、九月二七日に天皇・マッカーサー第一回会見が開かれる。

マッカーサーとの初会見の席上、天皇が再びポツダム宣言を正確に履行《りこう》していきたいという考えを伝えると、マッカーサーも天皇に好印象を抱くのであった。松尾尊兊《たかよし》氏と豊下楢彦《ならひこ》氏も天皇とマッカーサーの初会見の意義として、天皇がポツダム宣言の忠実な履行を約束し、マッカーサーの占領統治に協力の姿勢を示した点を強調している。[39] なお、天皇とマッカーサーの第一回会見で確認しておきたい点として、通訳を務めた奥村勝蔵《かつぞう》が吉田外相の指名であったという事実と、[40] 奥村によって作成された会見録が吉田の指示で宮中側（藤田侍従長宛）に送付されていたことをあげておく。いわば、天皇とマッカーサーとの会見は吉田外相によって管理されていたのであり、この点が後述する御用掛・寺崎英成《ひでなり》更迭の要因となっていく（第五章第二節参照）。

三　幣原内閣の奏請と新側近体制の形成

東久邇宮内閣総辞職と幣原内閣の成立

敗戦による混乱防止と占領軍の受け入れを果たした東久邇宮内閣であったが、GHQが東京に移駐して本格的な民主化政策に着手しはじめると、その守旧性が露《あら》わとなり、一〇月四日の人権指令を受けて、翌五日総辞職にいたる。天皇より後継首班奏請の命を受けた木戸内大臣は、東久邇宮や近衛の意見を聴取したうえで平沼枢密院議長と選定の協議をおこなう。次期首相の選考基準として、木戸と平沼は、「米国側に反感のなき者、戦争責任者たるの疑なき者、外交に通暁《つうぎょう》せる者との見地より、第一候補幣原男爵、第二候補吉田外相に意見一致」（『木戸』45・10・5）する。

本格的な占領政策が開始された情勢をふまえ、木戸はGHQ側に受け入れられる人物を最優先とし選考にあたった。従来であれば、このまま天皇に奏請者を推薦し、天皇から組閣の大命を下すという手順となるが、今回は、第一候補の幣原の可否につきマッカーサーの意向を確認するため松平秘書官長を外務省に派遣し、吉田外相から非公式にマッカーサーの意向を尋ねることとなった。そして、マッカーサーによる「日本の内政に干渉する意思なし、今聴きたる経歴なれば幣原男は好ましき人物なりと思考す」（同前）という見解を確認した後、木戸は再度吉田に依頼して幣原の擁立に乗りだす。幣原は「老齢、内政に興味なし」と、首相就任を固辞したものの、木戸は天皇から直接幣原を説得する案を講じ、幣原に組閣の大命を受け入れさせることに成功する。[41]

幣原は老齢の自分が首相に担ぎだされた背景を理解し、東久邇宮との事務引き継ぎの際、「日米外交は無理のないよう、あくまで米国と協調しながら、その間日本の立場をもり立てて行くつもりである」（『東久邇』45・10・7）と語った。幣原は占領政策をめぐるGHQとの本格的な折衝を前に日本の立場を守る意気込みを語っているが、その後の交渉では幣原ら閣僚の予想を超えた厳しい対応を迫られることとなる。当然、それは天皇や側近にとっても同様であった。

木戸内大臣の辞任と戦犯逮捕

次々と直面する宮中関係の難題につき、側近は宮内省（官房＝オモテと侍従職＝オク）と内大臣府という組織の枠を越えて対応していかねばならず、とくに、宮内大臣、内大臣、侍従長の側近首脳間での意思共有は重要となっていく。そのために一定の機能を果たしたのが、戦争末期にはじめられた昼食会であった。側近首脳の昼食会は敗戦後も継続し、ほぼ週一回（火曜が多い）のペースで開かれている。[42]『木戸日記』では戦中期と同様、昼食会の会話内容が記された箇所は少ないものの、近衛による憲法改正調査、退位問題にからむ近衛の新聞談話への対応が話題にのぼっていることから、当然、天皇のマッカーサー訪問や戦争責任問題、宮中組織改編などの重要問題についても意見交換がなされていたはずである。

また、敗戦後の宮中組織のなかでは、大臣官房の役割と比重が徐々に増していくことにも注目したい。マッカーサー訪問の事務処理をはじめ、宮中組織の改編に向けたGHQ側との交渉も、官房主管に就いた加藤進以下の職員があたることとなる。[43] 対照的に一九四五年一一月二四日に廃止される内大臣府の機能は縮小していき、『木戸日記』にみえる木戸の活動も次第に鈍くなっていく。

藤田侍従長が天皇のマッカーサー訪問の露払いを務めたことは前述のとおりであるが、両者の会見時にマッカーサーから天皇へ「今後何カ御意見ナリ御気附ノ点モ御座イマシタナラバ、何時デモ御遠慮無ク御申聞ケ願ヒ度《たし》」（「実録」45・9・27）と伝えられた際、「藤田を伝達役として」との付言があった。天皇はマッカーサーの発言を受け、「マ元帥は侍従長を以《もっ》てと云ひ居たるが、之は都合によりては自分が会ひてもよし、又内大臣が使ひしても宜しからんと思ふから、其積りで考へて置く様」（『木戸』45・9・27）にと、木戸に語っている。

天皇の発言に木戸は当惑したに違いない。宮中における政務面での輔弼者は「常侍《じょうじ》輔弼」に任ずる内大臣であり、「身の回りの世話役」である侍従長が関与すべき職掌《しょくしょう》ではないからである。[44] そのため、木戸は吉田外相に依頼してマッカーサー発言の真意を探らせたところ（『木戸』45・9・28）、数日後、吉田から木戸に宛てて、以下のような返答が届けられた。

> 過日御訪問の砌《おり》マッカーサー将軍より「侍従長〔藤田尚徳〕を以而《もって》御助言云々」の義ニ付、奥村〔勝蔵〕参事官御通訳之際の感触ハ閣下御解釈之通、仮令《たと》へハ侍従長でもの意ニ了解致候ニ御座候[45]〔傍線…筆者〕

吉田外相からの返事に木戸は安堵したことであろうが、それでも今後は自身の関与しないところで天皇とマッカーサー、GHQ高官との間で政治問題を含む交渉が進められる余地を残していた。内大臣の職権が脅かされることを懸念していた木戸であったが、いっぽうで戦前から内大臣という要職に就いていた以上、迫りくる戦犯逮捕から逃れられないであろうことも覚悟していた。また、国内の政界からも戦時中に側近首脳の地位にあった木戸や石渡宮相の存在が天皇制の存続を危うくする要因だとして、早期辞任を求める声があがっていた。[46]

国内外から内大臣としての責任を追及する声が高まってきたことを看取した木戸は、一〇月一五日、一二月初旬に開会予定の帝国議会前に内大臣を辞したいという意向を石渡宮相へ伝え、内大臣府も将来廃止するほうがよいと申し入れる(『木戸』45・10・15)。翌朝にも内大臣辞任の件について石渡と相談した木戸は、直後に天皇に拝謁して辞任と内大臣府廃止の意向を言上する(「実録」45・10・16)。木戸の辞意を受け、天皇も内大臣府の廃止を念頭に対応策を考慮するようになり(『木下』45・10・23)、以後、内大臣府の機能縮小と宮内省への職権移譲が天皇と側近の間で検討されていく。同時期、宮内省内に事務調査会が設置され、組織改編や皇室典範改正など法制面での調査作業を本格化させていることから、[47]内大臣府廃止を見越した新体制への模索をはじめていったのであろう。

内大臣府廃止問題は後述することとし、以下、木戸の戦犯逮捕までの経緯を簡単にふれておく。戦犯として逮捕されることを覚悟していた木戸は、一一月初旬から身辺整理をはじめる。[48]一一月二四日には内大臣府が廃止され、木戸も約五年半にわたって務めあげた内大臣職を辞任することとなった。そして、運命の一二月六日、GHQは木戸と近衛を含む九名に対して逮捕命令を発する。この日、木戸は「予《かね》て期したること、淡々たる気持を以て迎ふ」(『木戸』45・12・6)という感想を日記にしたためている。木戸は戦犯裁判に臨むにあたり、内大臣として無罪を立証することが天皇の無罪につながるという助言を聞き、徹底した個人弁護の姿勢を貫く決意を固め、取り調べや公判に対応していく[49]。

天皇を悩ました皇族の言動

内大臣の木戸、重臣で内大臣府御用掛として憲法改正の調査にあたってきた近衛への戦犯追及は、天皇と宮中にとっても大きな衝撃であった。ポツダム宣言の受諾や敗戦直後の混乱回避に尽力してきた木戸と近衛の退陣により、彼らが担ってきた国体危機への対処を誰がどういう形で引き継いでいくのか、天皇と側近たちは早急に体制を再構築せねばならなかった。華族出身の政治家、側近をのぞいてその代役を務めうる候補としては、東久邇宮が敗戦直後の首相としてその任を果たしたように、皇族の起用が有力視された。権威の高い皇族は宮中を指導、補佐する資格を十分に兼ね備えており、実際に首相を経験した東久邇宮や直宮《じきみや》の高松宮、三笠宮崇仁《たかひと》などは政治的な行動をとりはじめていた。また、天皇と側近首脳も皇族の利用を考慮していた。天皇は敗戦直後の武装解除にあたり、軍籍に身を置く皇族らを海外の前線に派遣して説得させたほか、陸海軍の解体にともなって軍籍を離れる皇族らと天皇との関係をつなぎとめる一案として、歴代天皇の山陵に各皇族を名代《みょうだい》として差遣することを提案し（『木下』45・11・16）、実行させた。

戦後、皇族の政治発言を促進する場としては、皇族間で非公式に催された「皇族会同」と枢密院本会議があった。[50] 皇族会同は戦前からの流れで復活したものであろう。『高松宮日記』によると、一九四五年八月三一日に宮内省で「第一回ノ皇族ノ会合ヲ開」いて、外務、陸軍、海軍三省の課長から政治情報を聴取し、以後、毎週火金の二回開催することを申し合わせた。[51] そして、九月七日の「皇族会同」の席上、高松宮らは大金宮内次官と「枢密院会議ニ出席ノ件相談」し、翌八日には天皇から出席の許可が下りたとの返事を受け、[52] 同一二日の枢密院本会議から出席することになった（『高松宮』⑧45・9・12）。

未曾有の国体危機に際し、皇族も積極的に協力、支援していこうという構えをみせていた。なかでも、その中心は高松宮であった。兄の秩父宮が依然として肺結核の療養で活動できない状況において、高松宮が天皇にもっとも近い皇族であり、実際、天皇退位の噂には、常に高松宮の摂政就任説がつきまとっていた。高松宮は独自のルートを使ってＧＨＱ高官と接触をはかり、天皇制、皇室処理に関する重要な発言も引きだしていた。[53]

しかし、高松宮の行動が結果として天皇制存続、皇室安泰に寄与するものであったとしても、それは天皇や側近と綿密に連絡をとりあっての行動ではなく、自発的な情報収集の域にとどまっていた。そもそも、高松宮の国体護持論は敗戦直前に近衛らと協議していた国体護持構想の踏襲であり、制度としての天皇制と個人としての天皇の責任問題を区別し、天皇制存続のためには昭和天皇の退位まで想定していた。[54] このような高松宮の国体護持論は、戦後も天皇への厳しい視線となって表出されていく。

また、皇族による「皇族会同」や枢密院本会議への出席は、国体危機への対応という点において、成果をあげるどころか、GHQによる皇族処理問題への反発から皇族らは保守的な言動に終始し、天皇や側近を困惑させることもあった。「皇族会同」は皇族処理問題をめぐる天皇や側近の対応を批判する場ともなり、枢密院本会議でも高松宮、三笠宮が憲法改正草案の趣旨に反対して本会議を欠席したり、皇族の特権廃止への批判的言動や皇室の戦争責任問題などに言及するなど、[55] 天皇や側近の頭を悩ますこともたびたびであった。[56]

さらに、政府内で憲法改正草案をまとめていたさなかの一九四六年二月二七日、『読売報知』に東久邇宮の天皇退位発言が掲載されたことは、皇族の政治的価値をいっそう低下させる契機となった。天皇制処遇と戦犯裁判をめぐって国内外で緊張感が高まるなかでの東久邇宮の発言は、天皇と側近はもちろん、日本政府とGHQの占領政策にも悪影響を及ぼしかねなかった。そのため、GHQは日本政府に憲法改正案の作成を急がせ、三月六日の「憲法改正草案要綱」（以下、草案要綱）の公表により、極東委員会や天皇制に批判的な海外諸国からの批判を封じ込めようとした。[57]

天皇を支えるべき近親者集団の皇族は、梨本宮守正《もりまさ》への戦犯指令、直宮三家をのぞく一一宮家の皇籍離脱という不可避の事情もさることながら、そもそも、天皇や側近との間に信頼関係を築けておらず、[58] 直宮の高松宮や三笠宮も宮中を指導、補佐していく役割を担うことはできなかった。

このように、マッカーサー率いるGHQが東京に司令部を移駐して本格的な占領政策を開始するのにともない、排除すべき対象とみなされた木戸や近衛といった華族政治家や側近に加えて、皇室の縮小という観点から、皇族各宮は皇籍離脱へといたる道程を歩むことになった。皇族は旧体制を象徴する立場にあったがゆえに表舞台からの退場を迫られていったのだが、天皇と残された側近らは、GHQとの本格的な折衝を前に、早急に側近体制の再構築が必要となったのである。

国体護持のための旧体制総退陣

敗戦後の側近首脳は組織の統廃合のほか、戦犯逮捕や公職追放指令の影響を受けたため、めまぐるしく異動を重ねた。木戸内大臣のほか、戦時中から在職の石渡宮相と藤田侍従長も戦犯や公職追放に該当する可能性があったため相次いで辞意を願い出た[59]。これで、内大臣（廃止）、宮相、侍従長といった親任官待遇の側近要職すべての陣容が入れ替わることとなった。宮中では内大臣府廃止にともない、その機能を宮相や侍従長、内記部長に代替させて対応し、宮相、侍従長の後任人事についても、宮中内部で選考が進められていった。

石渡宮相の後任候補について、木戸は内大臣辞任前に三宅正太郎（大阪控訴院長）を推薦していたが、天皇は納得しなかったようで、木下道雄侍従次長に再検討を命じている（『木下』45・11・30）。木戸は側近人事の選考基準において前任者の石渡の時と同様、宮務をまとめていくための事務能力を重視したので、外部の官僚出身者から選んだのだと思われる。だが、木戸の辞任後、天皇が三宅以外の人物について再考を命じていることから、この頃には側近首脳人事に対する天皇の発言力がより高まっている様子をみてとれる。天皇の命を受けた木下は、藤田侍従長や松平康昌内記部長、大金宮内次官らと宮相候補につき検討を重ね、山梨勝之進《かつのしん》(学習院長)、大金次官、松平慶民宗秩寮《そうちつりょう》総裁らが候補にあげられた(同前45・11・30〜12・2)。結局、前任の石渡の推す松平慶民《よしたみ》が後任となり、一九四六年一月一六日、宮相に就任する。

宮相人事の過程では、藤田侍従長や木下侍従次長、松平内記部長らは松平慶民ではなく、「先の見通しもあり、人望もあり、かつ若き人」[60]という基準から宮内次官の大金を推していた。また、松平慶民自身も宮相就任を固辞していたようなので[61]、石渡による後任指名というより、高松宮が伝え聞いた「陛下カラ直接ナレ」(『高松宮』⑧46・1・16)と諭《さと》したことが決め手となったのかもしれない。これが事実だとすれば、三宅案に対する再検討の指示とあわせ、天皇が主導する形式で宮相人事が決定したことになる。いっぽう、藤田侍従長の後任の選考については、木下侍従次長の昇任や鈴木一《はじめ》(鈴木貫太郎の子)主殿頭《とのものかみ》なども候補にあがったものの、大金宮内次官が侍従長に転じ[62]、一九四六年五月三日に就任する。

なお、側近首脳の人事異動の過程においては、大金宮内次官や入江相政《すけまさ》侍従ら比較的若い世代の側近らは旧体制の一掃を主張し、人事面でも自身らを中心とする新体制を志向していたことに注目したい。一九四六年はじめの公職追放の発令を受け、入江と高尾亮一宮内省参事官は、「宮内省の処すべき道につき」協議し、石渡宮相、藤田侍従長、山梨学習院院長ら追放該当者の総退陣と、「君側《くんそく》には軍国主義の残滓《ざんし》すらなしといふことを中外に声明すべき」ことを申し合わせた[63]。

大金や入江らの世代による旧体制の総退陣という主張は、国体護持という最重要課題のための必要措置であり、首脳部も十分に納得し、みずからの退陣と後進の登用を支援していた。藤田や木下侍従次長が新宮相に松平慶民ではなく、大金を推していたのもそのためであり、松平宮相から侍従次長職の退官を求められた木下は、これを快諾している（『木下』46・4・27）。

側近の若返りと戦後皇室の基礎

松平慶民宮相、大金侍従長の就任により側近首脳の新体制が整った。新しい側近体制の特徴は、まず、世代交代による若返りにあった。**表3**をみると、宮相の松平慶民、GHQとの連絡役として宮中に残った松平康昌以外では、大金が天皇より七歳年長のほか、大金とともに戦後の宮中業務をとりしきっていく加藤進宮内次官をはじめ、入江相政、高尾亮一らは、天皇とほぼ同年齢か年下の世代である。側近の年齢構成の変化は、宮務への精通度という点とあいまって、宮中の意思形成過程における天皇の発言力と存在感をいっそう際立たせていく。

本来ならば、松平慶民と同年代の広幡忠隆や天皇より一〇歳ほど年長の近衛、木戸らの華族政治家が戦前、戦中の経験を生かして、戦後も側近や重臣として天皇を支えていく立場にあったが、この世代は戦犯逮捕か公職追放を受けてしまい、国家機能の中枢から一掃されてしまった[64]。しかも、敗戦直後の国体危機への対処を考慮した場合、宮務に疎《うと》い外部からの起用は困難な状況であった。そのため、側近首脳の陣容が一気に若返ったのである。

氏名	生没年	宮中での役職	天皇との年齢差
昭和天皇	1901−1989		
松平慶民	1882−1948	宮相→宮内府長官	19
大金益次郎	1894−1979	宮内次官→侍従長	7
松平康昌	1893−1957	内記部長→宗秩寮総裁	8
加藤進	1902−1993	宮内次官→宮内府次長	−1
稲田周一	1902−1973	内記部長→侍従次長	−1
鈴木一	1901−1993	主殿頭→侍従次長	0
入江相政	1905−1985	侍従	−4
高尾亮一	1910−1985	秘書課長→文書課長	−9
徳川義寛	1906−1996	侍従	−5
筧素彦	1906−1992	総務課長→皇太后宮職事務主管	−5
寺崎英成	1900−1951	宮内省御用掛→侍従職御用掛	1

表3　戦後の主要側近一覧(宮内府設置前後)

注記…宮内府長官、侍従長、宮内府次長、侍従次長以外は本書で登場するおもな側近をあげた。

第二の特徴として、世代交代したとはいえ、側近首脳の人事は省内からの起用に限定されており、旧来からの宮務に通じた者が引き続き、天皇に奉仕する体制を維持していた。[65] 戦後の新体制では、大金侍従長を中心に戦中期から苦楽をともにしてきた側近が、良好な人間関係のもと、役職や年齢の上下に関係なく、自由に意見を言いあえる職場環境を整えていった。高橋紘《ひろし》氏は、「戦後の皇室の基礎を作ったのは大金益次郎と加藤進のコンビである」という元毎日新聞宮廷記者の藤樫《とがし》準二の言葉を裏づけるように、空襲で家を焼かれた加藤や筧《かけい》素彦《もとひこ》宮内省総務課長らが家族を疎開させて単身で大金の官舎にころがりこみ、GHQへの対応策などを協議していたことを紹介している。[66]

省内における大金・加藤コンビの主導体制は、すでに戦中の石渡宮相時代から形成されていた。大金自身は石渡の職場管理について、「宮内省の日常事務については殆ど何等の干渉をしない。殆ど全部私や加藤(進)総務局長に委《まか》せて指図らしい指図は受けたことがなかった」[67]と回想している。

同様に大金の部下であった筧は、一九四五年末にはじまった皇居勤労奉仕の実現にあたり、「毎日同じ釜の飯を食って朝に夕に話し合って、その気心も十分に判っているつもりの直系上官である大金次官と加藤官房主管は必ずや自分と同意見であるに相違ないと確信して」大金に相談すると、「君に一切委せる」といわれ、省内の了解をとりつけて実行させた経緯を語っている。[68]このほか、入江相政の日記には、宮務の検討事項について大金、加藤以下の側近で協議する様子や日勤の勤務後、地方巡幸時に供奉《ぐぶ》した際の宿泊所で食事や酒をともにしながら語り合う様子など、側近間の良好な人間関係をうかがわせる記述が散見される。[69]

ただ、新体制となった側近らも安穏《あんのん》としてはいられなかった。侍従次長に就任した木下は、後年、当時を回想して、「当時は、いつ何どき、何が起こるか、油断のならぬ時節であった」[70]と語っている。木下が語ったように、GHQによる皇室・宮中の民主化政策は側近人事への影響にとどまらず、皇室や宮中の法制全般にわたる根本的な再編を求めており、新しくなった側近首脳陣は息つく暇もなく対応に追われていくのであった。

第二章
象徴天皇制への道

一 「象徴天皇」論をめぐる攻防——新側近体制とGHQとの折衝

(1) 旧側近者の「顧問」活動

関屋貞三郎の活動

天皇と若返った側近首脳を支えるため、開戦前に側近要職に就いていた「親英米派」の旧側近者たちが、戦後、老体をおして協力する姿勢を示していく。第一章で紹介したように、元宮内次官の関屋貞三郎は戦争末期、牧野伸顕起用案の実現に向けて奔走していた。牧野起用案は実現しないうちに敗戦を迎えたものの、国体の危機的状況に変わりはなかった。関屋は、マッカーサーの軍事秘書を務めるボナー・フェラーズ(Bonner Fellers)と接点のあった河井道《みち》や一色ゆりらキリスト教クエーカー派のラインで天皇制存続のための証拠収集に奔走し、その経過や情報を宮中や幣原首相ら政府関係者だけでなく、[1] 牧野や鈴木貫太郎ら信頼する旧側近者にも伝達していた。

関屋は天皇の平和主義者としての側面を証明するため、天皇の発した勅語や御製《ぎょせい》などを河井道からフェラーズへ提出させるが、フェラーズにとっては天皇の無罪を立証するに足る証拠とはなりえなかった。[2] そのため、フェラーズは日米開戦時における天皇の無罪を立証するため、別ルートを介した免責工作を検討するようになる（第三章参照）。関屋はフェラーズとの会見時に、天皇を日米開戦への決断へといたらしめた点につき、「側近がもっとよくアドバイスすべきだった」「側近のものは責任をとるべき」[3]と、当時の側近体制を非難する指摘を受けた。戦争末期から側近体制の改革を訴えていた関屋は、フェラーズから側近体制の不備を指摘されたことを受け、改めて天皇を補佐する恒常的な組織の設置や側近体制の改革の必要性を認識し、尊敬する牧野に訴えていくのであった。[4]

国体護持運動への熱意を喚起させた関屋は、牧野や鈴木、自身ら旧側近者が宮中に入って公的な地位に就き、危機に瀕した皇室を守り抜くため、宮中業務を補佐していこうと考えるようになった。一九四五年一一月、関屋は宮内省の藤田尚徳侍従長や大金益次郎宮内次官らを訪ねたほか（「関屋」45・11・15、22）、一二月二六日には天皇に拝謁し、さまざま所感を言上したなかで、「牧野伯モ一月二回位ハ御召シアリタリ〔ママ〕」（同前45・12・26）ということを訴えた。関屋はフェラーズから側近体制の不備を指摘されてから、牧野への進言にはじまり、天皇や側近首脳にも改革の必要性を提言していたのである。

さらに、一九四六年三月五日、関屋は幣原首相からの伝言として楢橋渡《ならはしわたる》内閣書記官長から枢密顧問官への推薦を打診された際、「枢府推薦ハ感謝スルモ、ソレヨリモ宮内府〔ママ〕殊《こと》ニ側近カ心配ニテ、牧野伯ト共ニ顧問又ハ御用掛トナリ、国体護持ニ誤ナキヲ致セントス」[5]と、枢密院ではなく、宮中に入って側近として天皇を支えたい心境を吐露している。翌六日、関屋は枢密院入りを幣原首相に薦めた鈴木枢密院議長を訪ね、鈴木から「憲法、皇室財産ノ問題等ニテ枢府ニ宮内省干係者ヲ要スル旨ヲ力説」されて援助を乞われると、「枢府入ヨリモ〔此際〕皇室今般特ニ天皇制護持ニ力ヲ用ヰタク、ソノ為メニ第一ニ宮内府干係《ママ》ヲ第一トシ、枢府ニ入ルヘキヤ、貴院ニ止ルヘキヤ寧《むしろ》貴院ノ方萬般ノ情報ヲ蒐ムルニ便ニシテ平素陛下ニ拝謁ヲ賜ハルコトヲ得バ、却《かえっ》テ枢府へ入ラサルヲ可トセスヤ（「関屋」46・3・6）と、宮中で側近職に就くことを第一希望とし、それが無理ならば、身軽で情報収集に適した貴族院議員を続けたいという意思を伝えた。

鈴木は関屋の意思を宮相に伝達すると約しつつ、自身の希望として枢密院入りを再度薦めた。その後、鈴木は三月七日、八日とそれぞれ大金宮内次官、松平慶民宮相を訪ね、八日には関屋と再会談していることから、[6] 関屋の意思を大金と松平へ伝達し、その反応を関屋に返答したものと推測される。結局、関屋の希望はかなわず、同一二日に楢崎内閣書記官長より再度の枢密院入りを要請されると、「憲法及皇室干係ノ諸案ニツキ余《われ》カ尽力ヲ求ムルニ在リト、依《よ》テ応諾《おうだく》ノ意ヲ表」（同前46・3・12）し、枢密顧問官として活躍の場を見いだそうとした。なお、関屋がこれほど強く宮中での仕事を望んでいた理由として、日記にその心境をしたためている。

貴族院ニアルコト〔空白〕年、此間日支事変、大東亜戦、遂ニ終戦ノ詔《みことのり》ヲ拝ス。一、二ノ論議（質問及演説）時局ニ適切ナルモノアリシナランモ、断乎戦争ニ反抗セス。勿論、阻止スル力ナク自然ノ成行ニ委《まか》シタル罪逃シ難シ。後世子孫ニ対シ、真ニ断腸ノ思ナリ。鈴木内閣ノ中頃ヨリ戦争継続ノ不利ヲ痛論セシモ無効ナリ。原子爆弾トソ聯ノ参加、遂ニ大詔ヲ拝シ内閣ハ遂ニ終戦ヲ決セリ悲哉《カ》。余カ此際顧府入《ママ》リ、已《すで》ニ時期ヲ失シ施スヘキ策ナカルヘシ。

最後ノ努力ヲ致スノミ（同前46・3・19）。

関屋は、日中戦争以後、貴族院議員として「断乎戦争ニ反抗」できず、「戦争継続ノ不利ヲ痛論セシモ無効ナリ」と、戦時中の自身の行動を悔やんでいた。[7] そのため、枢密院に入ることは「已ニ時期ヲ失シ」ているかもしれないが、最後の努力を尽くしたいという悲痛な決意を胸に抱いていたのである。また、側近時代の関屋の同僚で、戦争末期の貴族院時代にいたるまで親交のあった河井弥八も、関屋と同様、戦後の国体危機に対する側近の対応に不満を感じ、たびたび宮内省を訪ねては側近に助言をさずけていた。[8]

「松影会」の発足

枢密顧問官に就任した関屋は、憲法改正案や皇室典範改正案など皇室・宮中関係の法制を審議する審査委員に任命され、政府側の出席者に元側近らしい質問や意見を投げかけていく。憲法改正案を審議する審査委員会の席上、関屋は「将来皇室制度はことなることとなるが、日本の中心として皇室を奉戴《ほうたい》することにはかはりなき為、皇室が対外、対内的に形を整へられること、又民間に対し義は君臣、情は父子と云つたやうな御行動は必要である」と述べ、具体的に皇室財産処理にあたって、皇室による仁慈《じんじ》の施しの効果が減殺されないよう、議会の管理を抑え、皇室側の裁量を広く認めるよう要求していた。[9]

また、関屋は一九四六年七月三日付で設置された臨時法制調査会（以下、臨調会）の委員にも採用され、皇室・宮中関係事項を扱う第一部会に所属し、皇室典範改正や皇室経済法の要綱立案に携わっている。[10] 後述するように、関屋は臨調会での活動中、現役の側近とも連絡を密にし、宮中改革の方向性や方針の共有に努めていく。

関屋はこれらの活動を通じ、旧側近者による天皇、現役側近への補佐、鞭撻《べんたつ》の恒常的な組織の必要性を感じるようになっていったと思われる。そのため、関屋は戦時中から希求してきた旧側近首脳を一堂に会した「顧問機関」を立ちあげるために奔走し、ついに一九四七年五月に「松影会」という組織を発足させる。「松影会」は関屋のほか、大谷正男《おおや》、白根松介《しらねまつすけ》の歴代宮内次官経験者が発起人となり、構成員は牧野伸顕、鈴木貫太郎、百武三郎《ひゃくたけ》、松平恒雄ら親任官待遇（内大臣、侍従長、宮相）の側近歴を有する者を筆頭に、河井弥八、木下道雄、広幡忠隆ら部局長クラス以上の要職にあった者たちからなっていた（『河井』①47・5・26）。

関屋の行動力は、戦前、牧野が評していた「次官〔宮内次官時代の関屋〕は自分の確信ある場合、却々《なかなか》強固に自信を主張し、能《よ》い加減に問題を放任せざるところ」[11]がある、という言葉どおりであった。なお、松影会の性格につき、「実録」には、「元宮内省・宮内府部局長以上の親睦会」と記されているが、表面上は「親睦会」[12]であっても、発足にいたるまでの関屋や河井の言動を鑑みれば、[13] 現役の側近らを叱咤激励するとともに、指導鞭撻をおこなう「顧問機関」とみなすほうが適切であろう。

天皇が頼りにした「相談役」

「松影会」のメンバーのなかでも、現役の側近らがもっとも頼りとしたのは牧野であった。敗戦直後における牧野の評価は、宮相、内大臣という長年にわたる側近としての経歴、外交思想面での「親英米派」という立場、満州事変以降の侵略戦争にまったく関与していないというクリーンなイメージ、[14]そして、いまだに天皇から厚い信頼をえている、などの諸点から側近首脳も援助を乞う存在とみなしていた。では、牧野自身は敗戦後の国体危機をどう認識し、どのように対処すべきと考えていたのであろうか。

まず、牧野は敗戦について、「今日ハ感情ヲ一掃シ気分ヲ改メ現実ニ目醒メ、我ニ天罰ヲ蒙《こうむ》リタルモノト覚悟致、過去ハ総《すべ》テ史家ノ批評ニ任セ、此ノ処罪シノ心得ニテ国家ノ建直シニ専念邁進スベキ」と認識し、その対処につき、「実ニ憤慨限リナキコトナカラ、ポツダム宣言ヲ履行セサル限リ如何トモ致方ナク〔中略〕此ノ国難ヲ凌《しの》ク外無之[15]」という姿勢で臨もうとしていた。

一九四六年三月に関屋に宛てた書簡のなかで、牧野は伝え聞く新憲法の内容として、宮内省が賞勲局のような内閣の一部局となることに内定したという件に驚くとともに、その後の情報から、皇室費が政府予算内に編入されれば、宮内府は政治的機構とは別個の一事務所となってしまい、側近らの進退も「内閣書記官風情之取扱」となることが予想され、「種々の色彩を帯び」た内閣が成立した場合、宮中から政治的雰囲気が一掃されて昔の「京都時代」のような宮廷になってしまうと、危機感を募らせていった。[16]

牧野の経験と知識を頼りにしたのは、ほかならぬ天皇自身であった。木下侍従次長や石渡宮相ら側近首脳は宮中の組織改革について、早くも一九四五年一〇月末の時点で千葉県東葛飾郡田中村十余二《とよふた》（現在の柏市）に疎開中の牧野を訪ね、意見を聴取している。[17] おそらく、この措置は一〇月中旬における木戸内大臣の辞意と内大臣府廃止論を受け、天皇が側近らに内大臣府の存廃や管掌《かんしょう》する職権の移譲につき検討を命じたことからはじまったものと思われる。天皇と木下ら側近首脳は牧野を「相談役」とし、難航が予想される皇室・宮中改革に向けて、その知恵と知識にあずかりたいと考えたのであろう。

そのため、宮中や政府側では疎開先の牧野を滞京させて常時連絡のとれる態勢を整えるべく、高齢で持病のある牧野の体調面を気遣い、侍医や看護師を同居させた邸宅まで用意しようと検討していたほどであった。[18] 牧野滞京案は、吉田茂から牧野に提言されたものの、牧野が「転居は種々の事情ニて実行不可能〔ニて〕、自動車をハ借用出来候得は一時間内外ニて出京ハ出来候」[19]と返答したため、その後も転居せず、疎開先の柏から車で上京することとなった。

まさしく、内大臣時代の「常侍輔弼」を復活させるような態勢を検討するほど、牧野は頼りにされていたのであった。結局、牧野は滞京せず、御用掛などの「公的」な役職に就くこともなかったが、非公式の「相談役」として側近から乞われた場合には助言をさずけ、[20] 時には上京、参内して天皇に直言することもあり、陰ながら重要な役割を果たしていくのであった。

後述するように、天皇は内大臣府廃止にともなう後継首班奏請時の推薦者の一人として牧野の名前をあげており、また、鈴木枢密院議長の後任として牧野に就任を要請していた。[21] しかしながら、枢密院議長や宮中の「相談役」としての再起用を期待していた周囲の声に対し、牧野自身は健康問題などを理由に定職に就くことを固辞し続けたのであった[22]。

天皇が鈴木や牧野を枢密院議長にすえようとした背景には、皇室・宮中改革に関する対処法や方針の近似性のほか、現実問題として紛糾する法制審議のまとめ役として期待する側面もあったと思われる。戦後の皇室・宮中改革に対する天皇と牧野ら旧側近者の方針が共通していた点として、内大臣府機能の継続、皇族特権の残存、天皇による側近の人事権保持などをあげることができ、牧野は側近から参考意見を求められた際には、保守的な見解を伝えていた[23]。憲法と付属法令の改正をめぐる枢密院の審議では、GHQの民主化指令にそった法案を用意する政府側に対し、旧来からの特権を剝奪される皇族や保守的な姿勢をとる顧問官の反発により、白熱した議論が交わされていた。また、皇族の言動により、天皇や側近首脳が困惑することもたびたびで、その対処として、天皇の信頼も厚く老練な鈴木や牧野の手腕に期待して枢密院議長への就任要請がなされたものと思われる。

天皇や側近が旧側近者の牧野を頼りとしていたことは、彼らの志向していた君主制形態がイギリス流立憲君主制を含む広義の「議会主義的君主制」であったことを如実に示している。明治憲法体制下におけるリベラルを代表する牧野の存在は、君主を補佐する戦前の「元老」やイギリス流立憲君主制における長老政治家として位置づけられよう[24]。そこには、戦後も国政や国家意思形成に関与していくことを見越した天皇や側近らの君主観が垣間見える。天皇と牧野ら旧側近者による国体護持構想は、明治憲法体制下の「宮中・府中の別」を踏襲した路線であり、皇室や宮中の権限、自律性を温存させようと考慮していた。

そもそも、幣原内閣自体、戦前の政党内閣期に議会主義と英米協調外交を柱として政権を運営していた旧民政党系の人脈で構成されており[25]、そこに牧野、鈴木、河井、関屋といった同時期に側近として仕えていた面々が陰に陽に幣原政権や天皇、現役の側近を支えるべく奮闘している状況を加味すれば、まさに戦前のリベラルを代表する民政党内閣の復活ともいえる態をなしていた。

いっぽうで、旧側近者とGHQ側との交渉を担う現役の側近首脳との間で改革の方針や具体的政策をめぐって意見の齟齬《そご》をきたすこともあった[26]。しかも、保守的な観点から宮中側で作成された改革案は、新憲法の趣旨にそった皇室・宮中改革を不可避とする政府（法制局）との協議によって修正され、さらにGHQ（おもにGS）との折衝を経ることで、当初、天皇や旧側近者の求めていた意見は修正を余儀なくされる。牧野ら旧側近者の影響力も、「絶対的」な支配者集団であるGHQの前では限界があったといえよう。

（2）内大臣府廃止問題

内大臣存置を願う天皇

明治憲法下、側近のなかでもとくに重要なのは内大臣であった。内大臣職の政務面での輔弼比重は湯浅倉平《くらへい》時代から高まり、木戸時代になると、いっそうその傾向は強まっていった。即位以来、天皇は湯浅倉平や牧野伸顕とも信頼関係を築き、内大臣の意見を自身の判断材料としてきた。

内大臣の政治的地位を高めていた要因は、重臣とともに後継首班奏請を担っていた点に帰す。敗戦後の東久邇宮内閣、幣原内閣の奏請にあたっても、戦前・戦中期とほぼ同様、①天皇から木戸内大臣への後継首班選定の下命、②藤田侍従長を通じて平沼枢密院議長に連絡、③木戸の判断で近衛と事前協議、事後相談、④木戸と平沼の協議を経て、⑤後継首班を天皇に奏請、という手順を経ていた（第一章参照）。戦前・戦中期の「内大臣・重臣」協議方式との相違点は、枢密院議長以外の重臣（首相経験者）を招集していないことで、かえって内大臣たる木戸の存在感を際立たせることとなった。

しかし、内大臣主導の側近体制は、占領期になると変化を余儀なくされていく。また、皇室や宮中の民主化を求める連合国やGHQの情報が宮中側に漏れ伝わってくると、「常侍輔弼」の大役を担う内大臣府の存廃も検討されていくのであった。

昭和天皇は政治上の情報媒介、助言役として内大臣を不可欠の重職とみなし、その存置《そんち》を望んでいた。天皇は内大臣府廃止に備えるため代行役を侍従長とし、人選の基準として、軍人は不可という自身の対処案を木下侍従次長に伝えている（『木下』45・10・23、25）。その後、アメリカの短波放送で皇室の政治的権力保持を問題視する情報が流れると、天皇は一転して内大臣府の廃止を主張する。ただし、天皇の内大臣府廃止論とは「内大臣」の廃止であり、「内大臣の機能」を廃することまでは考えていなかった。よって、天皇はあくまで内大臣職の代行者を求め、「侍従長をして内大臣を兼務せしめ」(同前45・11・2)るよう要望していた。天皇の要望を受けた木下侍従次長は、石渡宮相、大金宮内次官と協議し、幣原首相に相談することとしつつ、内大臣府の機能のうち、文書管理を内記部に、御璽国璽《ぎょじこくじ》の尚蔵《しょうぞう》(管理)を侍従長にそれぞれ分担代行させることを申し合わせ、同日、天皇に上奏、同意をえる(同前)。

側近より連絡を受けた幣原内閣も、閣内で内大臣府廃止問題に関する協議をはじめ、一一月五日に意見書をまとめあげた。「内大臣府廃止ニ伴ヒ考慮スベキ諸点」なる文書によると、内大臣の職権すべてを継承する新設の官職設置は適当ではなく、既存の宮内官僚でその機能を分担継承させるべきで、具体的には、御璽国璽の尚蔵、詔勅《しょうちょく》など内廷文書の管理を宮内大臣が、「常侍輔弼」の機能を宮内省官制で「常侍奉仕」の任についている侍従長の職権に移すという案を提示している。[27] 内閣側と宮中側の対処案を比較すると、わずかな相違点はみられるものの、内大臣府の機能をほかの宮内官僚や枢密院議長に代行させる基本的な方針では一致している。

後継首班奏請方式をめぐる見解の相違

なお、内閣側の意見書には、内大臣の職権のなかでもとくに重要な政治的機能である後継首班奏請に関する対案が記されていない。次田大三郎内閣書記官長は翌一一月六日にこの意見書をもって幣原首相に報告する。その際、幣原は「内大臣がなくなるとき、内閣更迭の際如何にすべきか」という点につき、「枢密院議長、貴族院議長、衆議院議長の意見を聴取せらる丶こととし、松平康昌氏の如き人が何かの資格（例へばキングス　セクレタリー）でお使を勤めること丶すればよい」[28]との持論を語った。幣原は内閣更迭時には、従来の内大臣、重臣に代え、憲法上に輔弼責任が明記されている諮問機関、立法機関の長に意見を求めるべきだという見解を示したのである。[29]

幣原内閣による「内大臣府廃止ニ伴ヒ考慮スベキ諸点」や後継首班奏請の改正案は、宮中側に伝達された。[30]しかし、天皇は後継首班奏請方式に関する見解を幣原首相とは異にしていたようで、一一月三〇日、木下侍従次長へ以下のように語った。

表面は枢府議長、両院議長に諮るを可とすべきも、裏面に於て考えを聴きたきは、(1)岡田（従来の経験上最も正鵠《せいこく》を得たる観察を為す）(2)米内(3)木戸(4)牧野(5)阿部〔中略〕の五人なり。岡田、木戸は松平康、米内は藤田、阿部は木戸をして聴かしむるがよからん。牧野には連絡一寸むずかし（『木下』45・11・30）

天皇の希望する後継首班奏請方式とは、重臣を主体とする旧方式の存続であった。表面上、幣原首相のいうような憲法上に責任を負う諮問、立法機関の長に相談することにしても、自身の参考に供したいのは、やはり信頼する重臣たちの意見であった。[31]しかも、具体的に重臣五名の名前をあげ、誰を連絡役とすべきかという細かな点まで指摘している（「岡田」は海軍大将の岡田啓介、「阿部」は陸軍大将の阿部信行をさす）。また、この五名のうち、天皇が牧野への連絡を「むずかし」と感じていたことと、前述した牧野への枢密院議長の就任要請とは関連づけて解釈すべきである。枢密院議長となれば、毎週水曜に天皇への定例拝謁の機会があるため、天皇は枢密院議長「兼重臣」としての牧野と定期的に情報交換できるのである。

後継首班奏請に関する天皇の発意を受け、同日、石渡宮相以下の側近首脳が集まり、この問題を協議した。列席者から諸論が提起されたものの、結論として、政変時に天皇の望む五名から意見聴取すると目立ってしまうこと、この五名の意見と同じく意見聴取する枢密院議長、両院議長の三人の意見が異なった場合、対処に困ることなどが問題視され、元内大臣秘書官長の松平康昌が日頃から各重臣と接触を保って見解を把握しておくよう申し合わせた（同前45・11・30）。

側近・松平康昌の辞意撤回

重臣の存在を重視する天皇の主張は、戦後の新体制下でも引き続き国政関与を担っていくことを前提に考慮されていた。一九四六年三月末、天皇は木下侍従次長と枢密院廃止にともなう措置を検討した際、顧問を設置して対処しようという意見を否定し、その地位にふさわしい人物を対象に「自由にそれぞれの人の意見を聴く方便利なり」（『木下』46・3・31）という持論を語った。つまり、天皇は定職に就く制度上の「顧問」ではなく、まさしく、自由な立場で助言をさずけてくれる政治的な「顧問」を求めていたのである。戦争末期以来、天皇は政治的助言者としての重臣の必要性を強く認識し続けていたといえる。

この間、内大臣府は一一月二四日に廃止されている。結局、内大臣府の機能は政府や宮中での協議をふまえて検討をかさねた結果、御璽国璽の尚蔵をつかさどる侍従長の直轄機関として、文書管理機能を担う内記部を新設することで対応し、内大臣府の主要な職務を引き継いでいくことになった。[32] この処置により、松平康昌は内大臣秘書官長から宮内省内記部長へと転じたものの、引き続きＧＨＱ関係者をはじめ外部との情報収集役を担当していく。[33] 本人の辞意にもかかわらず、松平康昌を起用し続けようという意見は、天皇をはじめ、側近首脳、政府首脳間で共有されていた。[34] 松平の継続勤務については、天皇による「性質もよき者なれば自分としては使いたし」（『木下』45・10・23）という勤続を希望する発言や、英語に堪能でＧＨＱ要人との情報交換役として期待されていたという理由のほか、側近内部の事情も影響していた。

西園寺公望の私設秘書を務めた原田熊雄が高木惣吉に依嘱《いしょく》した高松宮宛意見奏上覚書のなかでは、松平康昌の内記部長留任を訴えつつ、その理由として、宮内省と内大臣府の不仲、石渡宮相の大雑把な性格、側近適任者たる人材不足、侍従長の適任者なしという事情をあげている。[35] この時期の原田は側近内部の事情に精通しているわけではなく、多分に伝聞による内容も含まれていると思われる。宮内省と内大臣府の関係については、たしかに、戦時中の松平恒雄宮相と木戸内大臣の関係がしっくりいかなかったことは事実であるが、[36] 石渡宮相の就任後は関係にも変化が生じ、さらに戦後になると徐々に意思の疎通も図られていった。また、石渡の「大雑把な性格」も悪くいえばそうなるのであり、部下の大金や加藤進らは逆に自分たちに仕事を任せてくれていると好印象をもっていた。

原田の指摘で戦後の側近事情を正確に反映しているのは、側近適任者の不足と侍従長候補の適任者なしという二点であろう。省内に松平康昌のような渉外役をこなせる人材がほかにみあたらなかったことも事実であった。原田は非常時の宮相、侍従長候補者として松平康昌を側近に残しておいたほうがよいと考えていたのである。このような周囲の声もあり、松平康昌は辞意を撤回して側近職にとどまり、国体護持に向け尽力していくことを決意した。

なお、天皇の意見を参考とし、側近らによって調整された新たな後継首班奏請方式は、その後、一度も実施されることはなかった。GHQによる新憲法草案を日本政府が受け入れたことで、明治憲法に規定された天皇の任免大権も失効することになったからである。一九四六年四月二二日、戦後初の衆議院議員総選挙の結果を受けて幣原内閣が総辞職を決意すると、松平慶民宮相ら側近は天皇の前で対応を協議し、「新憲法草案既に発表され居る今日に於ては、従来の慣行に従うを得ず」「後継内閣成立迄国務をとる」よう、幣原首相へ命ずることを申し合わせた（『木下』46・4・22）。新憲法の公布、施行前ではあったが、明治憲法体制下の大権方式による首班奏請はこうして幕を閉じることになった。

二　皇室関係法制の改正をめぐる攻防

日本側の抵抗を一蹴するGS

マッカーサーが占領統治の円滑化のために天皇制を利用し、また、政治社会上の動揺をもたらしかねない昭和天皇の退位を否定していたことはよく知られている。いっぽうで、マッカーサーとGSは皇室や宮中を旧態依然のまま存続させようと考えていたわけではなく、新憲法の趣旨に照らして、天皇の役割を「装飾的機能のみを有する」「社交的君主」に限定させ、皇室や宮中を国民主権のもとに位置づけようと企図していた。

憲法草案作成のために設けられた「天皇に関する小委員会」において、ネルソンとプールによって作成された草案には、当初、四名の宮内官（二名の内大臣、一名の国璽尚書および宮内大臣）を設置することが記されていたため、全体を統括する運営委員会で検討した際、ケーディスGS次長は「国会や国民に対してではなく天皇に対して責任を負う非立憲的な官吏の存在を正当化」し、「自由主義的な憲法のもとでは事務官的な任務以上の任務をもつことがまずありえない」官吏を高地位につけることに反対した。[37]

新憲法下において、天皇と宮内官僚をどう位置づけるかというこの協議から、GSの思惑を窺い知ることができる。明治憲法体制下の宮内官僚は「宮中・府中の別」のもと、天皇にのみ責任を負う役人として位置づけられてきた。しかし、榎原猛氏の君主制分類にあてはめれば、GSのめざす「象徴君主保持国会制的間接民主制」では、そのような官僚は「非立憲的」であり、国民やその代表である国会に責任を負う地位として規定しなおさねばならなかった。GSはこのような天皇・宮中観に即して、皇室財産の整理や皇族の特権廃止などの指令を次々と命じ、これらの要求に抵抗しようとする日本政府や宮内省の担当者との折衝時には、厳しい姿勢で臨んでいく。[38]

一九四六年二月一三日のGHQ草案提示後、松本烝治ら日本側担当者は憲法改正案では妥協の姿勢を見せていくも、皇室の家法である皇室典範については、天皇による発議権など旧制度を残そうと抵抗を試みる。ところが、松本らの抵抗は皇室を議会の管理下に置くことを主眼とするコートニー・ホイットニー（Courtney Whitney）局長らGS側によって一蹴されてしまう。[39] 皇室典範を現在の日本国憲法第二条に規定された「国会の議決」によって運用させていくことは、GSにとって譲れない点であった。

保守的な天皇と側近の要望書

皇室と宮中の民主化のために法制面での根本的な変革を求めてくるGHQ側に対し、天皇をはじめ側近や旧側近者、保守政治家らは、明治憲法体制下の「宮中・府中の別」にもとづく宮中の自律性を堅持すべく、なしうる範囲で旧制の維持を試みていく。皇室典範改正をめぐる国内の動向として、近衛は内大臣府による憲法改正調査のなかで、昭和天皇の退位をみすえて皇室典範の改正まで考慮していたが、近衛への戦犯逮捕命令と自殺によって頓挫《とんざ》していった。[40] しかし、同時期、加藤進官房主管らがESS（経済科学局）の求めによりGHQへ出向すると、宮内省の組織、宮内省は法律の適用を受けているか、また特権があるのか、宮内省の所有株式などにつき質問を受け、さらに、「一九三七年以来の皇室財政予算決算を、皇室令のアウトライン等」の資料を英訳して提出するよう迫られたことから、[41] GHQ側との本格的な交渉を見越して、皇室・宮中関係の法制について検討をはじめていくこととなった。そして、内大臣府廃止問題とあわせ、一連の組織、法制の改正調査のため、宮内省内に事務調査会が設置される。

宮中での検討、協議が進むなか、一九四六年三月五日、幣原首相が新憲法の草案要綱を閣内でまとめ参内すると、天皇は、「今となつては致方あるまい」と述べたうえ、「皇室典範改正の発議権を留保できないか、又華族廃止についても堂上華族だけは残す訳には行かないか」（『芦田』①46・3・5）と付言した。天皇にとって憲法改正は「致方」ないことであったが、宮中の自律性を保障する皇室典範の改正や華族制度の廃止には、明らかに反対の意思を示していたのである。

さらに、翌六日の草案要綱の公表後、宮内省は大金宮内次官を通じ岩倉規夫内閣書記官に対して、「皇室典範の性質は何か、発案者は誰か、また宮務法というものは新憲法下にも認めうるか、また宮内官の憲法上の性質はどうなるか」など、三十数目の照会事項をまとめて伝えている。[42] 政府は宮内省側からの照会事項について回答を用意し、三月二三日、入江俊郎法制局長官から宮内省の高尾亮一出仕、大場信行参事官に伝達した。それでも一部の点につき納得のいかない天皇や側近らは、四月六日付で「憲法改正草案要綱中皇室財産事項ニ関スル要望事項左記ノ通申出候」なる要望書を作成し、世襲財産からの収益を皇室帰属としてもらいたい、世襲財産の授与については国会議決を要しないようにしてもらいたいなどの点につき、さらに政府へ伝達した[43]。要望書の趣旨は、皇室に属する財産の蓄積を可能にすることと、皇室からの金銭や財産の賜与《しよ》にあたっては、慈恵の精神を発揮するためにも議会を介入させない、という点にあった[44]。同日、入江が松平宮相を訪ね、要望書の件とあわせてこれらの問題を協議したうえ、政府側の見解を伝えた。

松平宮相と入江法制局長官の会談によっても、天皇の不安は解消されなかった。四月一五日に幣原首相が拝謁した際、天皇は皇室財産の譲渡や賜与、国会議決の要、宮内官僚の地位を規定した草案要綱第八条、第一四条、第八四条の三か条につき、改正を要する旨を伝えた（『木下』46・4・16）。このうち、幣原が宮内官僚の地位に関する第一四条につき対処を言及しなかったため、天皇は不安となった。そこで、天皇は宮内官僚の人事権を自身や宮中で把握しておくことを主張し、側近から政府側に伝えさせている（同前46・4・16～17）。

皇室財産処理の過程で、皇室の世襲財産範囲を拡大解釈し、国家管理や税負担を忌避しようとする天皇・宮内省の要求は、この後、法制局や終戦連絡中央事務局（以下、終連）などの折衝担当レベル、吉田外相や入江法制局長官ら政府上層レベルを介してGSに伝えられる。GS側の反応は皇室財産問題、皇族特権廃止問題など、いずれも天皇の希望にかなうものではなく、皇室の徹底的な民主化を求めていくものであった[45]。

また、国事行為に関する認識について、天皇は、「認証」を「承認」ととらえていたようで、草案要綱第七条第五項の官吏の認証につき、自身の了承を求めるよう主張していた[46]。しかも、このような天皇の要望は草案要綱や「帝国憲法改正草案」（四月一七日）の公表後に政府筋へ伝達され、配慮を求めている。さらに、天皇は国事行為そのものについて、当初、「国務」に関する行為と認識しており、明治憲法第五五条のような内閣の輔弼にもとづく行為と解釈していた[47]。このように、天皇や側近は新憲法に規定された新しい君主像につき、GHQや日本政府の求める「象徴天皇」の地位や権能を無条件に受け入れようとせず、その修正を訴えていたのである。

国内政治勢力のなかでも、GHQ側と折衝して相手の意図を汲みとり、妥協可能な法制づくりをめざした人々と、GHQ内のリベラル勢力と接触する機会のない人々の間には新憲法や付属法令に対する認識の隔たりがあった。幣原や吉田といった閣僚、法制局や終連を抱える外務省が前者に位置し、天皇や側近、牧野元内大臣ら旧側近者が後者に属する。外相の吉田は、GS側からは保守勢力の総本山とみなされており、嫌悪感を抱かれてしまっていたが[48]、吉田はあくまで天皇や側近の代弁者に過ぎず、保守の総本山は天皇、側近、旧側近者であった。ホイットニーやケーディスらGS局員も、吉田外相や自由党の背後に天皇と側近が控えていることを察知していたであろうが、東京裁判が進行する微妙な情勢下、天皇に矛先を向けるわけにはいかず、側近首脳を排除すべき標的と定めていく。

ただし、このような皇室・宮中改革をめぐる国内諸勢力の区別は、曖昧なところもあり明確な線引きが難しい。GHQ担当者と日常的に折衝する法制局がより「民主的」な改革を志向していたことは事実であるが、いっぽうで、金森徳次郎国務相や入江俊郎法制局長官、佐藤達夫法制局次長らは、国民主権の新憲法でも「天皇の地位は少くとも別格と考えて」、「国体」と「政体」を区別し、「国体」の不変を前提に対処しており、ケーディスGS次長らの徹底した民主化要求にとまどいを感じていた。[49]また、側近たちも法制局や政府と比べると、より保守的な姿勢に終始しつつも、新憲法に対応するために法制局と協力しながら交渉を進めていった。つまり、天皇、旧側近者、現役の側近、政府（法制局）は、総じて「保守」に位置しながら、「民主」化を進めるＧＨＱとの折衝度に応じ、その「保守」色に濃淡が生じていたといえる。ＧＨＱと接触頻度の少ない天皇・旧側近者→現役の側近（オク→オモテ）→政府（法制局）という順で、「保守」的な思想が薄められていくのである。

「皇室典範として考慮すべき問題」とは

新憲法制定の作業と並行し、憲法に付属する関係法令の制定、旧制の改廃も進められていった。政府は、「憲法改正に伴ふ諸般の法制の整備に関する重要事項を精査審議する」目的から、一九四六年七月三日付で臨時法制調査会官制を勅令で制定し、会長吉田首相（同年五月に首相就任）、副会長金森国務相以下、枢密顧問官、貴衆両院議員、法学者、官僚などから委員を結集して、テーマごとに四部会を設け法制の整備にあたった。[50]このうち、「皇室及び内閣関係法律案の要綱の立案」を担当する第一部会には、金森部会長以下、関屋枢密顧問官、入江長官、佐藤次長の法制局員、さらに宮内省から次官の加藤が委員として、出仕の高尾と大場参事官も幹事として参加し、七月一二日から一〇月四日まで小委員会や部会を開催して、新たな皇室典範や皇室経済法など諸法制の立案、協議を進めていった。

皇室典範の試案を作成した小委員会では、まず皇室典範の性格や名称をどうするかという検討からはじめ、議論の末、「一法律」としつつも、名称は「皇室典範」のままとすることを確認した。[51] 宮内省側では臨調会での新皇室典範・皇室財産関連法の作成、審議に臨むにあたり、検討事項となりそうな項目をあらかじめ設定し、それぞれ「皇室典範として考慮すべき問題」、「『皇室財産法』及び『皇室経費法』につき考慮すべき問題」として整理していた。

「皇室典範として考慮すべき問題」のなかでは、女性や庶子（側室の子）にも皇位継承資格を認めるのか、皇位継承の原因を崩御《ほうぎょ》（死去）時に限定するのか、皇族の範囲をどこまで縮小するのかなど、まさに今日問題となっている諸点が検討事項として列挙されている。臨調会幹事を務めた高尾亮一の記録では、以上のように簡潔に経緯が述べられているが、宮内省が「皇室典範として考慮すべき問題」をまとめるにあたり、用意周到に準備を整えて協議に臨んでいたことが諸資料から裏づけられる。

後年、高尾は宮内省事務調査会における皇室典範改正案の作成にあたり、GHQ草案が示された後は皇室をとり巻く現状を認識し、占領軍の意向を汲みとりながら立案作業を続けていったと回想している。[52] ただし、天皇と側近らはGHQ草案にもとづく政府改正案の草案要綱を示された際、明治憲法体制下の「宮中・府中の別」に則り、ヒト（側近人事）とカネ（皇室財産）の問題など宮中業務に関する自律性を維持しようと試みていたのであり、GHQが求める皇室の民主化との妥協点を探っていたというのが実態であろう。

実際には、宮中でどのような対処法が考慮されていたのであろうか。「実録」によると、すでに一九四六年三月初めから「宮内省内に松平康昌宗秩寮総裁を委員長とする皇室典範改正準備委員会が設置され、加藤次官・侍従次長稲田周一・宮内省出仕城富次・同高尾亮一を委員とし」て検討を開始し、「女帝を認めることの可否、天皇の庶子を認めることの可否等につき議論が交わされ」、臨調会発足前の同年六月二〇日には「問題点の整理案」を作成し、松平慶民宮相、大金侍従長、加藤次官、松平康昌の首脳四名が皇室典範改正について天皇に奏上するにいたったとある。[53]

松平康昌を長とする「皇室典範改正準備委員会」のメンバーは、旧側近者にも接触して参考意見を徴していた。「関屋日記」によれば、関屋には一九四六年五月一三日付で「宗秩寮審議会」任命の辞令が下り（二二日受取）、同二一日に宮内省での会議に出席している（「関屋」46・5・21）。この時期、関屋は並行して枢密院で憲法改正草案の審査委員としても活動しているが、松平康昌ら後輩の側近からの協力依頼に応じて「審議会」に参加したものと思われる。「関屋日記」記載の「宗秩寮審議会」と「実録」にある「皇室典範改正準備委員会」が同じ組織をさすのかどうか定かではない。仮に異なる組織ということであれば、「準備委員会」で立案した文書を「審議会」で討議、検討していたことになり、周密な態勢で臨んでいたことがうかがえる。

また、六月一一日には、宮内省を訪問してきた河井弥八が松平康昌と高尾に「皇室典範改正要点中、皇位継承、摂政及皇族に対する措置如何」を問い、高尾には「所見を開陳」している。[54]河井は貴族院で憲法草案調査委員会の委員を務めており、六月末から七月初めにかけ元宮内次官で貴族院入りしたばかりの大谷正男や同じく元宮内次官の白根松介とともに相次いで宮内省を訪ね、松平宮相、加藤次官、松平康昌、高尾らと「皇室関係事項」につき協議を重ねていった。[55]この間、河井は関屋とも憲法改正案につき意見交換している。[56]宮中側の方針や事情を把握した関屋は、七月一一日に開かれた臨調会第一回総会の席上、皇室典範をはじめとする皇室関係法令の審議にあたり、「天皇の御地位其の他」など事案の重要性と広範性の点から法制局員が宮内省関係者と事務的に連絡をとって、「皇室関係の方の御手許《おてもと》で御取決め」になるよう配慮すべきとの意見を開陳している。[57]

以上の経過から、天皇や旧側近らの見解を交えた宮中側の総意として「皇室典範として考慮すべき問題」と「『皇室財産法』及び『皇室経費法』につき考慮すべき問題」が作成されたことは明らかであり、高尾が言う「宮内省としては、当初から積極的に結論を提示するということでなく、問題点について審議の経過を見、かつ具体的な過去及び現在のケースについて説明してゆくという態度」[58]をとる方針も、天皇や旧側近者、側近首脳間で申し合わせたうえでの対応だったと考えられる。

退位規定をめぐる議論

臨調会第一部会では、その後、七月から八月にかけ、皇室典範改正の立案に向けた結論をまとめていき、九月二七日には「皇室典範要綱（試案）」を作成し、さらに論点整理の議論や案文の推敲を重ねて「皇室典範改正法案要綱」にまとめ、一〇月二二日の臨調会第三回総会において可決された後、吉田首相に答申される。[59]この間、宮内省から参加していた加藤や高尾は、「積極的に結論を提示する」姿勢をとらなかったと言いつつも、異論が噴出するなかにあって実質的に議論をリードしていったのは彼らであった。皇室典範改正案の立案過程で議論された問題点は諸資料や先行研究により分析されているので、[60]ここでは本書の視角に関する点を抽出して論じたい。

まずは、退位規定設定の是非についてである。臨調会委員のうち、佐々木惣一や宮沢俊義などの憲法学者や法制官僚は退位規定を設けることに賛成であったが、[61]宮内省から参加していた加藤と高尾は退位規定の設定に反対し、その理由として、退位の自由を認めれば即位しない自由も認めねばならず、そうなると一時的な「空位又は不安定なる摂位」という事態が生じる可能性があり、皇統継承上好ましくないと主張する。高尾は将来退位が必要となる事態が生じた際には、「個々の場合に応ずる単行特別法を制定して、これに対処すればよい」との趣旨を述べている。[62]

当然ながら、退位規定の設定に反対する加藤と高尾の意見は、彼らの主観にもとづく意見ではなく、事前に天皇や側近首脳、旧側近者と意見をすり合わせたうえでの宮中の総意であった。高尾自身、「退位の問題は、天皇の戦争責任という当時の時事問題とも微妙に関連し、ひとびとの視聴をあつめた」[63]と記しているように、東京裁判開廷中のこの時期、退位問題は天皇の戦争責任問題と関連づけてとらえられる傾向にあったため、[64]宮中側にとって、天皇の自由意思による退位は認められない立場であった。

また、高尾のいう「不安定なる摂位」の問題も、当時、天皇をはじめ側近首脳が懸念するところであった。懸念の対象は高松宮の存在であり、天皇が退位すれば幼い皇太子が即位することとなり、秩父宮が病気療養中という状況では高松宮の摂政就任が予想された。戦争末期から天皇と高松宮の折り合いは悪くなっていたが、戦後も高松宮は戦争責任論の観点から天皇の退位を是とし、天皇は高松宮の摂政就任に反対であった（『木下』46・3・6）。そのため、天皇はかなり早い時期からこの件への対応を考慮し、「摂政を置くの間、皇位継承の順位を変更すべからざる旨の規定の必要」[65]を主張している。天皇は高松宮の摂政就任により、皇統が高松宮の判断で変更されることを危惧していたのであった。これらの事情により、天皇をはじめ側近者らは皇室典範に天皇退位規定を設けることに反対したと思われる。

退位問題をめぐる天皇と高松宮の確執を物語るように、臨調会で皇室典範改正案の作成が続けられているさなかの一九四六年九月二〇日に天皇と皇后も出席した皇族親睦会が開かれた際、側近から皇室典範改正に関する経過報告がなされ、退位条項を設けないということが伝えられると、高松宮は「陛下ガ終戦ノトキアレダケノ御決意アリシニ対シソノ道ヲツケルノハ必要ダト思フガ、陛下ダケノ御経験ト対米（マックアーサー）感情モヨイ方ハナイカラト云フダケデ考ヘヌノハヨクナイ」（『高松宮』⑧46・9・20）と、退位を否定する思考に違和感を覚えるのであった。

GHQの厳しい姿勢

いっぽうの皇室財産関連法については、予算問題にからむ国会での憲法改正案の審議やGHQからの執拗な介入を受けたため、そのつど、論点整理と法案修正に追われていった。皇室典範と皇室財産の問題処理にあたった高尾は、後年、「皇室典範に対しては占領軍の態度がたいへん寛大であつた」のに対し、「皇室経済法の立案」では「一々の細かいデテールまで干渉して」きたと、[66]当時の印象を語っている。

GHQ側の皇室典範と皇室経済法（皇室財産・皇室費）への対照的な審議姿勢は、彼らが新憲法で導入しようとしていた「象徴君主保持国会制的間接民主制」の特徴から理解することができる。まず、皇室典範案につきGHQが日本側との交渉過程で問題視したのは、天皇の退位問題と女帝の可否であった。これらは「自然人としての天皇の自由を拘束し過ぎる」、「男女平等ノ原則ニ反セヌカ」という理由説明からもわかるように、[67]「人権」や「男女平等」という民主主義国家における普遍的な価値観に照らしての疑問であった。いっぽうで、GHQ側では戦前のような皇国史観にもとづく国家形態の復活を阻止する目的もあり、退位後の天皇の政治活動や歴史上における女帝の弊害について日本側担当者から説明されると、それ以上は問題視しなくなったという。同じ理由から、GHQは皇族の政治的活動も禁止すべきだと強く求めていた。[68]総じて、GHQ側は天皇や皇族が権威を盾に政治介入してくる可能性を排除することに専念し、皇位継承のしくみや皇室制度については、国民主権のもとで天皇制を存続させる方針を固めている以上、議会に皇室典範に関する議決権をあたえたうえ、日本側の自由な意思に任せようとしていたといえる。

対照的に、GHQは皇室経済法への対応にあたっては、天皇制の安定した存続をはかるため、国民主権原則による徹底した「象徴君主保持国会制的間接民主制」を確立すべく、日本側に相応の処置を迫っていった。[69]また、GHQが皇室財産問題で日本側に強硬な姿勢で臨んでいた背景には、極東委員会（以下、ＦＥＣ）の動向も影響を及ぼしていた。ＦＥＣが一九四六年七月二日付で作成した「新しい日本国憲法のための基本原則」では、国民主権原則の徹底、日本人の自由な意思による天皇制の廃止やさらなる民主化を求める項目を列挙したうえ、皇室財産の扱いにつき、「すべての皇室財産は、国家の財産であると宣言される。皇室の費用は、立法府によって、充当される[70]」と定めていた。

本国からの電報で「新しい日本国憲法のための基本原則」が作成されたことを知ったマッカーサーは、ＦＥＣからの介入を阻止し、憲法改正や付属法の審議、立案にあたっている日本政府の面目を保つため、ホイットニーやケーディスらＧＳ幹部を政府に派遣してＧＨＱ側の意図を伝え、善処を要請する措置を講じた。[71] ＧＳ幹部は憲法に国民主権を明記するよう強く求めたほか、八月上旬にはホイットニーとケーディスが入江法制局長官らを呼び、マッカーサーが天皇制の存続を望んでいる旨を伝えたうえで、皇室財産から生じる利益を天皇に留保させる日本側の憲法改正案の条文を批判し、このままでは「連合国に容喙《ようかい》の余地を与えること」となり、「現在の国際的関係を考えると非常に困難な事態を惹起《じゃっき》」する可能性があるので、皇室財産の国家帰属を明確化するよう要求した。[72]

その後も、皇室財産問題の交渉を担当するＧＳのサイラス・ピーク（Cyrus Peake）やＥＳＳ財政課のウォルター（J.E. Walter）は、日本側との折衝時にＦＥＣの介入の危険性に言及しながら、皇室の財閥化予防、議会による皇室財産の徹底管理を強く求めていった。皇室経済法に関するＧＨＱとの交渉経過をまとめた文書でも、「先方〔ＧＨＱ〕の主張の眼目は、要するに皇室の経済関係を国会のコントロールの下に置くといふことにあつた」[73]と、その意図するところを正確に記している。

戦前色が濃い皇室典範

このほか、GHQは皇室典範と皇室経済法に関係する問題として、皇族の特権廃止、すなわち皇族範囲の縮小も日本側に迫っていった。この点については、一九四六年五月二一日に「皇族の財産上の特権等廃止に関する覚書」（同二三日発表）が政府に発せられた翌日、高松宮邸にホイットニー、ケーディスらを招いて晩餐会が催された折、ホイットニーが特権廃止の趣旨につき、「要スルニ『主権在民』ニ基ヅク考へ方デ『議会ガ金ヲ出スナラソレハヨイ、第二世カラハ働イテ食《く》ヘバヨイ』」（『高松宮』⑧46・5・22）と説明していた。ホイットニーの言葉にあるように、GHQは国民主権の原則から皇族の範囲を限定するとともに、戦前のような財政上の特権を廃止し、国庫における財政面での負担を削減しようと企図していた。

この方針にもとづき、八月一五日、佐藤法制局次長や山田久就《ひさなり》終連政治部長、藤崎萬里《まさと》連絡官とケーディス次長、アルフレッド・ハッシー（Alfred Hussey）、ジョセフ・ゴードン（Joseph Gordon）らGS局員が協議した際、ケーディスらは五月に発した皇族の特権廃止に関する覚書を示しつつ、「Imperial House ハ狭く考へてゐる、直宮程度で、東久邇宮と云ふが如きは之に含まず、一私人となるものと考へてゐる」[74]と強硬論を主張した。同様に、ウォルターも「法律で皇族の範囲を明確に限定すべきである」[75]との見解を主張しているように、皇室の民主化をめざすGHQは皇族範囲の縮小を既定路線とみなしていた。GHQ側の見解を受けた宮中側でも、直宮三家をのぞく一一宮家の皇籍離脱の方針を決定し、一九四六年一一月二九日、天皇の口から各宮家代表に言い渡された。[76]

宮内省や法制局では皇室財産がすべて国家に属し、皇室費用も予算計上して国会の議決を要することとなったため（日本国憲法第八八条）、皇室財産と皇室費用に関係する論点を整理して「皇室経済法」に一本化し、同法要綱試案を作成のうえ、九月二七日に「皇室典範要綱（試案）」とあわせて臨調会第一部会へ提出する運びとなった。

臨調会での審議開始後も、皇室関連法制に関する旧側近者への報告と意見聴取は続いていた。九月四日には午前から午後にかけ、松平恒雄、牧野伸顕、鈴木貫太郎が天皇に拝謁し、[77]九月中旬にも皇族の皇籍離脱の件につき御用掛の寺崎英成や吉田茂首相兼外相が牧野との連絡について奔走している。[78]また、臨調会委員を務める関屋も宮内省に松平康昌を訪ねて何事かを協議しており、[79]河井は幣原国務相や関屋と皇室財産、皇室典範の内容に関する意見交換をしたり、GHQ側との交渉経過を聴取したりしている。[80]旧側近者は天皇や側近の相談にのるとともに、政府（管掌下にある法制局や終連を含めて）との一致した見解を導くための「潤滑油」の機能を担っていたといえる。

その後の臨調会における皇室典範改正範囲問題の審議では、宮内省側から出席していた加藤や高尾の主張どおり、退位規定を設けずに「皇位継承の原因は崩御に限ること」とした。このほか、女帝の可否、庶子の皇位継承権の可否などについても議論が交わされ、現行の皇室典範の原型がまとめられていった。議論をリードしたのが宮内省の加藤と高尾であったため、改正された戦後の皇室典範は戦前のそれと比較しても、名称だけでなく基本的な内容もほぼ同じといった、戦前色の濃い「法律」となった。[81]

皇室典範と皇室経済法は臨調会から吉田内閣へ答申された後、GHQ側との最終交渉による承認を得たうえ、枢密院での審議、帝国議会への提出という過程を経て同日に成立し、日本国憲法と同様、一九四七年五月三日施行となる。

三　宮内省から宮内府へ

宮内省は「国家事務の為の役所」

皇室典範や皇室経済法の審議と並行して宮中組織の再編に向けた動きも生じてくる。以下、とくに宮内府成立にいたるまでのGHQと日本政府との交渉経過をたどっておきたい。

GHQ側から宮内府の法整備を指摘する声については、一九四六年一一月四日における皇室課税問題の協議中、ウォルターESS局員が「宮内府の設置についても規定を設けて置くべきではないか」と指摘したことに日本側担当者が応じたことで、[82]以後、ほかの皇室関連事項と並行して宮内府法案に関する検討、協議も進展していった。

宮中組織の改革は天皇制の根幹にかかわる重大案件であるため、国内の指導者層もその成り行きを重視し、枢密院や帝国議会の場において今後の展望を問いただしていた。枢密院では、一九四六年一一月一三日、皇室典範改正を議する審査委員会の席上、伊沢多喜男顧問官が宮内府の構想を問うと、金森国務相は、「現在の宮内省は〔中略〕皇室の公私両面を取扱っているが、宮内府は宮内省とは根本的に異るものであり、皇室の公的面に関する事務だけを掌《つかさど》る[83]」、と答弁した。

また、一二月一一日の衆議院皇室典範案委員会において、委員から宮中改革に対する政府の構想を問われると、金森は具体的な研究を進めていないと前置きしつつ、宮内府の概要として、「政府の一部局として扱う」「職員の数等も、現在の宮内省の職員の数よりは相当に少いものとなる」「宮内大臣に代ります今後の宮内府の長は官名等はまだはつきりいたしておりませんけれども、結局皇室に関しまする行政府の長官という意味において心得ております[84]」と答弁している。

金森国務相の答弁からも明らかなように、この時点で、政府はGHQの要求どおり、新憲法の趣旨に合致した組織として宮内省を再編しようと考慮していた。しかも、このような宮中再編の方向性は宮内省も容認するところであった。宮内省が宮中再編問題について作成した想定問答集のなかには、新組織の概要として、「新憲法の建前から云つて行政部の一部として例へば宮内府ともいふべき機構がもうけられることゝならう[85]」と記されており、金森の枢密院、議会での答弁は、この内容にそって語られていた。すでに、政府と宮内省の関係機関の間で宮中の新組織について、「国家行政の一機関、皇室の公的事務を扱う役所」という最低限の方針が共有されていたのである。

法制局の宮内府構想を記した「宮内府の性格」なる文書には、「一．天皇所管の国家事務の為の役所」「二．現在の宮内省を小さくしたやうなものとする、賞勲局等必ずしも合併せず」という前提のもと、皇室財産や宮内官僚の位置づけが記されている。また、同文書では宮中業務における公私の区処を曖昧に解釈し、「宮内官は私の使用人ではあるが、公務員的に国法で扱ふことも可能」など、後の宮内府法やその運用方法に採用されていく基本的な方針が示されている。[86]

宮中の人事権を掌握しておきたい天皇

宮中業務を国家事務として明確に規定されることを嫌っていたのは、当事者の天皇や側近らであった。当時、宮内省出仕兼法制局事務官として種々の宮中改革にたずさわった高尾亮一も、後年「天皇に私なしと言われて来たように、皇室の一切の事務を純粋に私的なものと公的なものに載然〔ママ〕分つことは事実上不可能であり、また仮りに分けたところで、その私的な面の事務の処理機関を宮内府と別途に設置することは、無用の混乱を惹起する迂遠なことなのであった」[87]と、批判的に回想している。

天皇と側近は側近人事の承認権を法案に盛り込むことにより、民主化の波から組織を守り抜こうと企図していく。その趣旨は、組織の首脳にあたる宮内府長官と侍従長の旧親任官職について、天皇の「承認」を必要とし、それ以下の宮内官僚も宮内府長官の「承認」を要する規定を設け、人事面での旧体制を維持させるという点にあった。

　宮内官僚の人事権を天皇や宮内府で掌握しておきたいという意見は、天皇も当初から強く要望していた。そもそも、敗戦まで宮内官僚の任用は、親任官職を含む広義の勅任官をのぞき、宮内官任用令で規定された宮内官考査委員の選考を経たうえ、[88]宮内省官制第八条で、「宮内大臣ハ宮内奏任官及勅任待遇奏任待遇宮内職員ノ進退ハ之ヲ上奏シ宮内判任官及准判任判任待遇等外宮内職員ノ進退ハ之ヲ専行ス」と定められていた。[89]これにより、宮相、内大臣、侍従長ら親任官待遇の側近人事は、元老西園寺公望と側近首脳の協議による選考のうえ、最終的に天皇の承認を経て任命され、下級の宮内官僚は宮内大臣の「専行」により採用されてきた。敗戦後に改正された宮内省官制でも、内大臣府廃止や時宜に適した職制の修正を盛り込みながら、第八条では「宮内大臣ハ二等宮内官及一等待遇二等待遇宮内職員ノ進退ハ之ヲ上奏シ三等宮内官ノ進退ハ之を専行ス」[90]と、旧八条を継承していた。

　前述した一九四六年四月一五日の草案要綱の内容をめぐる天皇と幣原首相との会談の翌日、天皇は草案要綱第一四条で宮内官僚を公務員と位置づけていることにつき、「宮内官吏を公務員とするは可なるも、天皇の認証を其の任免につき必要とする事にしたし」（『木下』46・4・16）と主張した。天皇の発言を受けた木下侍従次長は、松平宮相ら側近首脳と協議して、「宮内官吏の任免は三等出仕（特に側近）といえども」「其の任免については第七条五号により陛下の認証を必要とする」要望書を作成し、政府と草案要綱を諮詢《しじゅん》する枢密院へ通知することにした。[91]天皇は下級官僚の登用にいたるまで、自身の「認証」（天皇は「承認」と認識）を要するよう配慮を求めたのである。

翌四月一七日、木下侍従次長は入江法制局長官を招き、大金次官、高尾宮内省出仕とともに天皇の要望書を手交し、同問題に関する入江の見解をただした。入江は、草案要綱第七条第五項で想定している「特別の官吏とは、主として親任官を意味し」、それ以外の官僚については、「官吏法の如きものを作る考え」だと言及したため、木下は改めて官吏法においても、宮内官僚の任免時には天皇の同意を要する旨を特記するよう配慮を求めた（『木下』46・4・17）。天皇や木下侍従次長ら側近首脳は、宮内官僚の任免権を放棄することに強い拒否反応を示し、宮中の自律性を維持させようとしていた。

天皇からの要望ということもあり、法制局や臨調会では宮内府法案や官吏法案、行政官庁法案に宮内官僚の任免に関する特別の措置を講じることとし、徐々に法案条文を整えていった。[92] また、一一月以降、GHQからの督促もあって、宮内府法案の本格的な整備が進められた。宮内省では一九四七年一月末から二月中旬頃までの間に「宮内府官制試案要綱」を作成し、法制局に回送する。法制局では宮中からの意見とGHQの主張する原則、そして新憲法の趣旨を勘案しながら「宮内府法案」を作成し、[93] そのたびに宮内省側やGHQ側と折衝、協議して案文の推敲を重ね、三月一二日にGHQの承認をえる。[94] その後、宮内府法は閣議決定、議会審議を経て四月二八日に公布、五月三日、新憲法や皇室典範、皇室経済法などの関連法とともに施行される。

天皇が憂慮した事態

宮内府法の整備が本格化する過程において、天皇や側近らは天皇の地位や皇室、宮中にかかわる事項について協議を重ね、また、皇室典範や皇室経済法の時と同様、牧野伸顕、鈴木貫太郎、松平恒雄ら旧側近者からも意見を聴取し、参考に供していた。天皇と旧側近者らが宮中再編にあたって重視した点は、やはり宮内官僚の人事権であった。牧野の記した「昭和二十一年覚書」には、宮内省改革や側近人事への懸念が示されており、天皇の憂慮する点と合致する部分も少なくない。「覚書」の要旨は、①宮内省が内閣の一部局に位置づけられることを危惧し、②新憲法では皇室費も政府予算内に組み込まれ、側近者の人事権も内閣書記官長などの取り扱いとなれば、宮内省はたんに皇室事務を扱う事務所となってしまう、③側近人事は従来から天皇が大きな関心をもっており、任免にはとくに配慮を要する、などである。[95] 過度な宮中改革を心配する牧野は、一九四七年三月、松平恒雄を介して以下のような忠告を松平慶民宮相に伝えている。

> 宮内府が政府之外局となる結果〔中略〕長官始め人事ニ関し政府が擅《ほしいまま》ニ任命下〔カ〕し居る様のことありてハ将来如何なる性質の政府が出現するや保し難き場合御思召ニ副《そ》はざる如き更迭等有之様のことなきや[96]

天皇や牧野は、宮内府が内閣の下部組織となり、側近の人事権を内閣に掌握されてしまうと、

「如何なる性質の政府」、すなわち革新的な内閣が成立した場合、皇室や宮中に批判的な人物を側近として起用しかねないことを懸念していたのである。これより前、天皇は一九四六年五月の総選挙の結果を受けた際、社会党内閣成立の可能性について言及し、「其の時には人民戦線運動も相当進展するから、国家社会の変革、皇室等もどうなるかわからない」[97]と、革新内閣成立の場合の不安感を直截に語っていた。その後、天皇や牧野の憂慮する事態は一九四八年の芦田均内閣による側近首脳更迭問題で現実のものとなってしまう（第四章参照）。

宮中の自律性をどう確保するか

なお、松平恒雄も牧野の心配する宮内官僚の人事権問題につき、「全然御同感」だったが、松平慶民宮相は「至極楽観の様子」であった。そのため、松平恒雄は吉田首相や幣原前首相にも「面会之上重ねて念を押」すことにした。[98]法制局では天皇や旧側近者らが憂慮する側近の人事権につき、相応の対策を講じようとした。法制局は「宮内府に関する奏上」を作成し、宮内府法成立直前の一九四七年三月八日、天皇に奏上するのだが、このなかには、「宮内府職員の人事につきましては、陛下の思召及び宮内府長官の意見にもとづき、これを決定することが適当でありまして、運用上、充分その実をあげることが出来ると存じて居ります」[99]と記された箇所がある。つまり、法制局は宮内府法の条文上、宮内府の自律性を覆い隠すように明記しながら、実際の運用にあたっては宮内官僚の人事権など天皇や宮内府の意見を尊重することで、宮中の自律性を確保しようとしたのである。

この点につき、牧野が宮内府法に対する側近らの姿勢をうかがったところ、松平宮相は「憲法之精神ニ背かざる以上、従来の侍従慣例ヲ踏襲致度」[100]との方針で臨む旨を答えていた。「慣例を踏襲」するという点を実際の条文から確認しておく。宮内府法では宮内官僚の人事権について、宮内府長官と侍従長の認証職を規定している（第三条）のみで、法案作成の最終段階において宮内府長官による三級官任命の規定を削除していた。じつは、この削除を提案したのは、ほかならぬ宮内省側であった。高尾亮一は法制局に侍従の任命手続きに関する一通の要望書「皇室関係の事務」をもたらし、そこには、「侍従職は天皇の任免を要するような特別措置とせず、天皇の信頼の厚い人物を宮内府長官にすえ、宮内府の人事を長官に一任させて政府の干渉をうけない行政制度を確立したうえ、法制上可能であれば、『宮内府二級官以上の進退は宮内府の長の具申にもとづいて、内閣総理大臣が、これを行ふという途』を考慮すべき」[101]旨が記されていた。

法制局では高尾からの要望書に配慮し、宮内府の人事権につき以下のように取り扱うことにした。本来ならば皇室の純然たる私事にあたる職員は内廷費より私的の人員を整備、処理するのが望ましいが、「宮内府職員は、内閣総理大臣の定める所により特に宮務を補助することを得る道を認めてもよい。これは政令で書いてもよいが、若《も》し困難なときは閣議決定にすることが出来る」[102]とした。

入江法制局長官の資料に残された「宮内府に関する奏上」と「皇室関係の事務」は作成日が一九四七年三月八日と同じであり、天皇への「奏上」の補足説明用として「事務」文書が作成されたと考えられる。つまり、両文書を通読すると、宮内府人事の取り扱いについては、宮内府法に人事に関する条文を明記しなくても、人事権を握る内閣が宮内府からの具申を尊重するような運用策を講ずればよいという結論に落ちつくのである。

法制局による宮内官僚人事の「運用策」につき、入江法制局長官は議会答弁のなかで、より具体的に言及している。一九四七年三月三〇日の貴族院行政官庁法案特別委員会で宮内府法案も付託議案として審議され、白根竹介議員が「侍従のような側近の任免については、天皇の認証をえる必要性があるのではないか」という趣旨の質問をすると、政府委員として出席していた入江が答弁に立ち、以下のように説明した。

侍従に付て陛下の御意思を重んずると云ふことは運用の上から見ますと必要なことと思ひますけれども、之を制度化することはなか〳〵むづかしいと思つて居ります、寧《むし》ろ宮内府の長に当る人を十分陛下の御信任の厚いやうな方を選びまして、さうして宮内府の長の意見を十分尊重して、侍従其の他の人事を行つて行くと云ふことで、それ等の関係を円満に執行して行つたらどうかと考へて居るのであります[103]

入江の答弁は、まさに高尾の要望書どおりの内容である。このように、政府と宮内省の間では、側近人事に関する宮中の自律性を運用次第で保障していくことを申し合わせていた。この問題を憂慮する松平恒雄が牧野に宛てた書簡で、松平慶民宮相が「至極楽観の様子」だと評している背景には、このような事情があったのである。

ただし、GHQ側も官僚の任命に関する規定には注意を払っており、天皇の認証を必要とする官僚の範囲につき、「国民に対して政治的に責任を行う者」「一般のシヴィル・サーヴィスの官吏以外の、政治的任命による官吏の場合に限るべき」[104]と、認証官に制限をかけるよう政府担当者に指摘することを忘れていなかった。また、宮内府設置にあたってGHQ側の重視した点は、「宮内府ない至その職員は天皇ないし皇室の私事に関与するものではないから、この点を明り〔瞭〕ようにする」ことであり、政府担当者との折衝時にはとくにこの点を指摘し、不適当な条文を修正、削除させていった[105]。

天皇の吉田茂への不満

表4は、一九四七年五月三日の宮内府設置にいたる過程で、法案のおもな修正点をまとめた一覧である。一見すれば明らかなように、宮内省側（天皇を含む）の意図は宮中組織再編といっても、あくまで明治憲法体制下の宮内省の「改組」という認識にとどまり、天皇を私的に支える側近としての職務の継続を望んでいた。そのため、新憲法との整合性をつける意識はあるものの、より新憲法の趣旨にそった宮中再編をめざそうとする政府（法制局）案とも認識の懸隔《けんかく》を示した。さらに、GHQは宮内省と法制局によって検討された政府案の内容にも注文をつけて修正させ[106]、皇室の私的な業務にあたる従来までの宮内官僚の性格を排し、国家公務員のような事務職員とし

		宮内省試案（宮内府官制試案要綱）	政府案	GHQ案	説明
1	宮内府所掌事項	皇室に関する事務	皇室関係の国家事務及び天皇の国事に関する行為に関わる事務		皇室関係の公的事務のみなることを明らかにする
2	宮内府の長の名称	総裁	長官		なるべく簡素な官府たる印象を与えるため
3	式部官・女官	官名として残す	官名として削る		官名整理の見地及び女官については、私的使用人の感じあるため、官名として削り、必要あらば補職等の途によることとす
4	一級待遇・二級待遇	設置の途を認める	別途広く必要職員を置き得ることとする		
5	顧問・委員	設置の途を認める	別途広く必要職員を置き得ることとする		
6	侍従長の職掌	常侍奉仕し、皇太后宮及び東宮以外の内廷の事を掌る	常侍奉仕し、内廷の事を掌る	天皇の国事に関する行為に関し常侍奉仕する	GHQの要求は、私的のサーバントに非ざることを示す
7	侍従の職掌	皇太后以外の内廷の事務を掌る	侍従長の命を受け、内廷の事を掌る	侍従長の職務を助ける	GHQの要求は、(6)と同じ
8	三級官の任命権	総裁	規定を削除し、行政官庁法による政令にまかせる		
9	宮内府の長の宮内府令発布権	認める	認めず	内閣総理大臣の権限とすべきものとみなす	
10	宮内府の長の天皇及び内廷皇族の裁判上、裁判外の代表権	別途の法律制度の方針	宮内府法に規定	認めず、同規定条文（第13条）を削除	皇室の私有財産を処理する際に、公私の区別の問題が起きるため
11	宮内府長官の職務	職員を指揮、監督する		職員の服務につき、指揮・監督する	一般の官吏を規定する行政官庁法の内容と合わせる

表4　宮内府法をめぐる修正点一覧

注記：「入江俊郎関係文書」の「宮内府法案経過」（83-27）、「宮内府官制試案要綱」（83-37）をもとに、「宮内府法案に関する交渉の経緯」（「芳賀四郎文書」416）の内容も加味して作成した（いずれも国立国会図書館憲政資料室所蔵）。

て規定するよう要求していた。表中の侍従長や侍従の職掌に対する規定の相違は、新時代における側近の位置づけをめぐる三勢力間の認識のズレをそのまま示している。

こうして、宮内府法は天皇・側近、法制局、GHQの間で異なる方針や意見を調整しながら、新憲法施行に間に合わせるため、突貫工事のように制定されたのである。結局、天皇や側近らが懸念していた側近人事については、行政官庁法にもとづく政令第一一号（一九四七年五月三日施行）により、宮内府職員の一級、二級官吏は宮内府長官の申し出によっておこなうこととし、同三級官吏は宮内府長官がおこなうことと規定された[107]。

憲法改正や皇室関連法改正、宮中組織再編は政府、宮中（天皇、側近、旧側近者）、時には在野の協力者らが一体となって取り組んだ一大事業であった。その過程では、どの勢力も総じて「保守的」な姿勢で臨み、皇室の伝統と旧慣を維持することに心を砕き続けていた。ただし、「保守的」だった国内諸勢力も「民主化」政策を要求してくるGHQとの接触の頻度により、国体護持を具現する政策に差が生じていくのであった。とくに、新憲法の「押しつけ憲法」論をどう読みとるかによって、国内諸勢力の間でも評価が分かれてくる。当初、GHQの草案を提示され驚愕していた幣原喜重郎や吉田茂は、時の経過やGHQ要人との折衝を経るなかで、天皇制に対する厳しい国内外の情勢を認識し、ついには、「皇室の御安泰」のために新憲法を支持するようになり、「GHQにすり寄って見捨てられない範囲で自己を主張する」姿勢をとりはじめる[108]。このような新憲法観の変化は、金森国務相や法制局の入江長官、佐藤次長らにもみられた。

いっぽうで、GHQ（とくにGS関係者）と直接折衝することもなく、天皇制をとりまく国内外の厳しい情勢を肌で感じられなかった天皇や旧側近者は、宮内官僚の人事権など宮中の自律性が損なわれることを恐れ、GHQの要求に押される幣原内閣や吉田内閣の対応に不安を隠せないでいた。一九四七年三月末から四月上旬にかけ、寺崎英成宮内省御用掛の日記には、天皇の「吉田の事に付御不満の御話」のような記述が散見される。[110] 天皇による吉田批判は、葉山での謹慎を求めたり、巡幸に反対したりといった吉田の政策に向けられていたものの（『寺崎』47・3・19、28）、総じて新憲法下の象徴天皇制をいかに位置づけるかという方向性の相違から生じていたといえる。

一九四七年五月三日、新憲法施行とともにスタートした宮内府は、保守的な旧慣をなるべく残そうと意図する天皇、宮内官僚と、民主的な新憲法の趣旨にてらして国家機構の一部として再編すべきというGHQとの駆け引きのなかで、法制局など日本政府の担当者とGHQ担当者の間で妥協点を探りあい、「暫定的」に組織されたものにすぎなかった。しかも、宮内省から宮内府への移行は、あくまで宮中組織というハード面での変革にとどまっており、宮中人事というソフト面では、松平宮内府長官、大金侍従長以下、従来の側近を横滑りで転任させたにすぎず、旧来の職務観を抱えたままでの側近奉仕となる。当然ながら、新憲法施行後、イギリス流立憲君主制の理解で象徴天皇制を運用しようとする天皇や側近の言動をめぐって、GHQとの間で摩擦が生じることとなる。そうなると、GHQは次の段階としてソフト面での改革（側近首脳の更迭、さらなる組織縮小など）を迫っていくのであった。この点は第四章で詳しく論じたい。

第三章

戦後における昭和天皇の行動原理

一　昭和天皇と側近の象徴天皇観

「民主化」と「伝統的なもの」の折衷

　GHQ草案を受け入れた後、戦後日本の君主制は国民主権のもとでの「共和国における君主制」（二〇頁、表2参照）となり、憲法改正をめぐる次の焦点は、天皇の政治的権能の有無やその範囲をどう規定するかという点に移った。そもそも、天皇を支える側近らは新憲法に対する認識として、消極的ながらも受容する意思を示し、そのなかで天皇が希望する旧慣の維持など、できる範囲内での「抵抗」を試みようとしていた。

　昭和天皇自身、象徴天皇を実質的な国家元首として認識していたように見受けられる。当時の侍従で、後に侍従長となる徳川義寛は、憲法改正による天皇の地位の変化について、「本質はそんなに変わったわけではない。陛下は同じですよ。前の考え方が間違っていたとは思っていらっしゃらなかった」[1]と述べている。イギリスの国王が政治的な権力を失ってもなお国家元首の地位にあるのと同様、象徴天皇も全権委任状や大使・公使の信任状を認証する行為をもって、対外的に日本を代表する元首としてみなす意見は有識者や政治家にも存在した[2]。また、一九五二年の独立回復以後、皇室の慶弔《けいちょう》、友好国の国家元首、王室関係者の慶弔に際して、当然のように祝電や弔電を取り交わす習慣が確立していることをみても[3]、昭和天皇は自分が国家元首であるという意識を当然のようにもっていたはずである。

国家元首については、象徴天皇の地位を深く考える以前に、戦前からの連続性のなかで解釈されていった傾向がうかがえるものの、天皇の地位や権能すべてについて、戦前と同じようにとらえることはできなかった。敗戦直後、側近の一人として皇室・宮中の法制改革に従事した高尾亮一は、後年、憲法調査会の委員会に参考人として招かれた際、当時「象徴としての天皇」をどのように認識していたのかという問いに、「はっきりした考えはなかったといっていい」「象徴の意義をもつと分析して、それと合わせていくという余裕がなかつた」[4]と答えている。また、皇室制度改革への基本的立場につき、皇室の伝統的な部分を残していかねばならないという思いを抱きつつ、「われわれはいやいやながら新憲法には従わなければというような強い嫌悪を示していたわけではございません」とも語っている。高尾の意見は、当時の天皇や側近らの意見を全面的に代弁しているとみなすことはできないものの、宮中における新憲法観、象徴天皇観の大要を示していると言えよう。

つまり、天皇や側近らは新憲法制定という民主化の流れを基本的に受容しつつ、象徴天皇の機能を深く分析できないまま、制度面のみ形を整えていかざるを得なかったという事情のなかで、皇室のもつ「伝統的なもの」を重視し、新憲法との関係から「できるだけ両者を併存させながら守ろう」と努力していた。高尾のいう「両者の併存」なる課題をめぐり、「民主化」の象徴である新憲法と、「伝統的なもの」の象徴である皇室の慣習をどう折り合わせていくのかということは、当時の宮中や日本政府にとって重要な課題であった。高尾ら側近と法制局は、もっとも民主的なGHQと、もっとも保守的な天皇との間で、「両者の併存」としての象徴天皇制の在り方をめぐり妥協点を探り合っていたのである（第二章参照）。

天皇と側近が拠り所にした理論

また、国家指導者層や有識者の間でも、天皇の地位や権能について議論が重ねられた。象徴天皇制下における天皇の権能につき、マッカーサー三原則の「天皇の国家元首」規定を論拠に、「天皇制を修正し、天皇を儀礼的な元首とすることによって、国民主権のもとで立憲君主制を樹立する」というGHQの覚書から、イギリス流立憲君主制と同様に天皇を国家元首とみなし、それ相応の権能をもつと解する高柳賢三らの認識があるいっぽうで、[5]この点を明確に否定する見解も存在する。[6]象徴天皇とイギリス王室を同じ君主制形態としてとらえる見解は、当時から存在していたのである。イギリス流立憲君主制の特徴をとらえたバジョットの「君主の三つの権利」（大臣から相談を受ける権利、大臣を激励する権利、大臣に警告する権利）[7]について、象徴天皇も同等の権利を保持できるという認識である。

憲法改正にともなう天皇の地位につき、イギリス流立憲君主制をモデルとすべきという意見は、当初から閣僚や議会、有識者ら多方面で唱えられていた。[8]また、宮中でも日英君主制を比較し、イギリス王室の姿から象徴天皇制のとるべき方向を模索する動きもあった。金森徳次郎の回想によると、新憲法施行後、金森は元宮相の石渡荘太郎よりロード・セシル（ヒュー・セシル、Lord Hugh Cecil）の『保守主義（*Conservatism*）』という著作を借りた際、同書の「君主は象徴である。日本の天皇も象徴である。ただ日本の天皇は象徴として全く雲上にあった、英国ではそれはよろしくないという意味である」という箇所に朱線が引かれていたという。[9]

セシルの著作『保守主義』を熟読していたのが石渡だけだったのか、また、宮中でどう検討されたのか定かではないものの、本の内容は非常に示唆的である。石渡が朱線を引いた前後では、イギリス君主制は消極的な象徴という役割を演じることで強化されてきたが、たんに儀礼的な地位に堕してしまうと人々の忠誠を得られなくなり、没落していくだろうと論じられている。そして、「積極的な君主制」として、「君主制は政治において公然と積極的な役割を演じなければならないという理念を受けいれさせるように世論を喚起することこそ、『保守主義』がとり上げるべき仕事であ」り、「君主は儀礼的な役割を演じるだけでは民衆の支持を得られなくなり没落するので、積極的な役割を演じなければならない」[10]とセシルは主張する。これは、まさに、戦後の昭和天皇、石渡宮相ら側近首脳が象徴天皇像の拠り所とした理論ではなかっただろうか。天皇が戦後も国政関与の姿勢をとり続けていったことも、セシルの主張によれば君主による当然の役割ということになる。

新憲法後も「内奏」を求め続けた天皇

天皇の権能をめぐる問題で重要なのは、昭和天皇自身、日本国憲法施行後も政治的権限の保持とその行使を君主の権能として自覚し、国政関与への方途を探り続けていた事実である。[11]そもそも、天皇はGHQ草案が提示される以前、憲法問題調査委員会にて作成中の憲法改正案の内容のうち、天皇の地位と権限について、「大日本帝国は万世一系の天皇　此の憲法の条章により統治す」(『木下』46・2・12)と定めてはどうかと提案している。

天皇が提案した条文中にある「万世一系の天皇」という表現から、依然として天皇が皇統を支配の正当性の根拠にすえようとしていたことがわかる。天皇は一九四六年元旦のいわゆる「人間宣言」の推敲過程でも、「神の裔《えい》たる天皇」が日本を統治していくという国体論を否定しなかった。天皇は一九七七年におこなわれた宮内記者会見で、「人間宣言」については、民主主義の精神を示す五箇条の誓文を盛り込むことが「一番の目的」で、「神格とかそういうことは二の問題であった[12]」と語っているが、五箇条の誓文を持ち出すこと自体、明治天皇のもとで確立する明治立憲制への郷愁を示している。

また、この席上、天皇は「国体というものが、日本の皇室は昔から国民の信頼によって万世一系を保っていたのであります」と述べたうえ、「皇室もまた国民をわが子と考えられて」というなかの「わが子」を「赤子《せきし》」と称しており[13]、依然として戦前までの家族国家観から民衆をとらえていた。天皇は若き皇太子の時代から天皇の祖先が真の神であり、現在の天皇が現人神《あらひとがみ》であるとは信じていなかったが[14]、君主による国家統治の正当性を「万世一系」の皇統に求める統治論としての「国体論」や家族国家観を否定することには抵抗を感じていたと思われる[15]。

また、国政に関与する権限を引き続き保持したいと考えていた天皇の意思は、新憲法の施行後も変わることはなかった。なかでも、「内奏」という政治的意味合いの濃い行為につき、天皇は新憲法施行後も首相や外相など主要閣僚に対し、必要に応じて政務報告を求めていくのである。新憲法施行後も天皇が内奏を求めていた事実は、『芦田均日記』や『続重光葵手記』をはじめとする各資料に散見され、これまでも研究者によって指摘されてきた。[16]天皇の内奏への認識を示す事例として、占領中の一九四八年五月一〇日、天皇に拝謁した芦田均首相が、新憲法の趣旨から行政府の各大臣による定期的な政務報告につき困難となった旨を伝えたところ、天皇は、「それにしても芦田は直接に宮内府を監督する権限をもつてゐるから、時々来て話して呉《く》れなくては」（『芦田』②48・5・10）と答え、戦前までと同様に首相の定期的な政務報告を求める一幕があった。

国務大臣に政務報告を要求する天皇の姿勢は、「象徴天皇」として政治や社会の情勢に精通していたいという思いからであったとしても、君主の地位に対する認識として、新憲法による君主権の徹底的な制限という基本理念に抵触するものであったといえよう。

内奏はバジョットのいう「大臣から相談を受ける権利」にあたる。序章でもふれたように、「相談を受ける権利」は議会勢力の伸長とともに君主権への制限が進み、「報告を受ける権利」へと後退していった。しかし、明治憲法体制下の内奏は、まさしく「相談を受ける権利」であり、輔弼者は天皇からの指摘を受けて再考を迫られることもあった。天皇が政務の情報伝達役、意見調整役として内大臣の役割を重視し、内大臣府の廃止後も職務を代行する機関や人物の設置を求めていくのも、[17]立憲君主として国政に携わっていきたいという意欲のあらわれにほかならない。

さらに、昭和天皇は主要閣僚への内奏要求にとどまらず、バジョットの説く残りの二つの権利

（激励する権利、警告を発する権利）をも行使していた。とくに顕著なのは、敗戦後の安全保障問題や治安問題に関する意思の表明と伝達である。天皇は芦田均や重光葵、佐藤栄作らの大臣に対ソ警戒論やアメリカとの外交親善、米軍駐留の必要性、共産党への対応など、戦前の「統治権の総攬者」時代となんら変わりなく、自身の安保論や外交論、治安対策を伝達していた。[18] さらに、天皇は占領期の政治構造において、実質的な「統治」権者であったGHQ（マッカーサー）やアメリカ政府要人にも後述する「沖縄メッセージ」に代表されるような安保論を伝えることすらあった。[19]

「慈恵」を実践する天皇

戦後、天皇自身が政治的権限の保持を自覚していたことを示す事例として、一九七三年の増原恵吉防衛庁長官辞任の一件時に、天皇が入江相政侍従長へ語った、「もうはりぼてにでもならなければ」（『入江』⑤73・5・29）という発言をあげておく。増原防衛庁長官が内奏後の記者会見で、「近隣諸国に比べ自衛力がそんなに大きいとは思えない」「防衛問題は難しいだろうが、国の守りは大事なので旧軍の悪いことは真似せず、いいところは取入れてしっかりやってほしい」といった天皇の発言を暴露したため、内奏の内容は明かさないという不文律を破ったことに対して激しい批判が起こり、増原は辞任を余儀なくされた。この事件を受けて、天皇の「はりぼて」発言となったのである。だが、いみじくもこの天皇の発言は、象徴天皇とはまさしく「はりぼて」

の君主として「国政に関する権能」を有せず、「内閣の助言と承認を必要」とする国事行為や「公的行為」を実行するだけの存在だという根本的な認識につき、天皇自身のなかでは、少なくともこの時点まで十分に理解できていなかったことを示している。[20]

君主の権能に関する天皇の自覚について、天皇は戦前に帝王学の一環として欧米各国の憲法を学んでおり、「独乙憲法の由来及同国に興りし『ボルン』〔ボルンハック、Konrad Bornhak〕の天皇主権説、『エレクリツク』〔イェリネック〕の国家主権説[21]」にも精通していた。同時に、天皇は、「日本天皇は政治の外、文芸其他国民生活万般の中心に」あること、「欧州其他の君主を目して、政治のことのみと云ふは当らず、現に英国皇帝の如きは文化の方面にも大に努力せられ[22]」ていることにも言及している。戦前期、すでに天皇はボルンハックやイェリネックらのドイツ国法学をはじめ、イギリス流立憲君主制のしくみなども熟知し、君主権の制限に関する知識も持ちあわせていたのである。

また、「君主の歴史的、社会的機能」の側面についても、歴代天皇の姿やイギリス王室を例にあげながら、その役割の重要性を指摘している。「君主の社会的機能」を代表する慈恵主義について、敗戦後の天皇や皇族、側近は何のためらいもなく、むしろ、率先して「慈恵」「仁慈」を施そうと発奮していた。[23]というのも、戦前から皇室の「仁慈」は、「宮内省、内務省を中心とする、『宮中』、『府中』双方の政治的必要から生じたもの」が多く、「政治情勢との関係が深く影を落としてい[24]」たからにほかならない。

敗戦直後、食糧難など苦しい生活を強いられていた民衆に対する皇室の「慈恵」の実践は、天皇制の存続をはかるうえでも重要な措置であり、天皇や皇族、側近らもそのような有益性を十分に意識していた。敗戦からまもない九月一七日、宮内省は社会事業関係者や関係団体代表者らを招き、「積極的に思召を徹底せしめる為、又要望を忌憚《きたん》なく披露」[25]してもらう機会をもうけている。招かれたおもな団体は戦災援護会、復員援護会、大日本母子愛育会、中央社会事業協会などであり、戦争で惨禍にあった民衆に対して天皇や皇室の「仁慈」をどのように示していけばよいか参考意見を求めたのであった。

さらに、一〇月一日に各省の次官が参会して開かれた次官会議の席上、宮内省から出席した大金宮内次官は、「各殿下ヲ社会公共ノコトニ奉戴スルコトニ関スル発言」[26]をしている。皇族の存在意義について、戦前までの軍籍に身を置いて国家と皇室護持の模範を示す身分から、戦後は社会事業に取り組む姿を国民に示して皇室の安泰に寄与させる存在へと転換させる宮中側の意図が透けてみえる。なかでも、高松宮は戦中期に総裁となった戦災援護会（一九四六年に軍人援護会と合併し同胞援護会となる）の活動に戦後早くから率先して取り組んだほか、ハンセン病療養所への訪問や済生会の活動への助言など、皇室による仁慈施しの担い手として、社会事業に傾倒していった[27]。

その後、宮内省内で検討された社会事業方面への「仁慈」の施しは実行されていった。たとえば、戦災援護会には海外からの引揚者に対して一人三〇円の「帰郷雑費」を支給し、戦災者や疾病者を収容する病院などへの巡回診療活動も恩賜という形式ではじめられる。さらに、巡回診療活動の合間には、皇后が施療関係者を招待して賜茶の機会を設けている[28]。このように、宮内省による「仁慈」の施しは、前述の九月一七日の会合での協議にもとづいておこなわれていたことがわかる。[29] 宮内省は社会事業関係者たち現場の意見や要望を聞いたうえで現状に則した施しをさずけていくという巧妙な手法をとっていたのである。

また、天皇や皇后が皇室財産の国庫返納を強く主張していたことも、皇室による慈恵主義の一端を示す事例としてとらえられる。一九四五年一〇月二九日、天皇と皇后は木下侍従次長に対して、皇室で所有する宝石類を売却、輸出し、「国民の為に米と代える手段」「外貨又は国民の必需品購入の手段」とすることができないか、相次いで尋ねている（『木下』45・10・29）。その後、天皇は供出すべき対象として、宝石類のほか宮中で所有する御物《ぎょぶつ》や博物館の陳列品なども加えた皇室財産を政府に下賜したいと主張するようになる。[30]

天皇の意思は幣原首相をはじめとする政府関係者からGHQ側に伝えられるが、マッカーサーはこれを「皇室の人気取り」と受けとったため、実行されることはなかった。[31] マッカーサーらGHQ関係者にとって、仁慈の施しという「君主の歴史的・社会的機能」は、国家神道と同じく民衆からの盲目的な崇敬を得るための演出にほかならず、戦中の玉砕や特攻のような狂信的な信仰を生む源泉とみなされていたのであろう。この点につき、同様の視点から高尾亮一が、「皇室からの贈与は主として社会公益のためのものに限られて居る」のに、このような社会事業への取り組みを封じようとするGHQの指示によって、「皇室の果たして来た社会的機能は殆んど停止されざるを得なくなろう[32]」と述べているのと対照的である。

地方巡幸から生まれた特殊な象徴天皇観

このほか、天皇による戦後の地方巡幸も慈恵主義の脈絡からとらえるべきである。[33] 戦後の全国巡幸について、その計画や意図、経過などは先行研究によって明らかにされてきた。[34] 日本の非軍国主義化を促進するGHQの政策のなかで、国家神道の解体はとくに重要な課題として位置づけられ、GHQの担当部局は内務省解体や治安立法の撤廃、神道指令と次々と対策を講じていった。同時に、GHQでは教育や宗教を担当する民間情報教育局（以下、CIE）が天皇制存続というマッカーサーの方針に従い、神格性を排除して民主的な姿となった天皇像を民衆に宣伝するため「人間宣言」を発表させ、これと同様の趣旨により、新しい天皇による全国民衆への「鼓舞激励」を提言したことから具体的な巡幸計画が練られていく。

すなわち、一九四六年一月、ケネス・ダイク（Kenneth Dyke）局長から宮中側へ意見書が提出され、そのなかで食糧危機に対する国民の道徳心を喚起させようという意図のもと、地方巡幸を薦める内容が記されていた。すでに、天皇と側近らは一九四五年一一月に伊勢神宮、神武天皇陵、明治天皇陵に終戦を奉告《ほうこく》するための行幸《ぎょうこう》を実施し、予想以上の地方での歓迎ぶりに安堵するとともに、天皇制存続に向けた手ごたえを感じていた。[35] この「終戦奉告」行幸でも、天皇や側近は仁慈の施しを強調しており、[36] 明らかに「君主の社会的機能」を意識したうえでの行動であった。

「終戦奉告」行幸の成功を受け、天皇はCIEからもたらされた提案に賛同し、「地方御巡幸のことは直ちに研究せよ」(『木下』46・1・13)と、木下侍従次長に命じている。天皇みずからが巡幸の意義を理解し、積極的に研究を命じていたのであり、翌二月の神奈川県視察から戦後の地方巡幸がスタートする。

戦後の地方巡幸を通じて、天皇や供奉する侍従らオクの側近の間に特殊な象徴天皇観が形成されていった。新憲法制定にいたる複雑な国内外の情勢や天皇(制)を取り巻く厳しい視線にさらされる機会がほとんどなかった天皇やオクの側近は、新憲法によって規定された象徴天皇の地位や権能を深く考察できず、天皇が仁慈を施す巡幸をとおして、戦前と変わらぬ「儀礼君主・社交君主」として象徴天皇を規定し、さらに感涙にむせびながら天皇を熱狂的に迎える民衆の姿から、こちらも戦前と変わらぬ「君臣の情義」として、君主と国民との関係を理解していく思考回路が固定化していったかのようである。

いくつか例をあげると、一九四七年六月、関西巡幸の一環として兵庫県に入った天皇が、六月一二日に神戸女学院を訪ねた際、七〇〇名あまりの女学生たちが讃美歌「母国」を合唱して天皇を送りだそうとしたところ、天皇がなかなか立ち去ろうとせず、合唱は三度も繰り返され、そのうち、天皇や女学生、供奉する侍従、奉迎者ら一同が涙を流したという。[37]

また、同年一一月から一二月にかけての中国巡幸で広島県を訪ね、一二月七日に広島市内に入った天皇は爆心地近くの奉迎場に姿をあらわし、五万人に及ぶ奉迎者を前に、「広島市民の受けた災禍に対しては同情に堪えない、またこの犠牲を無駄にすることなく平和日本を建設して世界平和に貢献しなければならない」(「実録」47・12・7)旨の「おことば」を述べた。奉迎する群衆もほかの都市と同様、「天皇陛下万歳」のかけ声とともに天皇を熱狂的に迎えた。

当時、侍従長を務めていた大金益次郎が著した『巡幸餘芳』の口絵「巡幸景迹写真抄」のなかに、広島市の奉迎場壇上に立つ天皇が奉迎者に「おことば」を述べているところを収めた写真が掲載されている。[38] 筆者は天皇のほうを向いた多数の群衆と、群衆の背後にそびえる広島県産業奨励館(原爆ドーム)とが一緒に収まっているこの写真に違和感を覚えざるをえない。大金は、天皇の広島県訪問について外国のメディアが注目していたことは承知しつつも、「彼等がどういふ点に注目したのか、興味をもつたのか、私には判らなかつた」[39]と記しており、広島訪問時の記述全体もほかの都道府県と同様に経過や様子を簡潔に記している。

天皇の戦争責任に関係してくることなので、大金は意図的に前述のように記したのかもしれないが、天皇の巡幸に供奉する侍従らにとって、原爆が投下された広島であれ、長崎であれ、空襲で焼け野原となったほかの都市であれ、着目していた点は意識的、無意識的かはさておき、熱狂する群衆の反応であり[40]、「君臣の情義」を確認することにあったのではなかっただろうか。そうであるからこそ、天皇の戦争責任を回避し、天皇制を存続するために用意された新憲法の精神や象徴天皇制の規定を深く考察できなかったように思われる。[41] そして、このような侍従らオクの天皇観や職務観は、政府の関係機関とともにGHQとの折衝にあたるオモテ(官房)との摩擦を生じさせる原因ともなっていくのである。

天皇周囲の側近者や政治家らも、「君主の歴史的・社会的機能」面を重視した象徴天皇の役割について考慮していた。元宮内次官で新憲法制定時に枢密顧問官や臨時法制調査会委員として参画していた関屋貞三郎は、「将来皇室制度はことなることとなるが、日本の中心として皇室を奉戴することにはかはりなき為、皇室が対外、対内的に形を整へられること、又民間に対し義は君臣、情は父子と云つたやうな御行動は必要である」[42]と述べ、憲法改正による皇室（君主）の役割の変化に言及しつつ、「義は君臣、情は父子」といった不変の歴史的・社会的機能を重視した行動に期待をこめていた。

イギリス流立憲君主制への思い

新憲法下の象徴天皇という新たな君主の役割につき、昭和天皇や側近は皇室の長い歴史のなかで培われてきた「君主制の歴史的・社会的機能」の有意性を強く意識し、地方巡幸や社会事業への取り組みなどを通じて、戦後における民衆の天皇観・皇室観形成に大きな影響をあたえていった。昭和天皇自身、古代以来の歴代天皇が果たしてきた「歴史的・社会的機能」の側面、近代以降のイギリス王室も同様の役割を担っていることを指摘している点から、「儀礼君主・社交君主」の側面を重視していこうという気概もうかがえる。総じて、天皇は新憲法制定後における君主の役割の模範をイギリス流立憲君主制に求めていたといえる。

実際、天皇は、敗戦直後の『ニューヨーク・タイムズ』特派員との会見時に、「英国のような立憲君主国がよいと思う。立憲的手続きを通じて表明された国民の総意に従い[43]」と、イギリス流立憲君主制を理想とする思いを語っていた。また、天皇は増原事件での「はりぼて」発言の直後、当時の入江侍従長と「英国首相は毎週一回クヰーンに拝謁するとかいふことを仰せ。お上も予も、とにかく何とかして閣僚が御前に出られるやうに考へよう」（『入江』⑤73・6・1）と協議しており、イギリスにおける大臣の政務報告を比較にしながら、[44]「内奏」を君主の政治的権限として認識していた様子がうかがえる。

戦後における昭和天皇の言動からは、「象徴天皇」として、戦前期に比すれば控えめながらも、バジョットの説く三つの権利を有したイギリス流立憲君主制（広義の「議会主義的君主制」）として振る舞おうとしていたようにみえる。[45]天皇は、戦後も「統治権の総攬者」だった時代の自覚のもと、[46]意図的に国政に関与していく姿勢をとっていたといえよう。

興味深いことに、連合国軍としてアメリカとともに日本と戦ったイギリスは、占領政策、とくに天皇制処遇問題において、GHQの進める民主化政策に批判的であった。イギリスは戦後の日本を安定させるためには、イギリス流立憲君主制をモデルとして天皇制を機能、発展させていくことが重要で、君主制国家ではないアメリカにはその理解がないと批判していた。[47]新憲法の再検討のためイギリスから日本に派遣された代表団の報告書には、閣僚による天皇への政務報告がおこなわれていないために、天皇が「立憲君主の機能を果たせなくなっている」と批判し、象徴天皇であっても「十分に情報を与えられた立憲的国家元首」として扱うべきだと指摘している。[48]まさに、天皇の志向する象徴天皇観と符合していることがわかる。

また、講和条約発効による独立回復を見越して、松平康昌式部官長が欧州王室の儀式や儀礼などについて学ぶため、一九五二年一月五日から三月一四日にかけて君主制国家を中心とする欧米各国に調査出張に出る。[49] イギリス訪問時、松平はイギリス外務省のロデリック・バークレイ（Roderick Barclay）外務次官補から、海外で起きているすべての外交問題について国王に通知する取り決めが外務省と王室との間で維持されていることを聞かされ、同じく松平の接待役にあたった外務次官のリーディング卿（Lord Reading）からも、王室には十分な報告がなされるべきという点をとくに強調された。[50] 松平は改めて立憲君主であっても外交問題や海外情勢に精通していることの重要性を学んだのであり、当然、帰国後には天皇に報告したことであろう。[51]

天皇は、イェリネックの国法学をはじめ憲法学や国法学に精通しており、国家形態論の主権所在規定から明確に分類される、君主制と共和制の区別を認識したうえで、新憲法下の共和制形態と君主権能の制限という制度上の規定を十分に理解しつつも、君主の政治的権能に関する部分のみ、イギリス流立憲君主制のようにバジョットの説く三つの権利を保持していこうと考えていたのではないだろうか。[52] そう理解しなければ、天皇による吉田茂、芦田均、重光葵、佐藤栄作ら戦後の主要閣僚に対する「内奏」要求、政治的意思の伝達と政策への反映の期待といった言動、そして、「はりぼて」発言を論理的に説明することはできない。

二　天皇の戦争責任問題

国体護持と戦争責任問題

ポツダム宣言を受諾し敗戦にいたった日本であったが、国内では大きな難題に直面していた。それは、敗戦までいくどとなく議論を重ねてきた「国体護持」の問題、すなわち、天皇制存続と昭和天皇の戦争責任に関する問題であり、側近も否応なしにこの問題に取り組まねばならなかった。

天皇の戦争責任問題については、近衛や高松宮ら重臣、皇族のほか、寺崎英成、松平康昌ら側近とその人脈に連なる協力者の動向を詳細に追った吉田裕《ゆたか》氏、また、東京裁判開廷までの被告選定過程や戦犯の尋問調書を解析した粟屋憲太郎《あわや》氏の先駆的研究により、[53]「昭和天皇独白録」作成にいたる天皇の免責工作の大要が明らかとなった。さらに、東野真《まこと》氏の『昭和天皇二つの「独白録」』（日本放送出版協会、一九九八年）により、天皇の免責工作が日本側とGHQ側との協力のもとでなされていたことも解明された。[54]

第一章で紹介したように、敗戦後の東久邇宮内閣、幣原内閣では天皇制の存続と天皇の戦争責任問題を回避するため種々の対策を実行していった。しかしながら、東久邇宮内閣の「一億総懺悔」論は天皇をはじめとする国家指導者たちの戦争責任を民衆の責任に転嫁するものであり、[55]幣原内閣が閣議決定した「戦争責任等に関する件」も、[56]あくまで明治憲法をはじめとする国内法上から、天皇の無答責を確認したにすぎなかった。敗戦後、木下侍従次長ら側近の間では、戦犯裁判の進行によって起きてくるであろう天皇の戦争責任追及や退位論を見越して、次のような対策を検討していた。

彼等〔アメリカ政府やGHQ〕ニ退位問題ヲ言ヒ出サセヌ方略ハ現帝ハ日本統治ノ上ニ於テ且又国際関係殊ニ東洋ニ於テ国際関係ヲ米国ニ有利ニ導ク上ニ於テ誠ニ望マシク頼モシキ人物デアルト云フ感シヲ彼等ニ起サシメルコトガ緊要デアル[57]

側近らは昭和天皇の存在がアメリカの極東戦略に有利に作用するという効能をGHQ側に認知させるべく、GHQ関係者への工作をおこなっていくのである。しかしながら、連合国はポツダム宣言第一〇項にもあるように、日本の戦争犯罪者を裁くため従来までの国際法や戦争法規にくわえ、「平和に対する罪」や「人道に対する罪」といった新設の罪の適用を申し合わせていたのであり、とうてい、日本側の事情だけで天皇の戦争責任を回避することは不可能であった。

国家指導者層のなかには天皇制の存続（皇統の維持）と昭和天皇の戦争責任問題を切り離し、前者を後者に優先させる者たちもいた。東久邇宮、高松宮、三笠宮らの皇族や重臣の近衛も天皇制の存続を最優先事項とし、場合によっては昭和天皇を退位させて戦争責任を一身に負ってもらい、皇統の維持をはかるという案まで考慮していた。また、天皇自身、敗戦にいたらしめたという点での戦争責任（監督責任）を感じており、自身の退位と引き換えに戦犯容疑者の引き渡しをやめさせたいと木戸内大臣に尋ねたり（『木戸』45・8・29）、マッカーサーとの第一回会見時にも監督責任の趣旨を語ったりしていた。

フェラーズと寺崎

敗戦にいたらしめた点ではその責任を痛感していた天皇も、戦時中にとった言動への批判のなかで耐えがたい意見もあった。天皇が木戸に語ったところによると、「自分が恰《あたか》もファシズムを信奉するが如く思はるゝことが、最も堪へ難きところ」であり、「実際余りに立憲的に処置し来りし為めに如斯《かくのごとき》事態となりたり」「努めて立憲的に運用したる積りなり」（同前45・9・29）と、立憲君主としての振る舞いを理解してもらえないことへのいらだちを表していた。木戸は後日、暇のある時にでも、「満洲事変以来此の激動期に処して陛下の御執り被遊《あそばされ》し御処置、御考へにつき書残して、御聖徳を顕揚致度き所存なる旨」（同前）を返答し、いらだつ天皇を慰めている。木戸の進言を受けた天皇は、早くも一〇月三日に木戸を呼び、田中義一内閣総辞職の問題について自身の思うところを語った（同前45・10・3）。この天皇と木戸とのやりとりは、「昭和天皇独白録」のもととなる側近五人による翌年の聞き取り作業へとつながっていく。

一九四五年一二月二日、皇族の梨本宮守正に対して発せられた戦犯指令は、天皇や側近に大きな衝撃をあたえるとともに、改めて戦犯裁判への対策を検討する契機となった。一二月四日、天皇と木下侍従次長は、「戦争責任者について色々」と話しあい、「御記憶に加えて内大臣日記〔『木戸幸一日記』をさす）、侍従職記録を参考として一つの記録を作り置く」（『木下』45・12・4）ことにした。この「一つの記録」を作成することについて、『側近日誌』では木下の発案に天皇が許可をあたえたような記述となっているが、天皇のほうから提案した可能性もある。天皇は、すでに木戸との間で聞き取りを実施しており、また、参考資料として言及した『木戸日記』の存在についても、木下がその存在を把握していたとは思えないので、天皇が検討のなかで提案した話を木下がまとめ、最終的に天皇が許可したという流れではなかったかと推測される。

天皇と木下の合意を受け、さっそく翌五日には東条内閣組閣の際のいわゆる「白紙還元の御諚《ごじょう》」について、さらに、同一一日には陸海軍の開戦論などにつき、天皇から聞き取りを行っている（同前45・12・5、11）。なお、天皇と木戸、木下による聞き取り作業のなかで、天皇が田中義一内閣時や東条内閣成立時の記憶を率先して語っているのは偶然ではない。海外のメディアから「ファシズムの信奉者」と評されていることへの反証や戦犯裁判での争点を見越し、天皇は戦前から立憲君主としてみずからの言動を律していたこと、英米との開戦に反対であったことを真っ先に語りたかったのである。

一九四六年になると東京裁判の開廷も迫り、天皇は木下との間で進めている聞き取り作業を急がせ、「とにかく側近としても、陛下の御行動につき、手記的のものを用意する必要なきや」（同前46・2・25）と、早く記録としてまとめるよう督促しだす。天皇や側近にとってまさに正念場ともいえる時期に、GHQとの交渉役として起用されたのが寺崎英成であった。敗戦後の一九四五年一〇月に復職した寺崎は、翌月、終連連絡官に就く。占領軍はアメリカ人を妻にもち、日米開戦前に情報収集のため中南米諸国を周遊していたという経歴のある寺崎の有用性を認識し、占領統治にともなう日本側の「極秘の情報提供者」として寺崎を位置づけており、寺崎も占領軍による情報聴取に協力的に応じていた。[58]

外交官として出世コースを歩んできたとはいえない寺崎が宮内省御用掛に就いた背景には、天皇（制）問題に対処するため、英語が話せて米国の事情に精通した者をGHQとの連絡役にすえたいという日本政府側、フェラーズらGHQ側双方の思惑があった。そこで白羽の矢がたったのが寺崎であった。寺崎は当時の吉田茂外相の推薦によってGHQとの交渉役に起用されることとなり、一九四六年二月二〇日、宮内省御用掛に就任する。[59] 寺崎は周囲の期待どおり、GHQ要人と折衝を重ね、国体護持に尽力していく。

御用掛に就任した日の寺崎の日記には、さっそく「フェラーズ」（『寺崎』46・2・20）という名前が記され、以後、いくどとなくその名が登場する。天皇（制）処理問題で重要な役割を演じることとなるフェラーズと寺崎は、初対面以降、頻繁に顔をあわせるようになる。もちろん、彼らの公的な立場がそうさせるのであるが、寺崎の妻グエンとフェラーズが親戚であるということが判明してからは（『寺崎』46・3・8）、私生活でも親交を深めていく。

フェラーズは円滑な占領統治を遂行する目的から天皇の政治利用を考慮しており、天皇（制）問題の処理方針につきマッカーサーに覚書を提出し、戦犯裁判での天皇不訴追を主張していた。[60] マッカーサーは会見した際の天皇の印象やフェラーズの覚書から天皇不訴追を決意し、一九四六年一月二五日、その方針を本国に宛てて打電する。[61] 天皇不訴追を進言するマッカーサーの本国宛打電により、GHQの意思として天皇の免責は決定となった。しかし、戦犯裁判をめぐっては、国際検察局のなかでオーストラリア検察団が天皇を被告としてリストアップする姿勢をみせ、二月末には極東委員会の発足も控えていた。さらに、来日が遅れているソ連検察団の存在も不気味であり、天皇の免責を無事に果たしていけるかどうか不穏な情勢となっていた。[62]

「五人の会」による天皇からの聞き取り作業

第二章で紹介したように、フェラーズは知人の一色ゆりや河井道を通じて元宮内次官の関屋に天皇免責のための証拠の提出を依頼したものの、関屋が示した勅語や御製は、天皇が「平和主義者」であることを証明するものであったとしても、戦犯裁判で天皇の無罪を立証する証拠とはなりえなかった。そこで、フェラーズは天皇免責を確実にするため、工作に向けて動きだす。フェラーズの天皇免責案は、一九四六年三月六日、海軍出身の重臣米内光政に伝えられる。その趣旨は戦争責任を東条英機ら一部の陸軍軍人に押しつけるとともに、天皇が開戦時において無力で何の罪もなかったことを日本側で立証してもらいたいという点にあった。[63] フェラーズは米内との会見後、新たな交渉ルートとなった寺崎に対しても自身の提案した裁判対策がどうなったかを尋ねているので、[64] 米内ルートとは別に寺崎ルートからも側近首脳、天皇へとフェラーズの助言が伝達されていったと考えられる。そして、『側近日誌』と『寺崎日記』三月一三日の条には、それぞれ以下のように記されている。

午後、寺崎君を伴いて御文庫にて拝謁一時間半。種々陛下の御心境を承わる。戦争の原因、事情等（『木下』46・3・13）

陛下に面会　二時間近し　疲れた（『寺崎』46・3・13）

木下と寺崎によっておこなわれた天皇からの聞き取り作業は、この五日後、側近五人による活動へと広がっていく。一九四六年三月一八日、風邪で臥床《がしょう》中の天皇は執務室にベッドを入れ、横になったまま戦時中の回想を語った。ベッドの脇には五人の側近が控え、天皇の語りを聞き取っていた。このなかに、侍従次長の木下道雄と宮内省御用掛の寺崎英成がおり、ほか三名は、松平慶民宮内大臣、松平康昌宗秩寮総裁、稲田周一内記部長であった。以後、この五人による天皇からの聞き取り作業は計五回にわたっておこなわれ、木下はこれを「五人の会」と称した。フェラーズの助言に従い、天皇と側近との間で戦犯裁判に向けた対策、すなわち、「天皇免責工作」としての聞き取り作業が本格化していったのである。「五人の会」が聞き取った天皇の回想談は、それから半世紀ほど経た一九九〇年末、突如世間に発表され、「昭和天皇独白録」（以下、「独白録」と略称）として広く知られることとなる。

「独白録」の発表後、資料の性格をめぐり種々の議論が巻き起こり、なかには、「天皇が今までためていた腹の中を率直に打ち明けた」「内輪話」ととらえる研究者や歴史作家もいた。[65] しかし、今日では、「独白録」の作成が東京裁判対策であることは、「五人の会」のメンバー稲田周一の備忘録にある「この頃、戦犯裁判に関連して陛下の責任を取り上げる者もあるので、陛下の御気持のありのままを成るべく早く書き記す必要があったからだ[66]」という一節からも明白となっている。稲田の証言を裏づけるように、「独白録」は日米開戦を回避できなかった点を証明するため、立憲君主論とクーデター危機説によって戦前、戦中期の天皇の行動を弁明する論理構成となっている[67]。

英語版「独白録」のフェラーズへの提出

天皇の戦争責任問題と退位問題は密接な関係にあった。天皇から二回目の聞き取り作業をおこなった一九四六年三月二〇日、寺崎は木下侍従次長から「御退位の問題聞けぬかと」(『寺崎』46・3・20)と切りだされた。木下が退位問題につきマッカーサーの意向を探るよう寺崎へ依頼した理由は、この時期、国内外の輿論《よろん》だけでなく、東久邇宮や皇太后(貞明皇后)といった皇族からも天皇の退位を求める声があがってきたためであった[68]。天皇自身は、「退位した方が自分は楽になるであろう」と、心情面で退位論に言及しつつも、幼い皇太子の即位にともなう弟たちの摂政就任につき、いずれも不適任とみなしていたため、状況判断から在位を主張していた(『木下』46・3・6)。

木下から依頼を受けた寺崎は、三月二〇日夜、妻グエンと娘マリコの三人でフェラーズに招かれていた。この時に寺崎は退位問題に関するマッカーサーの見解を探り、その結果を木下へ文書で復命するとともに、二二日には天皇に拝謁し「木下にやった事話す」（『寺崎』46・3・22）と、直接返答している。寺崎が木下に渡した復命文書は、『側近日誌』所収の関係文書「所謂『御退位論』に関する件」として収められている。[69] 以下、同文書によりながら、寺崎とフェラーズのやりとりを紹介する。

まず、寺崎は「最も『デリケート』なる問題」と断りながら、「『マックアーサー』元帥は陛下の御退位を希望せらるるや否や真意を承知いたしたし」と直截的な表現でフェラーズに問いただした。フェラーズは、マッカーサーと退位問題で論議したことはないと前置きしつつ、マッカーサーが天皇を戦犯とすることに反対である旨を表明し、その理由として、天皇を戦犯と指名した場合、「日本は混乱に陥り、占領軍の数は多量に増強せらるるを要すべし」と説明した。そして、天皇が退位した場合にも日本は混乱に陥るだろうからマッカーサーは退位を希望していないであろうという推論を語った。

寺崎はマッカーサーによる退位反対の意思表明を要請したものの、フェラーズは「そは甚だ困難なるべし」と拒否する。続いて、天皇の戦争責任問題が話題となり、寺崎は「閣議一致の意見には、陛下が異議を唱えられざりし経緯を、陛下のご内話に基き説明」した。すでにこの時点で、寺崎は三月一八日と二〇日の二回分の聞き取り作業をふまえ、「独白録」の趣旨にある立憲君主論に依拠しながら、天皇の法的責任を回避する論理をフェラーズへ伝えていたのである。

「五人の会」による聞き取り作業は一九四六年四月中旬に終了する。その後、天皇から聞き取った記録をもとに寺崎が日本語版と英語版の「独白録」にまとめ、英語版は天皇の希望もふまえ、戦犯裁判対策としてフェラーズに手交される。[70] 四月一六日、天皇は木下侍従次長に「誠心を相手の腹中に置く意味に於て、Fellersに何事も打開くる事は如何」（『木下』46・4・16）と指示し、さらに、数日後には天皇から寺崎へフェラーズが信用できる人物かどうか照会したうえで、英語版「独白録」の提出へと進んでいった。[71] フェラーズへの英語版「独白録」の提出は、天皇の提言にもとづく措置だったのである。

天皇が主導する形式で免責工作の核となるであろう「独白録」をフェラーズというGHQ高官に渡していたのである。結局、戦犯裁判では天皇や側近、マッカーサーらが危惧していた天皇訴追の声が高まらなかったため、「独白録」も利用されることはなく、それぞれ寺崎（日本語版）とフェラーズ（英語版）の娘のもとで、約半世紀にわたりひっそりと保管されていくのであった。

三　昭和天皇の国政への関心と「沖縄メッセージ」

「沖縄メッセージ」の衝撃

戦後における昭和天皇の国政関与の実態については、事が事であるがゆえ日本側の公文書ではなかなか登場してこない。よって、側近や政治家の日記などの私文書の刊行、資料公開時にわずかな事例が明らかとなってきたというのが研究史上の実情である。また、後述の「沖縄メッセージ」に代表されるように、アメリカでの公文書の新規公開を受け、日本側の関係資料と突き合わせることで新事実が明るみに出たといえる。[72]

木下の侍従次長辞任（一九四六年五月三日）後、松平慶民、松平康昌、大金益次郎、加藤進らの側近首脳が天皇を支え、種々の問題に対応していった。「宮内省御用掛」（組織再編にともない、「宮内府御用掛」「侍従職御用掛」と改称する）としての寺崎も、天皇・マッカーサー会見時の通訳（第二回〜第三回、第五回〜第七回会見）をこなすなど、天皇の信頼を得ていき、GHQやアメリカ政府関係者との連絡役として重要な役割を担うようになる。なお、天皇・マッカーサー第四回会見時の通訳が寺崎ではなく、第一回で通訳を務めた奥村勝蔵となったのは、寺崎が持病の高血圧から倒れてしまったためである。奥村が第四回会見に関する失言問題でマッカーサーの不興を買って通訳を外された後、政府側で通訳候補者を選考し、英語に堪能な沢田廉三《れんぞう》や加瀬俊一《としかず》、関屋〔正彦カ・貞三郎の長男〕、有田八郎らが検討されたようだが、GHQ側の希望もあり、[73]寺崎の回復を待つことになった。その後、復帰した寺崎はますます天皇から信頼を寄せられ、重要な役割を果たしていくのであった。

戦後、寺崎の存在を知らしめる資料が進藤榮一氏により発表された。いわゆる「沖縄メッセージ」である。アメリカ国立公文書館所蔵の公開文書を調査した進藤氏は、一九四七年九月一九日、ウィリアム・シーボルト（William Sebald）GHQ外交局長と会見した寺崎が、①アメリカによる沖縄、琉球諸島の継続的な軍事占領を希望する、②その占領形態は日本に主権を残しつつ、長期の貸与《たいよ》という形式をとる、との天皇のメッセージを伝えていた事実を紹介した。[74]進藤論文は研究者や専門家はもとより、戦後の象徴天皇イメージが定着しつつあった一九七九年当時の日本社会において、昭和天皇の別の顔をさらす結果となり、世間をも驚かせることとなった。天皇は一九四七年九月という、いまだ占領下で講和条約や日米安保条約が締結される以前の時点において、すでに現在のような日本の安全保障体制、すなわち、在沖米軍による日本防衛という形式を考慮し、しかも、その意見をGHQ最高司令官のマッカーサーではなく、GHQ外交局長兼国務省駐日代表のシーボルトに伝えていたのであった。

この件につき、寺崎の日記では、「シーボルトニ会ふ　沖縄の話　元帥に今日話すべしと云ふ余の意見を聞けり　平和条約にいれず　日米間の条約にすべし」(『寺崎』47・9・19)と、簡単に記されているだけである。「沖縄メッセージ」は日本の外交や安全保障にかかわる最重要問題であるとともに、天皇のとった行動は日本国憲法で規定された天皇の役割(国事行為)から逸脱する国政関与にほかならなかった。すでに、天皇は前年暮れの時点で寺崎に対し、「自分ハ米軍の長期占領を望むも日本人に嫌ハれる様な原因を減じてくれゝバよい」(同前・46・12・16)と語っていた。米軍による日本の安全保障は天皇の持論だったのである。また、天皇が寺崎を介してシーボルトに「沖縄メッセージ」を伝えさせた背景には、当日、芦田外相から講和条約準備と安全保障問題についての内奏を受けたことが契機となっていた(『芦田』②47・9・24)。

米国政府内部からの「警告」

当時、世間に公表されれば重大な政治問題へと発展していたであろう「沖縄メッセージ」の伝言役をこなしていたのが寺崎であった。しかも、寺崎は前任の外交局長ジョージ・アチソン（George Atcheson）の飛行機事故という不慮の死を受けて後任に就いたばかりのシーボルトとすぐに接触し、そのわずか二週間ほど後に「沖縄メッセージ」を伝えているのである。「沖縄メッセージ」について、その後の『寺崎日記』に気になる記述がつづられている。以下、一九四七年一〇月三日にシーボルトと会った際の記述である。

沖縄ハアメリカが自由にす、信託かリースかその方法ハ定ってゐない、右ハ陸軍省輿論の意見なり
国ム省の意見ハ定ってゐない
定期的に会見するハ片山〔哲〕や芦田〔均〕に憚りあり　止めて不定期にすること、セクレタリに電話で聞く事
米国の意見決定に誰でも影響を与へようとするのハ間違ひ（『寺崎』47・10・3）

これは、寺崎よりもたらされた「沖縄メッセージ」に対するアメリカ政府の反応をシーボルトが語ったものである。寺崎と定期的に会うことは片山首相や芦田外相の手前、適当ではないので、

不定期な会見にしようと提案している。そして、問題は最後の一文である。シーボルトのいう「米国の意見決定に誰でも影響を与えようとする」とは、具体的に誰のどの行為をさしているのであろうか。寺崎にこの言葉を伝えている以上、寺崎の言動に対する返答と解すのが妥当である。断定はできないものの、シーボルトの発言は「沖縄メッセージ」に対する「警告」ではないだろうか。沖縄の米軍駐留やリース形式という駐留方法にまで言及した天皇の伝言は、占領統治の根幹にかかわる重要問題であり、まさに「米国の意思決定」に委ねられるべき問題であった。そのため、シーボルトから「沖縄メッセージ」を受けとった米国政府内部からこのような「警告」が発せられたと考えられるのである。従来、『寺崎日記』のこの部分に着目した研究はほとんどなかったが、沖縄の基地問題を研究するロバート・D・エルドリッヂ氏も筆者と同じ見解を指摘している。[75]

ただし、「警告」を発した対象が天皇だとは限らないし、「沖縄メッセージ」を対象事案にしたものとも断定できない。前述したように、寺崎はシーボルトへ「沖縄メッセージ」を伝えた際に「平和条約に入れず日米間の条約にすべし」と、具体的な沖縄処理案について自身の見解を伝えているので、このことに対する「警告」の可能性も捨てきれない。また、天皇は「沖縄メッセージ」の後にも、「支那の事を聞いて貰ひ度い」〔国共内戦の状況などカ〕とか、信頼する長老の山梨勝之進や鈴木貫太郎にまで公職追放が適用されそうな状況を批判する意見を寺崎に語っているので（『寺崎』47・9・26）、これらの発言をシーボルトに伝えたことへの「警告」という可能性もある。いずれにせよ、寺崎（背後にいる天皇）の言動はアメリカ政府内部で行き過ぎた行為とみなされ、「警告」が発せられたと解すべきであろう。それほど、寺崎の行動はめだつようになっていたのである。

シーボルトは「米国の意見決定に影響を与えようとすることは間違いだ」と寺崎に伝えたが、シーボルトから報告を受けた国務省内では、当時、政策企画室長として「対ソ封じ込め」政策を説き、発言力を増していたジョージ・ケナン（George Kennan）が天皇の「沖縄メッセージ」を重要な提案とみなし、講和問題に関する政策の検討に利用されることとなった。[76] そして、国務省極東局では日本課に配属されたロバート・フィアリー（Robert Fearey）が中心となり、天皇の「沖縄メッセージ」を引用しながら、琉球諸島における基地租借方式の利益、不利益を研究し、沖縄政策の一つとして覚書にまとめ、上位組織に提出していた。[77]「沖縄メッセージ」は「米国の意見決定」に影響をあたえていたのである。

陛下の「連絡官」として

「沖縄メッセージ」に込められた駐留米軍による日本防衛という天皇の安全保障論は、メッセージでも言及されているソ連への脅威論から形成されていた。戦後の天皇が外交では安全保障、内政では治安問題を常に気にかけていたことは従来から指摘されてきたとおりであり、[78] 対外的にはソ連が、国内では共産党やそのシンパの動向が天皇にとって脅威として受けとられていた。天皇にとっての二つの脅威は呼応する存在であり、具体的にはソ連の扇動によって国内の共産党分子が暴動などを起こして革命運動に走ることを想定していた。[79]

そのため、天皇は国内での共産党の言動にも敏感に反応していた。ある時、天皇は拝謁した御用掛の寺崎に、「共産党ハ皇室に当らず　幣原〔第一次吉田内閣時の国務相〕などにも丁寧なる由　占領軍と日本人間ヲ悪くする様に全力を尽し居る由」（『寺崎』46・12・28）を語った。天皇がいうような共産党の皇室対策は、党内でも野坂参三（当時は中国で活動中）が戦時中に発表した見解であり、制度としての天皇制と民衆の心理面に作用する半宗教的機能を区別し、民衆の天皇支持の姿勢に譲歩しながら慎重に対応しなければならないと説いていた。[80] 天皇はこのような野坂の運動戦術を知悉《ちしつ》していたのであり、[81] その巧妙な宣伝術にかえって不気味さを感じ、潜在的な脅威として警戒心を募らせていたのである。

そして、寺崎も天皇と同じような反共思想を抱いていた。[82] 寺崎が天皇に拝謁した際には、たびたびソ連や共産勢力のことが話題となっており、なかには冗談半分で「ロシヤ攻撃」や「ロシヤを徹底的にやっつける」（『寺崎』47・2・19）ようなことも話し合っていた。天皇が寺崎を信頼して重用していた理由は、単に占領軍関係者との連絡役という職務上の理由だけでなく、思想信条を共有する「側近」という認識も作用していたと考えられる。

「御用掛」としての寺崎の職務はGHQ側との連絡役、通訳という域にとどまらず、戦前まで内大臣が担ってきたような天皇の政治秘書としての役割をもこなすようになっており、寺崎自身、御用掛の職務を「陛下の連絡官並びに顧問」[83] だと認識していた。「実録」の一九四七年〜一九四九年分においても、各年一月の寺崎の初出時に、「この年もしばしば寺崎の拝謁を受けた」と記述されており、[84] 寺崎がいかに天皇と頻繁に接触し、重要な情報を媒介していたかをうかがわせる。
寺崎は天皇の「顧問」として、GHQやアメリカ要人と接して貴重な情報を収集すると同時に、天皇の意思を伝達する役割も果たしていた。寺崎が接していたおもな要人を寺崎の日記から拾いあげると、先にあげたフェラーズのほか、GHQではローレンス・バンカー（Lawrence Bunker 副官）、アチソン（外交局長）と後任のシーボルトなどの要職者を中心とし、そのほかでは皇太子の家庭教師となったヴァイニング夫人（Elizabeth Vining）とも家族ぐるみの付き合いをしていたことがうかがえる。[85]
寺崎が果たした役割の重要性を示す事例として、「沖縄メッセージ」のほかには、天皇が意欲的に取り組んだ事業の一つである地方巡幸をめぐる情報収集をあげておく。戦争責任に対する国民への贖罪《しょくざい》と象徴天皇という新たな君主の姿を宣伝するための格好の場となった地方巡幸は、天皇や側近らにとって有意義な行事であったが、国内外からは占領下で戦犯裁判も進行中という状況での派手な演出に対し、批判的な意見もあがっていた。巡幸への批判を耳にした天皇は、寺崎に命じてマッカーサーの意向を探らせた（『寺崎』46・10・11）。その後も『寺崎日記』には、寺崎が巡幸に対するGHQ側の見解を確認し、天皇や側近に報告している様子が散見される（同前47・3・14、11・7）。寺崎が入手したマッカーサーや高官（バンカーら）の巡幸への認識は、とくに抑圧的なものではなかった。しかし、GS内部では巡幸の派手な演出に批判的なまなざしを向けるようになっていく（第四章参照）。

ロイヤル発言と天皇の安保論

寺崎の日記は一九四八年分の大半が欠けているため、この間における寺崎の動向を追うことはできない。ただ、近年、一九四九年分の日記の存在が明らかとなったので、[86]以下、同資料の記述から天皇にかかわる寺崎の動きを紹介する。

一九四九年二月一日、GHQ経済顧問のジョセフ・ドッジ（Joseph Dodge）とともにケネス・ロイヤル（Kenneth Royall）陸軍長官が来日した。ドッジの来日目的は日本財政の均衡化を図るべく、後に「ドッジ・ライン」と称されることとなる緊縮予算を政府に迫るためであったが、いっぽうのロイヤルは失言問題で日本やアメリカ本国を騒がせてしまう。来日中、ロイヤルは誰の声明であるかを伏せて発表する約束で、「ソ連によるアメリカ攻撃に際して日本は戦略上重要ではなく、アメリカにとっても攻撃上重要ではない、米軍が日本に駐留する場合の莫大な費用のことを考えれば、米軍は日本から撤退するほうが得策だ[87]」という趣旨の言葉を述べる。ロイヤルの離日後、二月一二日付の新聞各紙はアメリカの「某高官談」としながら、発言者が来日中のロイヤルであるという推測のもとに前述の発言内容を一斉に報じた。すると、国内は大騒ぎとなり、ロイヤル本人をはじめ、GHQや本国の国務省、陸軍省が火消しに努めねばならない事態へと拡大していく。[88]

ロイヤル発言について天皇や寺崎はどのように反応したのか、「寺崎日記」から読みとれる箇所を用いて説明していく。ロイヤル訪日直後の二月四日、寺崎は副官のバンカーからロイヤルの来日目的について、「見物旅行」程度のものだと聞かされる（「寺崎」49・2・4）。しかし、日本国内ではロイヤル訪日について一月中旬から新聞でも報じられており、[89]天皇をはじめとする為政者らはこの問題に大きな関心をよせていた。そして、ロイヤル発言が報じられた後の二月一七日、寺崎は天皇に拝謁し（内容は不明）、さらに数日後の同一九日に、「マックアーサーどうする？／トルーマン……政策ハ変らずと／〔中略〕日本ヲ米国ハ援クベキ義務無キ事ヲ日本及日本人ハ知ルベキナリ」（「寺崎」49・2・19）と日記に書き記している。この記述の後半部分は明らかにロイヤル発言の趣旨を筆記したものである。前半部分はロイヤル発言を受け、マッカーサーが日本の安全保障をどう考えているのかという懸念をあらわすとともに、同日付の新聞に掲載された、[90]占領軍の日本撤退を否定するトルーマン大統領の声明を併記したものであろう。

マッカーサーの占領統治方針が変化するのか否かを懸念する記述は、寺崎自身の意見なのか、一七日の拝謁時に天皇が述べた意見なのか定かではない。ただ、この後も天皇がロイヤル発言を気にかけていたことは、同年一一月二六日におこなわれた天皇・マッカーサー第九回会見での発言からも明らかである。マッカーサーとの九回目の会見において、天皇は来るべき対日講和の前提条件として共産主義から日本を防衛するための安全保障体制の確保を主張しつつ、国内では今なおロイヤル発言の「日本放棄説」に懸念を抱く者がいると述べたのである。天皇のいう「ロイヤル発言に懸念を抱く者」とは、まさに自身のことを指していた。この時、天皇は米軍の日本撤退について懸念を示し、「台湾が中共の手に落ちたならば米国は日本を放棄するのではないかと心配する向きがあります」と述べている。[91]

中国共産党による台湾制圧を危惧する天皇は、以前から国共内戦の行方を注視していた。内戦状態にあった中国では、一九四九年一月三一日、中共軍が北京に入城して戦局を優位に展開させ、さらに南下して国民政府の首都南京へ進撃の構えをみせていた。直後の二月二日、天皇は拝謁した寺崎に対し、「台湾の重要性」(「寺崎」49・2・2)を説いている。

天皇は一九四八年二月末に「第二の天皇メッセージ」と称される安保論を寺崎からシーボルトへ伝達させていた。寺崎がシーボルトに語った内容は、国共内戦での国民政府軍の劣勢状況とソ連の極東侵攻の可能性をみすえ、アメリカが「南朝鮮、日本、琉球、フィリピン、そして可能ならば台湾を米国の最前線地域[92]」として防衛すべきだというものであった。シーボルトは寺崎の言葉を個人的見解ではなく、天皇を含む有力者の考えだと認識していた。占領期、天皇は極東における共産主義勢力の拡大やソ連による国内の共産勢力への扇動を真剣に恐れていた。マッカーサーとの第三・四回会見時(一九四六年一〇月一六日、一九四七年五月六日)にも、新憲法によって軍備を撤廃した日本の安全保障を危惧し、その対策としてアメリカによる日本防衛を主張していた[93]。

そして、中共軍の進軍により中国の共産国化が現実味を帯びてくる一九四九年初頭になると、天皇は共産主義の脅威を切実に認識するようになっていた。寺崎は天皇による「台湾の重要性」発言を受け、二月四日、副官のバンカーへ「台湾比島等 Line ノ事ヲ云フ」(「寺崎」49・2・4)と、以前シーボルトにも伝えていた「第二の天皇メッセージ」を語ったのである。駐留米軍による日本防衛を想定した天皇の安保論からすれば、ロイヤル発言は看過できなかったはずである。

米国側からロイヤル発言を否定する声明が発せられると、天皇と安保論を共有していたであろう寺崎は、「愉快なる第三日！／ロイヤルRadioed……警察力増強的　警察ハピストルノ外軽武器ヲ支給サレル。講和条約ノ見通シツカヌ」（同前49・2・27）と日記に記した。寺崎はロイヤル自身がラジオ放送を通じて発した声明、「日本が攻撃されれば米軍は必ず戦うこと、日本の軍事力強化のための警察力装備[94]」の要旨を引用しつつ、その心境を「愉快」だと書き綴ったのである。同じ記事に目をとおしたであろう天皇も同様に感じていたはずである。

寺崎の忠臣的な職務倫理

寺崎はアチソンの後任としてGHQ外交局長に就いたばかりのシーボルトと一九四七年九月から接触を開始し、以後、「沖縄メッセージ」や天皇の退位問題など機微な問題について意見を交わしてきた[95]。シーボルトは後年の回想記のなかで、寺崎のことを「私の友人」、「私が知っている日本人のなかでは最も率直な彼[96]」と高く評している。両者の日記によると、協議内容は日米の外交政策や安全保障政策、天皇や皇室の社会事業など多岐にわたり、会見後の寺崎は必ず天皇へ報告している。

天皇と寺崎との間における情報管理の実態については、「拝謁⑲　シーボルトの言、25日参照。（吉田、田島ニ云ハズ、陛下へのnewsフレッシナル様、会ヘバ色々注文ツケラレル。）」（「寺崎」49・3・4）という記述に注目したい。このうち「25日参照」に符合する日記二月二五日条には、

「3：00　シーボルトに会フ〔元帥ハ共、の事をアニダエスチメート〔underestimate……軽視〕してゐた。ロイヤル。民政か軍政、現状維持。南鮮。議会ハ元帥ノ帰ル事ヲ要請セヌ〕」（同前49・2・25）と記載されている。両日の記述を解説すると、二月二五日に寺崎とシーボルトが会見し、マッカーサーの日本共産党観や帰国の件、ロイヤル発言、日本占領の民政移管問題、朝鮮半島情勢など多様な案件につき協議したうえ、三月四日に寺崎から天皇へこれらの協議内容が報告される。

そして、三月四日の「吉田、田島に言わず、陛下へのnewsフレッシュなる様、会えば色々注文つけられる〔一部表記を修正〕」という記述である。これは、シーボルトとの会見内容を吉田首相兼外相、田島道治《みちじ》宮内府長官に伝えず、新鮮な情報をそのまま天皇へ伝えるという寺崎の職務観をあらわしたものである。寺崎は事前に行政府や宮中の責任者に会うことで、せっかく天皇のために収集した情報を詮索され、天皇へ伝達できなくなる事態を恐れていたものと思われる。ありのままの情報を「フレッシュ」な状態で天皇へ報告したいという寺崎の忠臣的な職務倫理がうかがえる。しかしながら、責任機関のトップ（吉田外相、田島長官）をバイパスした情報の媒介は、立場上のリスクも背負わねばならない。実際、このような隠密行動によって寺崎は更迭されることになる。

また、同日条の「民政か軍政」とは民政移管問題のことであり、日本の占領統治の権限を軍人主体のGHQからアメリカ大使へ移す民政方式への移管が話題となっていた。国務省ではドイツでの民政移管決定の措置に合わせ、日本でも民政移管を検討していたところであった[97]。アメリカ側で民政移管を検討しているとの情報は、国内の新聞でも報道されており、注目すべき関心事項となっていた。天皇も例外ではなく、三月二九日には寺崎に「元帥ノ事　所謂民政問題、元帥ガドウ思ツテヰルカ」(「寺崎」49・3・29)と、民政移管問題に関するマッカーサーの意向を探るよう指示をだしている。この後の「寺崎日記」には、この件に関する記述が記載されていないので経過は不明だが、おそらく、寺崎はシーボルトやバンカーに会い、マッカーサーの意向を尋ねているはずである。

三月二九日にはもう一点興味を惹かれる記述があり、「Jones キリスト教ニ入レト陛下ニス、メタ由、彼ガ初メテ也。キヤソリツクとの干係、仏教との干係入れぬ旨仰せらる」(同前)という、「Jones」ことスタンレー・ジョーンズ(Stanley Jones)、アメリカ人宣教師と天皇との会話内容である。ジョーンズは天皇にプロテスタントへの改宗を勧めたという。識者のなかには、戦後、天皇が本気でキリスト教(カトリック)への改宗を考慮していたと論じる者もいるが[98]、この記述から、天皇はカトリック、仏教など他宗教、他宗派との関係を考慮し、プロテスタントへ入教できないと明言していたことが判明した。天皇をはじめとする宮中関係者のキリスト教関係者への接近、関心は、あくまで天皇制の存続、天皇の戦争責任問題につながる情報収集、政治工作の一環としてとらえるべきであろう。なお、寺崎とジョーンズは開戦前のニューヨーク勤務時代に面識があり、妻グエンの回想には日米開戦回避に向けて二人が奮闘する場面がでてくる[99]。一九四九年の「寺崎日記」にもジョーンズの来日前後から関連する記述が散見されることから、寺崎も旧知の知人との再会を待ちわびていたのであろう。

シーボルトを困惑させた天皇の情報収集姿勢

このほか、天皇の国政への関心という点からは、「拝謁　シーボルトの事（支那問題）」（「寺崎」49・5・6）という記述も重要である。これだけではシーボルトと中国問題に関する件ということ以外、何もわからないが、会見相手のシーボルト側の資料に具体的な説明が記されている。米海軍兵学校ニミッツ図書館に所蔵されているシーボルト日記の四月二九日条には、同日、シーボルトが寺崎の来訪を受け、天皇が中国情勢に関する情報を知りたがっているとのことで、意見を求められたと記されている。寺崎の要請に対し、シーボルトは「天皇がそのようなことを聞くとは信じがたかったので、返答はごく一般的なものにとどめた」[100]という。

寺崎はシーボルトから聴取した中国情勢に関する「ごく一般的」な情報を五月六日に天皇へ復命していたのである。天皇が国共内戦の行方を注視していたことは前述したとおりであるが、この頃になると中共軍の進撃は華中方面にまで及び、四月後半には南京や上海を攻略し勝敗は決しようとしていた。中国の共産国化が目前に迫った情勢下、アメリカがどのような極東戦略をたて、そのなかで日本防衛策についてどう検討しているのか、天皇は情報を欲していたのである。

しかしながら、天皇の異様ともいえる情報収集の姿勢は、シーボルトにとっても理解しがたいほどであった。新憲法の施行からすでに二年が経過しようとしており、「国政に関する権能を有しない」はずの「象徴天皇」が、アメリカの極東戦略にかかわる機密情報を知りたいと要求してきたのであるから、シーボルトが困惑したのも当然である。天皇は一九四九年になっても国政や占領政策、東アジア情勢に関心を寄せ続けていたのであり、しかも「御用掛・寺崎英成」にアメリカ側の極東戦略に関する情報まで探るよう指示していた実態が明らかとなった。

このほか、天皇は寺崎を介して皇室の社会事業へのかかわり方につき、シーボルトの見解を聴取し参考に供しようとしていた。「寺崎日記」の四月一日と同七日条に次のような記述がみられる。

三時半シーボルト　一．本　二．戦争（ヒステリア）　三．ショーイ軍人

（「寺崎」49・4・1）

（シーボルト）本、ショーイグンジン、戦争　陛下へ。／拝謁　フィトネー　風向キ変リタル由。バンカーニ会フ、フィトネーとハ交際ハ〔セ〕ザル旨返事。

（同前49・4・7）

ここでは、まず「ショーイ軍人」という語句に注目したい。もちろん、「傷痍軍人」のことを指しており、四月一日に寺崎がシーボルトと傷痍軍人の件を話しあい、七日にその結果を天皇へ報告している。やはり、「寺崎日記」の記述だけでは、なぜここで傷痍軍人のことが話題になったのか理解できない。ここでも、シーボルトの日記をたどることでその内容が判明する。シーボルト日記の四月一日条に、「天皇が戦争負傷者への資金支援を検討しているがどう思うか[101]」と寺崎から尋ねられたという記述がある。シーボルトは、「天皇が軍国主義の復活を望んでいるというレッテルを貼られる恐れがあるので、これに反対し、その代わりに視覚障害者を援助するという支援方法がよいのでないか[102]」と提案したという。

寺崎はシーボルトの意見を四月七日に天皇へ伝えていたのである。シーボルトの日記に記されたとおり、傷痍軍人への支援を要望していたのは天皇であった。天皇は序章、本章で説明した慈恵主義にもとづき、自身の名によってはじめられた戦争により傷を負った軍人が生活難で苦しんでいる状況を知り、皇室費からの下賜金によって援助したかったのであろうが、シーボルトとすれば、軍人軍属への優遇措置を禁止してきたGHQの占領政策を否定することにつながる行動に賛成するわけにはいかず、一般の身体障害者への支援という代替策を提言したものと思われる。

シーボルトの助言を受けてか、一九四九年から一九五〇年にかけ、天皇の地方巡幸の際などに盲学校、聾学校や関連施設を視察する回数が増えていたことが、「実録」からも読みとれる。「実録」に記載された情報から、天皇が盲聾障害者の学校や施設を訪れた回数だけを単純に示すと、一九四七年と一九四八年が各一回だったのに対し、一九四九年は四月のシーボルトの助言後に二回、一九五〇年は三回と訪問回数は増えている。[103] ただ、前述したように、皇室による社会的弱者への仁慈の施しは戦前から社会事業の一環として行われており、シーボルトの助言だけで変化したとはいいきれない面もある。

占領政策の転換という視点からは、「寺崎日記」四月七日条の後半部分も注目される。天皇がホイットニー民政局局長の名前をだしながら「風向きが変わった」と語っている点である。天皇が指摘するように、米国では前年一九四八年一〇月に国家安全保障会議決定のNSC13／2を採択し、対日占領政策の目的を民主化から経済復興へと転換させていた。[104] これにもとづき、一九四九年にはGHQの機構縮小や定員削減とともに、政策転換が目にみえる形であらわれてきていた。

占領当初、ホイットニー率いるGSが日本の民主化政策の旗振り役として活躍していたが、一九四九年にはGSの組織も徐々に縮小され、次長のケーディスら優秀なスタッフも米国へ帰国するなど、その衰退は覆い隠せなくなっていた。

天皇はこれに先立つ三月三一日にも、ホイットニーやGSに関する件を寺崎に話していたようで、日記には「拝謁　フィトネーの事　大金の事」（「寺崎」49・3・31）と記されている。第四章で紹介するように、GSは片山、芦田内閣のいわゆる中道政権期に宮中の民主化を促すため側近首脳の更迭を指示し、この要請を受け入れる形で一九四八年六月には当時の松平慶民宮内府長官と大金益次郎侍従長が更迭されるという一幕があった。信頼する側近首脳の更迭に天皇も強く抵抗したのだが、更迭人事は強行されることとなった。よって、天皇はこの一件を想起しつつ、一時旺盛を誇った民政局の発言力が低下し、占領政策も「風向きが変わった」と実感して、その心境を率直に寺崎へ伝えたのではないだろうか。

このように、占領政策が転換するさなかにあって、「象徴天皇」となった昭和天皇は御用掛という使い勝手のよい寺崎を介してアメリカ政府やGHQの考えを探らせ、極東情勢や米国の極東戦略、日本の占領政策などの情報収集に努めていたのである。そこには、国政に関する権能を有しない「象徴君主保持国会制的間接民主国」の君主ではなく、国家の前途を憂慮して情報収集に努める立憲君主の姿があった。

第四章

象徴天皇制の成立過程にみる政治葛藤

――一九四八年の側近首脳更迭問題

一　一九四六年における巡幸批判とその影響——側近更迭の遠因

GHQと日本政府、天皇・側近らは、天皇制維持という共通の政治目的を掲げていたものの、その目的の達成に向けた手法と内容には、大きな隔たりがあった。この三つの政治勢力の間に横たわる隔たりは、わずかな亀裂から一気に相互不信を招来しかねない危険性をはらんでいた。宮内府の発足という制度上の宮中改革については、対立が表面化することはなかったものの、両者間の亀裂の芽は、すでに一九四六年の全国巡幸をめぐる見解の相違から胚胎しており、一九四七年末のGSによる宮内府機構改革を要求する通達から翌一九四八年の側近首脳（宮内府長官、侍従長）同時更迭という事態へ展開していくこととなる。

本章では、一九四八年六月の宮内府長官、侍従長の更迭にいたる政治過程を詳細に追いながら、GHQと日本政府、天皇・側近らの三つの政治勢力の動向に焦点をあて、側近首脳更迭の政治的意義を明らかにしていく。

（1）極東委員会での巡幸批判

ソ連の巡幸中止要請

一九四六年の神奈川県行幸により本格的にはじまった天皇の全国巡幸であったが、一九四六年二月末に発足したばかりの極東委員会（以下、FEC）での席上、ソ連代表から批判意見が寄せられた。同年四月一三日に開催されたFEC第三委員会（憲法及び法律改革を担当）第六回会議において、ソ連代表が連合国軍最高司令官（SCAP）に伝達するため、天皇の行動の制約についての委員会での審議を提案し、同月末には、「日本国天皇の若干の行動の縮減のための提案」なる文書を作成した。[1] この文書では、ポツダム宣言の趣旨が日本の民主化である以上、戦前の天皇制は廃止されるか、より民主的な統治形態に改正されなければならないはずだが、日本の反動的分子は旧来の形式での天皇制を保持しようとしていると指摘した後、次のように巡幸を取り上げて問題視した。[2]

選挙戦の前に天皇が着手した全国巡幸は、天皇制存続のための宣伝手段として反動主義者らに利用された。憲法草案についての国民的な討論がなされる時が近づいており、この状況のもとで天皇が巡幸を継続することを許せば、疑いようもなく天皇制存続のために日本国民の精神に圧力をくわえる手段となるであろう。よって、FECはアメリカ政府に働きかけ、

SCAPが天皇へ憲法の審議中、巡幸を中止するよう指示を与えるのが適当だと思われる。[3]

巡幸の中止を要請すべきというこの提案は、五月中旬から七月中旬にかけ、FECの第三委員会や運営委員会で討議された。この間、各種会議の席上、ソ連代表は一貫して巡幸を「反動主義者らを利するための天皇の政治的活動」と批判し、新憲法を審議する期間中の巡幸中止を求め、SCAP（マッカーサー）からの意見聴取など、FECとして何らかの措置を講じるべきだと主張していた。[4]

巡幸中止を主張するソ連代表に対し、他国代表は情報不足を理由に、この問題への積極的関与を控える態度に終始していたものの、なかには、オーストラリア代表やニュージーランド代表のように、ソ連代表の意見に理解を示し、本件を巡幸の是非というマイナーな問題としてではなく、将来の天皇制の在り方という大きな問題として取り扱うべきだという意見も開陳された。[5] 戦犯裁判での昭和天皇の処遇をめぐる経過と同様（第三章参照）、ソ連のほかオーストラリアやニュージーランドも天皇にかかわる問題では、かなり強硬な姿勢をみせていたのである。

結局、この件は七月一二日の第三委員会第二〇回会議において、SCAPからの意見聴取を求めず、天皇の地位をめぐる問題は憲法草案の委員会での研究と関連づけて議論すべきことを申し合わせ、[6] 以後の審議を打ち切ることとした。

民主的な君主のお披露目として

FECでのソ連代表による巡幸中止の要請は、アメリカ政府にとって受け入れられるものではなく、FECの各種会議の席上でも米国代表によって反駁《はんばく》された。[7] そして、この情報はGHQにも伝えられ、マッカーサー以下、幕僚らの知るところとなった。この時、GHQにはアメリカのノースウエスタン大学からケネス・コールグローブ(Kenneth Colegrove)が来日しており、専門とする日本政治や明治憲法に関する知識を生かし、GHQ憲法問題担当政治顧問という肩書でGSのケーディス次長、ピークらと新憲法制定について協議を重ねつつ、日本の政治家や学者とも接見し、その意見を徴してGSでの作業に役立たせていた。さらに、コールグローブは、マッカーサー、ホイットニーGS局長らに国務省やFECの状況を伝えるとともに、FECの米国代表とFEC議長を務めるフランク・マッコイ(Frank McCoy)やジョージ・ブレイクスリー(George Blakeslee)FEC米国代表などに宛て、GHQや日本の様子を伝達するという橋渡し役をこなしていた。[8]

そして、コールグローブはFECでのソ連代表による巡幸に関する提案につき、日本国内のGHQや日本側知人の反応をまとめ、一九四六年六月一日付でマッコイ議長に宛てて送付している。この意見書のなかで、コールグローブは、「巡幸に対するソ連側の抗議の公表にGHQ職員が驚き、衝撃をうけた」「日本の何名かの友人も今回の事件によって提示された政策の矛盾について驚いていた」という状況を伝えるとともに、日本国内での巡幸のイメージにつき、「日本の民主化を求めるSCAPが天皇と民衆との交流を絶えず奨励してくれているという印象を与えるもの」と説明している。さらに、日本の学者やGHQの幕僚らも同調する結論として、今回のソ連側の行動は、アメリカの占領統治に対するソ連のサボタージュを意味し、巡幸に関する抗議について、マッコイが「天皇の人間化を要求する民主化政策と彼が皇居内に留まっていることを要求している政策との間の矛盾を指摘」するよう進言するのであった。[9]

コールグローブの主張は、マッカーサーやホイットニーらGSの意見を代弁しているとみなしてよいであろう。マッカーサー自身が許可したように、彼らは天皇による全国巡幸について、神格性を否定した民主的な君主のお披露目の機会だと認識していたのであり、天皇を皇居のなかにとどめておくことのほうが日本の民主化に逆行する措置だととらえていたのである。巡幸に関する問題をはじめ、新憲法制定作業にも関与していたコールグローブは、ソ連をはじめとするFECの姿勢を批判的に受けとめ、マッカーサーらGHQによる占領統治の正当性を主張していくのであった。[10]

（２）ＦＥＣでの議論をめぐる宮中への影響

コールグローブの果たした役割

一九四六年の全国巡幸をめぐる占領機関内部の議論は、新憲法の草案公表から帝国議会での審議という期間にあたり、国内の政治情勢にも影響を及ぼすこととなる。ＦＥＣにおけるソ連代表の巡幸批判や天皇制廃止の議論については国内でも新聞報道されており[11]、天皇や側近はもとより、国民全体の知るところとなっていた。また、ＦＥＣでのソ連の言動と対処法については、ＧＨＱ関係者を通じて日本側にも伝えられていたと推測される。

ここで注目すべきは、コールグローブの存在である。来日後のコールグローブはＧＨＱで憲法問題担当政治顧問として公的に勤務していたほか、私的には別の役割もこなしていた。日本の降伏以前、コールグローブはジョセフ・グルー（Joseph Grew）元駐日大使と関係を深め、天皇周辺にいる「保守的な親英米派」の人々とグルーらアメリカの知日派とを再結合させることを確認しあい、グルーから牧野伸顕や樺山愛輔、吉田茂ら知人への紹介状を渡されていたのである[12]。

そして、一九四六年五月二九日、コールグローブは千葉県（現在の柏市）に隠棲していた牧野伸顕のもとを訪ね、アメリカ政府内での天皇制処遇をめぐる政策論争や天皇制存続を主張するグルーの奮闘ぶりを伝えた。会見後、牧野はコールグローブに会見内容を意見書にまとめて提出してもらうよう依頼し、天皇にもこの重要な情報を伝達することにした[13]。また、牧野はアメリカ側の貴重な情報を提供してくれたコールグローブを天皇に拝謁させるよう、女婿の吉田茂首相や松平康昌（宮内省宗秩寮総裁）に配慮を依頼した。その後の経過につき、六月二一日に松平康昌が牧野伸顕へ宛てた書簡のなかで、「拝借のコールグローヴ氏の手紙、大臣〔松平慶民〕にも見せ話を致しました処、吉田総理大臣より話を聞てゐるとの事で御話の通り処理されて居りました」[14]という一節がある。

松平のいう「コールグローヴ氏の手紙」とは、牧野がコールグローブに依頼した意見書のことであろう。また、「御話の通り処理されて」いた案件とは、コールグローブの天皇への拝謁のことをさしていると思われる。実際、この後、七月一二日にコールグローブは天皇に拝謁している（「実録」46・7・12）。拝謁時、天皇は日米両国間で戦争にいたったことへの後悔や日本に対して穏健な統治政策を主張するグルーへの感謝の念を表するとともに、国務次官としてのグルーの政策立案の内容を尋ねたほか、現在の日本の占領状況やマッカーサーの業績、そして、進行中の憲法改正問題についても話し合った[15]。天皇制処遇問題や戦犯裁判が占領政策の重要な案件として処理されているさなか、コールグローブからもたらされた情報は、天皇や側近、牧野らにとって光明を見いだせる内容であり、大いに満足できるものであった[16]。牧野はここでも天皇や側近首脳の「相談役」として大任を果たしていたのである。

天皇とコールグローブの間で交わされた憲法改正問題は、FECのソ連代表による巡幸中止要請の問題とも関係しており、FECによる占領政策への干渉に批判的なコールグローブが、巡幸について何らかの助言を天皇や側近へさずけたと推測してもおかしくはないであろう。天皇との拝謁後、グルーから聴取していた天皇制に関する認識をさらに深めることとなったコールグローブは、滞日期のグルーと同様、天皇や牧野ら「宮廷政治家」に魅せられ、帰国の途に着くのであった。[17]

全国巡幸の中断と再開

ここまでの経過で、天皇と側近らは新聞報道によるFECの情報、そして、コールグローブやGHQ関係者からもたらされたであろう情報などを勘案し、全国巡幸の一時中止を申し合わせたと思われる。実際、六月一八、一九日と静岡県を行幸した天皇は、その後、一〇月二一日に愛知県に行幸するまでの四カ月間、全国巡幸を中断している。中断後の巡幸再開の契機は、一〇月一六日におこなわれた天皇・マッカーサー第三回会見であった。会見時、天皇が「巡幸は私の強く希望する」ところであると述べると、マッカーサーは「機会ある毎に御出掛けになつた方が良敷しい《（ママ）》と存じます。回数は多い程良いと存じます。〔中略〕司令部に関する限り、陛下は何事をも為し得る自由を持つて居らるゝのであります」と応じ、巡幸への賛同と行動の自由を認めた。また、天皇は「憲法成立迄は特に差控へて居つたのでありますが、当分差控へた方がいゝといふ者もあります[18]」とも述べている。天皇のいう巡幸を「当分差控へた方がいゝ」との意見は、吉田茂首相兼外相やGHQ内部の巡幸反対論をさしており、天皇はマッカーサーとの会見直前にも、連絡役の寺崎英成に対して「旅行の件再び探れ」（『寺崎』46・10・11）と、巡幸に対するマッカーサーの意向を探るよう命じていた。

さらに、「憲法成立まで巡幸をとくに控えていた」という天皇の発言にも注目すべきである。天皇がこれほど強く望んでいた全国巡幸を中断した理由とは、宮中内部や外務省といった国内での抑制論の影響というより、やはり、コールグローブやGHQ関係者を通じた外部からの情報が大きく作用していたと考えられるのである。いずれにせよ、天皇はマッカーサーから直々の「許可」をえたことで、一九四六年一〇月から全国巡幸を再開させ、翌一九四七年にはその頻度も増し、巡幸自体が盛大な行事と化していくのであった。

ところが、再開された全国巡幸は、旅程の長期化や供奉員《ぐぶいん》の増加など規模の拡大や迎える自治体側の過剰な奉迎姿勢があらわとなるなど、さまざまな問題を生じさせていく。巡幸をとりしきった側近の一人、大金侍従長は、天皇・マッカーサー第三回会見後に再開された一九四六年一〇、一一月の愛知県、岐阜県、茨城県への巡幸の頃から、巡幸に「随伴する色々な動きも自然に大仰になって来た」「地方の接待費の如きも、この時代にその萌芽を認めることができる」と回想しており、また、一九四七年の巡幸から規模が拡大したことにより、「巡幸を喜ばない一派には中傷宣伝の材料を与へ、連合国のある方面には、旧日本の天皇制復活の傾向ありなどといふ疑心暗鬼を懐《いだ》かしめたものと思ふ」[19]とも述べている。

大金のいう「巡幸を喜ばない一派」のなかには、共産党のような革新勢力だけでなく、天皇制維持に向けて尽力していた保守勢力も含まれており、吉田外相も敏感な時期における巡幸に批判的であり、側近や親しい関係者に巡幸を控えるようたびたび忠告していた。[20]このように、巡幸への批判はFECでのソ連代表にとどまらず、再開後には国内の政治勢力やGHQの一部からも指摘されるようになり、このことが一九四八年の側近首脳更迭の遠因となっていくのであった。

（3）不敬罪廃止問題との関係

なお、天皇の全国巡幸は不敬罪廃止問題とも関係を生じさせていく。一九四六年一二月、ホイットニーGS局長が木村篤太郎《とくたろう》法相へ刑法中の大逆罪と不敬罪の削除を要求したところ、吉田首相が「日本という国家の感情と道徳的信仰にかなうもの」という理由から、両罪の存続を希望するという意見をしたためた書簡をマッカーサー宛に送付した。マッカーサーは吉田の書簡に対して返信を発し、今後の日本は「自由な民主主義社会」となるので、「皇室に対する罪を存続させることは時代錯誤である」という旨を強調し、吉田の主張を一蹴したのである。マッカーサーから両罪廃止をいい渡されたにもかかわらず、吉田はその後も不敬罪復活を企図し、ケーディスGS次長の不興を買うという事態を引き起こすのであった[21]。

片山内閣誕生によって下野中の吉田は、一九四七年秋に不敬罪の復活を主張したが、その背景については、全国巡幸を批判的に報じた雑誌記事が影響していた。事の発端は、敗戦後に発刊された暴露雑誌『真相』第一一号に巡幸を皮肉まじりに批判した記事が掲載されたことによる。この記事には敗戦後の地方で日々の生活にも苦しむ労働者らがいるいっぽうで、天皇一行を迎える自治体官吏が巡幸先の宿泊先や交通網を整備する様子を風刺し、「天皇は箒《ほうき》である」との見出しをつけ、天皇の写真の一部を箒に置き換えて掲載するといった過激な誌面になっている。戦前であれば確実に不敬罪に相当するであろう誌面のなかで、旧来の治安当局を皮肉るかのように、「不敬のついでに陛下に言上奉るが」と前置きし、巡幸で全国をまわれば各地がきれいに清められ、観光に役立つであろうと記載されている。[22]記事をみた保守系陣営は激怒し、吉田率いる自由党では『真相』を東京地検に告発するとともに、議会でもこの問題を取り上げ、不敬罪を破棄した片山内閣を批判しつつ、[23]吉田による不敬罪復活の工作を喚起させるにいたった。[24]

ＧＳは皇室財産処理問題をめぐっても国庫移管に反対する自由党や宮内省の抵抗を受けており、今回の不敬罪復活要求の件や巡幸問題を含め、戦前の天皇制の旧慣や法制を維持しようとする日本の反動的分子の動向を警戒するようになっていた。[25]民主的な君主制への移行が結果として日本側の望む天皇制存続に寄与するものと考慮していたＧＳにとって、日本の保守勢力の言動は、マッカーサーを筆頭とするＧＨＱ側の努力を水泡に帰しかねない迷惑な行動として認識されていくのであった。そして、日本の保守勢力に対するＧＳの警戒心は、一九四七年に本格化する全国巡幸をめぐり、さらにその度合いを増幅させることとなる。

二　中道政権の成立とGSによる宮中改革の要求

GHQ内部の権力構造

　憲法改正問題や戦犯裁判の経過が世間の関心を集めるさなかの一九四七年四月二五日、第一次吉田茂内閣のもとで第二三回衆議院議員総選挙が実施され、片山哲を委員長とする日本社会党が比較第一党となった。選挙後、政権構想をめぐって社会党、自由党、民主党、国民協同党が議論を重ね、最終的に自由党をのぞく三党での連立政権樹立の話し合いがまとまり、五月二四日に中道の片山内閣が誕生する。以後、この片山内閣と後継の芦田均内閣のもとで、前年からさまざまな矛盾をはらみつつ推移してきた天皇制処遇問題や、これに付随する宮中組織、側近の言動に関する諸問題が再び表面化してくるのである。

　片山内閣、芦田内閣の中道政権期に実行された宮中改革を論じていくうえでの確認事項として、当時のGHQ内部の権力構造を今一度、おさえておく必要がある。本節では、まず側近首脳更迭を指示したGSのGHQ内部における「相対的な優位性」について説明し、次に宮内府機構の改革や側近首脳更迭の指示がマッカーサーの意思のもとに発せられたことを確認する。

　GHQの権力構造は、連合国軍最高司令官のマッカーサーを頂点とし、「日本統治に直接実質的な重要性をもっていたのは〔中略〕マッカーサーただ一人[26]」という絶対的権力者のもと、マッカーサーの信頼厚く、また、「マッカーサーの分身[27]」と評されるほどマッカーサーへの完璧な献身ぶりを示していたホイットニー局長率いるGSが初期の占領統治政策を主導し、「最高司令官はといえば、民政局に頼らざるを得ない、という仕組みになっていた」[28]。このようなGHQ内部におけるGSの「相対的優位性」について、一九四七年から一九四八年にかけ、アメリカ本国で占領政策の転換が検討されはじめていたものの、その影響はGHQにまで波及しておらず、民主化を推進するGSの他部署に対する優位性は、「マッカーサー・ホイットニー」ラインを軸にいまだ保たれた状態にあった[29]。

GSの優位性を傍証する事例として、中道政権誕生時におけるGS局員の言動を紹介しておく。片山内閣の成立前、社会党として初の政権参画に向けて奔走する片山と会見したケーディスGS次長は、片山の不安とする点に助言をあたえつつ、GHQ高官の噂話などを聞いた時には自分のところに確認にくるようにと、外部からの政治介入を阻止し、新政権を援護するという意味の言葉を伝えていた[30]。また、後任の芦田内閣成立の前後にも、ホイットニー、ケーディス以下、GS局員が芦田を激励し、マッカーサーとともに政権を支持する旨や経済科学局（ESS）など他部署との間で問題が生じた場合には、直接、マッカーサーを訪ねて裁断を求めるよう助言していた[31]。マッカーサーとホイットニーの間の信頼関係をふまえ、GSは他部署に対する優位性を自覚していたのであった。

さらに、GHQに勤務する参謀や局員らも、この時期におけるGSの優位性を認めていた。GSにとって最大のライバル関係にあった参謀第二部（GⅡ）部長のチャールズ・ウィロビー（Charles Willoughby）も、「一九四八年ころまでは、マッカーサー元帥はGSの報告にかなり忠実だったし、その打ち出す政策に沿ってことを進めてきた。正直いって、その当時のG2は明らかにGSより弱かった[32]」と認めているほどであった。このように、GSは「マッカーサー・ホイットニー」ラインにより、GHQ内で他部署に対する「相対的優位性」を維持しており、日本の中道政権を全面的に支持する旨を伝達するとともに、政権運営に対してGHQ側から批判的な働きかけがあった場合、これを掣肘《せいちゅう》していくことを約束していた。中道政権はGSの庇護のもと、政権運営にあたっていたのである。

高まる巡幸批判

片山政権下の一九四七年秋、本格化していた全国巡幸に対して国内からも批判的な声があがるようになっていた。前述したように、『真相』の「天皇は箒である」問題は国会でも取り上げられ、このほか、社会党や共産党の革新政党出身の議員を中心に、巡幸の経費や旅程に関係する問題をはじめ、皇族費の不透明な支出、宮内官僚の特別扱いの廃止など、宮中への批判的な意見が相次いで公言される状況であった[33]。同時期、戦犯容疑で逮捕され巣鴨プリズンに収容中の政治家や軍人のなかにも、巡幸時における天皇の姿を新聞報道などで知り、戦前までの威厳を損なうかのような天皇の言動に批判的な感情を抱く者が続出していた。このなかには、元内務大臣の安倍源基や元内大臣の木戸幸一も含まれており、彼らは一様に神格性を廃して民衆との距離を縮めようとする天皇や側近の姿勢につき、「国体の精華」を損ない、「時流に迎合」した行為と受けとめていた。[34]

国内で政治家や旧軍人から巡幸への批判が叫ばれ、議会でも取り上げられるほどの政治問題へと発展していたように、巡幸をめぐる同様の問題点はGHQ側でも把握するところとなっていた。一九四七年一〇月に実施された長野県行幸について、長野軍政部が事前の八月にGSへ提出した月間報告のなかで、国庫や長野県の特別予算から行幸のための多額の関係費用が計上、支出されることを指摘し、このような行幸費用に対して地方の民衆や新聞から批判の声があがっている事実を伝えていた。[35]さらに、この問題を文書化したGSのガイ・スウォープ（Guy Swope）政務課長は、[36]同年一〇月末から一一月初旬にかけての富山県行幸の際に宮内府の役人が若い青少年らへ日の丸国旗を配布し、GHQからの指令によって禁止されている国旗掲揚をおこなわせたとも指摘した。

GSはこれらの問題を重視し、宮内府に対して説明を求めたため、宮内府から加藤進宮内府次長と黒田実事務官が弁明のためGHQに赴き、経緯や事情を説明した。GS側は地方の費用支出について宮中側の責任を回避しようとする加藤や黒田の説明に納得せず、さらに、一一月後半に予定されている中国地方への巡幸について、費用計画のリストを提出するよう命じるとともに、この巡幸にGS局員の同行を認めるよう要求した。[37]この結果、一九四七年一一月二六日から一二月一二日の日程でおこなわれた中国地方への巡幸にGS局員が同行し、天皇一行の動向を監視することになった。

そして、GSからの「お目付け役」が同行した中国巡幸の際にも、地方自治体や民間企業からの関係費用の支出、供奉員たちの豪華な食事、日の丸掲揚（兵庫県）など、GS側の問題視する出来事が頻発してしまう。[38] 監視役として中国巡幸に同行していたGS局員のポール・ケント（Paul Kent）は、日の丸掲揚事件につき帰京途上の列車内で加藤宮内府次長を呼び、翌日までにこの件に関する報告書の提出と説明を求めたが、翌日にGSのオフィスに現れた加藤は、「日の丸を振った兵庫県は天皇の立ち寄る巡幸地ではなく注意していなかった、また、宮内府には費用支出について地方自治体に命令する権限はない」と弁明し、[39] GS局員の不信感を増幅させることとなった。

GSの天皇批判

巡幸に際して生じた種々の問題を把握したGSは、一九四八年一月一二日付で過去における巡幸の問題点をまとめた公式覚書「天皇の視察旅行に要した費用」を作成した。スウォープ政務課長の執筆による覚書の冒頭では、「皇室の活動には問題とすべき、望ましからざるさまざまな要素のあることが判明した」[40] と指摘したうえ、以下、費用支出面での問題点を具体的な数値をあげながら説明している。そして、批判の矛先は、まず、宮内府職員に向けられ、「自分たちの目的達成を図るための手段として、また、自分たちの慰みと楽しみを得る手段として天皇の視察旅行を利用しているものと考えざるをえない」と、厳しい論調で非難している。

さらに、GSによる巡幸批判の矛先は天皇にも向けられ、改修、補修された道路や関係施設を視察するだけの天皇の行動は、「無意味な笑いぐさ」「一種の用意された見せ物、つまり、『陳列窓の飾り』を次々と見せられている」だけであり、「天皇が視察旅行から得たであろういかなる観念も、虚偽的かつ欺瞞的なものであるとしか考えられない」と断じている。そして、巡幸の問題点を指摘してきた覚書の後半には、「将来の視察旅行のさいの天皇随行団の規模をかなりの程度縮小するよう指示すべきである」という改善点が明記されている。以上、GS内部では巡幸への監視や報告書からの情報を通じて、宮中側が私利私欲のために巡幸を利用しているにすぎないとみなすようになり、同時に天皇や側近らの行動についても不信感を募らせ、巡幸の規模縮小と問題点の改善を求めていくのであった。

また、GS局員らが巡幸について問題視したのは、費用支出や供奉員の態度、日の丸掲揚といった目にみえる点だけではなかった。いわば、それらは枝葉の問題であり、根幹の問題として、戦後の天皇制の方向性、とくに、天皇と民衆との関係から表面化してきた現象を危惧していたのであった。

前述の公式覚書「天皇の視察旅行に要した費用」(48・1・12)では、「皇室の役割は、当然ながら天皇と日本国民とをより密接に結びつけることであり、天皇の地位を高めることを目論む傲慢な態度については、総司令部はきわめて不快の念をもって見る」[41]と記されている。この文章の前半部分をみると、「天皇と日本国民とを密接に結びつける」行動である巡幸に、GSは賛同しているように読みとれる。しかし、ここでGSの指摘する趣旨は、「天皇の地位を高めることを目論む傲慢な態度」に集約されていると理解すべきであろう。「天皇と日本国民を密接に結びつけること」と「天皇の地位を高めること」は、一見、同じようにみえる。しかし、GHQの占領政策の目的が日本の非軍国主義化、民主化であることを考慮すると、GSは巡幸でみられた天皇と国民との関係を戦前までの「絶対的な現人神」と「献身的に盲従する臣民」という主従関係の再現と認識し、両者の関係を対等なヨコの関係ではなく、君臣というタテの関係、すなわち「天皇の地位を高めること」にほかならないとみなしていたといえよう。

GS局員と宮中側近の暗闘

GSが巡幸での天皇と民衆の関係をどうとらえていたかについては、公式覚書「天皇の視察旅行に要した費用」(48・1・12)に先立ち、同じくスウォープ政務課長によってGS局長宛に作成された「天皇行幸とそれに伴う費用」(47・12・12)から、彼らの懸念していた問題をより直截にうかがうことができる。同文書では巡幸にかかる費用問題を指摘したうえで、「民衆が天皇の地位の変化に気づいていないというわけではないが」「天皇は日本において大きな権力を残しており、それは、日本人にとって、天皇が神であるということである」と記されている。そして、「天皇の支配力は生き続け、息づき続け、繁栄して」おり、宮内府の役人など天皇の近くにいる者たちは、「人々の心情や気持ちにおける天皇を強化させるため、よく練られた計画に従事している」[42]と、日本の反動勢力による復古的な行動を警戒するのであった。

GSの見方に対して、宮中の側近らは地方自治体側へ巡幸費用の簡素節約を説いても自発的に関係予算を計上し、また、天皇や供奉員の立寄所や行在所《あんざいしょ》の修繕も、自治体側で勝手に修繕してしまうのだと弁明している。[43] 側近らの弁明は虚言ではなく、巡幸先の自治体は天皇の訪問を官民総出で迎えようとし、戦前と同様に盛大な行事として受けとめる傾向にあった。スウォープが指摘するように、敗戦直後の地方官民にとっての天皇とは、象徴天皇という親近感を抱かせる新しい君主として認識されつつも、やはり「現人神」という崇敬対象の側面を残していたといえる。

　戦前の行幸について回想した座談会の席でも、司会者が「府県庁にとって、行幸を受けるということは大事業であって、知事以下全職員の心構えも、通常の行政に当たるのとはまったく異なっていたようです」[44]と述べており、このような戦前流の天皇観や国体観念が戦後のある時期まで引き継がれていたと考えられる。そのため、民衆は象徴天皇という国制上の地位の変化とは無関係に、国内外の政治舞台で争点となっている戦争責任問題と切り離して、天皇を熱烈に歓迎し崇めるという姿勢をとり続けたのであった。[45]

　ＧＳは天皇一行を迎える地方官民の熱狂的ともいえる歓迎姿勢を目の当たりにし、戦前のような国家権力への盲目的な献身を想起した。憲法が改正されたにもかかわらず、新たな形で皇室による民衆支配が形成されようとしているとみなしたＧＳは、受容する側の社会にも不安を感じていたのであった。[46] しかも、このような戦前への「回帰行動」を率先して実行しているのが天皇自身とその周囲にいる側近だとすれば、ＧＳ局員は宮中側の対応を、天皇への厳しい視線がそそがれるなかで天皇の身の安全を保証しているマッカーサーの努力を顧みない不誠実な行動と受けとるようになっていた。そのため、スウォープ政務課長やケーディス次長らＧＳ幹部は、日本の民主化に逆行するような天皇や側近を牽制すべく、宮内府首脳の更迭という手法を検討していく。GSによる宮中改革の直接的な対象は宮内府の役人に向けられていくが、忘れてならないのはGS局員が暗に天皇をも批判していたことである。

もちろん、ホイットニー局長以下、GS局員はマッカーサーの占領統治の方針を熟知しており、天皇個人や天皇制を危機に陥れるような言動に十分留意し、露骨な天皇批判を控えていた。しかし、巡幸時の問題を含め、マッカーサーの占領統治に弊害をもたらすような天皇の言動に対し、GSはこれを見過ごすわけにはいかなかった。GSの天皇への批判的な視線については宮中側も察知しており、「マッカーサー元帥は天皇に対して『好意的』な態度を示しているが、民政局は『好意的でない』[47]」と感じていた。天皇とマッカーサーの「トップ」同士は、会見によって巡幸の実施を相互に確認しあっていたものの、彼らの部下である宮中の側近とGS局員の間では、激しい暗闘が繰り広げられていたのである。

片山哲の宮内府改革意見

一九四七年一二月一九日、GSはホイットニー局長名で「一九四七年五月三日附政令第五号に関する件」という覚書を政府（内閣官房長官宛）に発した。覚書はわずか二条からなり、一条で宮内府の職務が国事行為をおこなう天皇を補佐すること、皇室財産は国庫に移り、その予算も議会での承認を要することをあげ、二条では宮内府の性格が従来とは「根本的変革」を生じたため、新憲法や新たな宮内府法に合致するよう政令第五号（宮内府施行令）の改正を要すると指摘した後、結文に「〔上記の〕改正は宮内府の内部機構及び運営を総理大臣の所轄の一機関として新しい地位に合致せしむる様措置することを目的とする」[48]と記されている。GS覚書の要点は、最後に記された「宮内府の内部機構及運営」を首相管轄の機関として位置づけることにあった。皇室や宮中にかかわる事務機能を議院内閣の管理下に置くという趣旨のもと、GSは、巡幸をめぐる一連の問題をふまえ宮内府に攻撃の焦点を定めて組織の縮小や人員の削減を試みようとしていた。[49]そして、宮内府の人員削減の要点は事務を統括する側近首脳の更迭へと収斂されていく。

GSから宮内府の改革を求める覚書を受けとった片山内閣は宮中側にその旨を伝達し、一九四七年一二月二四日、天皇は松平宮内府長官から「内閣総理大臣片山哲の宮内府改革意見」（「実録」47・12・24）につき説明を受けた。宮中側では政府からの宮中改革の要求に困惑した。なぜなら、天皇や側近はGSによる片山内閣への通達とは異なる情報に接していたからである。

一九四七年秋から一九四八年初頭にかけ、国内外の有力者や政府機関から巡幸に反対の声があがったため、天皇や側近は寺崎英成の交渉ルートを介してGHQ上層部の見解を探っていた。寺崎がもたらした情報では、マッカーサーをはじめ副官のバンカーも巡幸や天皇の行動に異を唱えておらず（『寺崎』47・11・5〜8）、GSやその意思にもとづく片山政権の巡幸反対の姿勢を不可解にとらえていたのである。同じく、GSによる急進的な宮中改革も天皇にとっては受け入れがたい要求であった。片山の宮内府改革意見を聞いた天皇は、寺崎に対して「内閣ノ圧迫甚シフイトネー」（同前47・12・26）という感想をもらしている。天皇は、片山内閣による宮中改革論の背後にホイットニーらGSの意向が介在していることを確認し、警戒心を強めたのであった。[50]

宮内府改革案に対する天皇の意見

じつは、片山内閣はGSから指示を受ける以前、一九四七年夏頃に側近更迭を中心とした宮内府改革を検討していたことがあった。一九四七年九月二日と三日、天皇は拝謁した木下道雄（宮内府御用掛）に対して片山首相への伝達事項を列挙し、そのなかに「片山の宮内府人事改革意見に付て」という項目も含まれていた。これによると、片山内閣は一九四七年六月一日の組閣後、遅くとも八月末までの時点で宮内府改革について検討し、[51]その案件は側近を通じて天皇の耳にまで達していたことになる。天皇は片山首相への伝達を命じた「片山の宮内府人事改革意見に付て」のなかで、以下のように自身の見解を述べている。

①片山は私の革新思想を松平長官と大金侍従長が阻止していると思っているらしいが、大金も革新派であり、ただ急進的にやらないだけである
②天皇側近の人事異動には私の同意が必要であるが、私と首相の間で意見の齟齬が生じた場合に大変なこととなる、よって、往時の内大臣のような意見調整役が必要ではないか
③宮内府改革に否定的な者は宮内府内部におり、彼らを解雇すると宮中を恨むものが出てくるので、振り子の原理のように漸進的に実施すべきだと思う

④皇室のことはイギリスから学ぶ点が多いと思うのだが、イギリスでは侍従長は恒常職として実権を握っており、長官は政治面を担当しているため首相が任免している。しかし、日本とイギリスとでは国情が異なるので、側近の改革についていろいろと考慮すべきである[52]

以上、四点にわたる天皇の意見を要約すると、片山首相が検討している宮内府の整理縮小や側近首脳の人事異動（松平宮内府長官と大金侍従長を対象とする人事であろう）といった改革案につき、天皇は性急な宮中改革だととらえ反対の意を表している。また、側近首脳の人事権は天皇の同意を必要としていることを確認し、天皇と首相との間に内大臣のような調整役を置くべきだとも主張している。ここでも、天皇は新憲法の施行によって「国政に関する権能を有しない」象徴天皇制（象徴君主保持国会制的間接民主制）へと君主制形態が根本的に変化したにもかかわらず、内大臣のような政府との連絡役の設置やイギリス王室の側近制度を事例にあげている点など、宮中の自律性を維持した立憲君主制を志向していたことがわかる。

なお、片山内閣が宮内府改革を検討していた一九四七年夏頃の時点では、GSも巡幸をめぐる諸問題を認識しておらず、GS側から宮内府改革や側近更迭の強い指示があったという資料も見いだせない。ところが、これから少し後、旧側近者幹部連からなる「松影会」のなかで、河井は現役側近陣を面前に、「国会に於ける宮内府側政府委員の努力の不足、行幸過多、宮内府革正[53]」を指摘している。河井は「松影会」散会後、関屋貞三郎宅に同道し、またも「宮内府革正問題」（同前）などにつき両者で懇談する。関屋はこの日以降、「宮内府改革要望熾烈」となるほどの思いに駆られ、その後、河井と再会した際にも、「宮内府改革のことに付意見を交換」（同前47・11・13〜14）しているのである。

河井と関屋が在籍する「松影会」は皇室を守る使命を負った組織であり、民主化を求めるGSとつながりの深い片山内閣は立ち位置が異なっているため、片山内閣の宮内府改革の動きと関係はないと思われる。そのいっぽう、「行幸過多」や「宮内府改革」の必要性は双方で認識されていることから、新憲法施行と象徴天皇制のスタートにあわせ、天皇と皇室に奉仕する側近の組織や陣容を刷新すべきという点では一致した見解をもっていたのであろう。

天皇のいらだち

天皇から木下への依頼後、九月一五日には松平長官が天皇に対して、「内閣総理大臣片山哲の宮内府改革のこと」（「実録」47・9・15）を説明していることから、天皇の意見は木下から片山へ伝達されていたことがわかる。木下から天皇の意見を聞いた片山は、松平に対し、改めて宮内府改革の趣旨や概要を話したのであろう。ただし、片山の宮内府改革の内容は不明であり、その後、GSによる一九四七年一二月一九日付の宮中改革案が通達されるまで、片山内閣がこの問題をどう処理していたかも不明である。

考察するに、実行力に乏しい片山内閣では、天皇の反対を押し切ってまで宮内府改革を実現しようという強固な意思があったとは思えない。これよりしばらく後、駐日カナダ代表部首席を務めていたE・H・ノーマン（Egerton Herbert Norman）は、ケーディスGS次長との会談を通じ、「片山内閣はこの問題〔宮内府改革〕を回避[54]」していたと指摘している。GSやノーマンのような民主化路線を推進するGHQ関係者からみても、片山内閣は組閣前の期待感とは裏腹に、政治の実行力に乏しい政権とみなされていた。ノーマンが指摘するように、片山は天皇からの反対論もあり、宮内府改革を断行できなかったのであろう。そのうち巡幸問題を重視するようになったGSが一二月一九日付の指令で宮中改革を迫ったため、片山も重い腰をあげ、ようやく改革の実行を決意したものと考えられる。

そして、一九四八年二月三日、前年末にGSから日本政府宛に発せられた「一九四七年五月三日附政令第五号に関する件」にもとづき、片山内閣は「宮内府機構改正に関する件」を閣議決定した[55]。「宮内府機構改正に関する件」では、まず、宮内府の行政機構上の立場を「他の総理庁外局と同様に、総理大臣の管理に属する官庁」と明確に位置づけた。そして、宮内府の役人について以下のような方針が示された。

新憲法の精神に基づく天皇の地位について正しい認識を有する人物を首脳部に据えることによって、宮内府の一部に残存すると思われる旧来の考え方の一掃を図る[56]。

ここで、宮内府首脳更迭の方針が明確に示されたのである。GSからの指示を受けての決定と明記されていることから、宮内府首脳更迭の要因が巡幸の問題で明らかとなった「旧来の考え方」にもとづく天皇や側近の言動にあり、側近首脳を「新憲法の精神に基づく天皇の地位について正しい認識を有する人物」に代えることによって、「象徴天皇制」を正しく運用させようという意図が込められている。

片山内閣が「宮内府機構改正に関する件」を閣議決定した二月三日、天皇は松平宮内府長官からその情報を聞き、その後、拝謁した御用掛の寺崎に対し、「二つの権力の所在では物事をうまく処理できない、家庭がうまくいくのは二つが愛情で結びついているから」（『寺崎』48・2・3）と語った。天皇のいう「二つの権力」とは、GHQと日本政府（もしくは宮中）をさすのか、GHQ内部のタカ派（GⅡなど）とハト派（GSなど）をさすのか判然としないが、少なくとも、GHQによる宮中改革やその要因となった巡幸をめぐる混乱をさしての発言であることは確かであろう。天皇は自分とマッカーサーとの「トップ会談」で確認し合ったはずの巡幸の実施に、日本政府やGHQの内部から反対の声があがっていることや、巡幸が宮中改革の理由とされていることにいらだっていたのである。

片山内閣の皇室利用

側近首脳更迭を閣議決定した片山内閣であったが、それからわずか一週間あまり後の二月一〇日、連立政権内部の対立がもとで総辞職にいたる。[57] ただし、片山内閣がその後しばらく延命していたとしても、この内閣に側近首脳更迭という難題を成し遂げる政治力があったかどうかは疑わしい。その理由として、第一に片山首相の指導力不足を、第二にその片山が率いる第一党社会党の天皇観や皇室を利用した政権運営といった問題点があげられる。

第一の片山の指導力不足の点については、さまざまな研究者も指摘するところであり[58]、天皇も片山との面識の浅さを気にかけ、政権運営能力にも不安を覚えていた[59]。閣僚間の意見調整や首相として的確かつ果断な政治決断を下す能力に欠けていた片山の指導力では、後任の芦田が体験したような天皇、側近首脳との激しい交渉に耐えることは困難であったろう。

そして、首相としての片山の力量と同様、当時の社会党や社会党から入閣した閣僚も、政権基盤の脆弱性《ぜいじゃくせい》を補うために皇室の権威にすがろうとしており、側近首脳更迭を遂行していく実行力を備えていなかったように思われる。社会党の戦後構想につき、国民主権のもと天皇の機能を欧州流の「象徴」的な君主に限定させようと主張していた点を指摘する見解もあるが[60]、政権政党として象徴天皇制をどのように定着させていこうとしていたのかという実行面について、明確な方向性を示していたとはいいきれない。GSが巡幸時の派手な演出や供奉員の言動、費用の問題などを理由に巡幸を批判し、それが宮内府改革や側近首脳更迭という要求につながっていったことはこれまで詳述してきたとおりである。ところが、巡幸の規模が拡大し、さまざまな問題が起こりはじめた一九四七年の巡幸は片山政権時代に実施されていたことを想起してもらいたい。

冨永望氏は片山内閣（とくに社会党）による積極的な巡幸利用の実態を分析し、党出身閣僚による関西や東北、北陸巡幸への随行の事実から、その政治的背景を論じている[61]。片山もGSが巡幸を問題視する以前は議会の答弁で、「天皇が国民のなかに飛び込み、苦楽をともにするような状況に国民も喜び、感激している」と述べ、巡幸の意義を肯定的に評していた[62]。巡幸への関与という点に限れば、片山内閣は前任の幣原、第一次吉田内閣といった保守系内閣以上に積極的だったのである[63]。初期の巡幸をとりしきった大金侍従長も、後年、片山内閣時代の閣僚とは言明しないものの、巡幸に随行する国務大臣の姿勢につき、「自己の郷里乃至《ないし》選挙区のみを眼中に置いたのでなければ幸ひである」[64]と、皮肉をこめて回想している。

巡幸と片山政権との関係については、社会党による政権基盤強化のための皇室利用という側面とともに、やはり、戦前期を生きてきた者に共通する天皇観という要素も無視できないであろう。第一次吉田内閣に農相として入閣した後、片山内閣でも経済安定本部総務長官として再入閣した和田博雄は、一九四六年八月一四日の天皇と閣僚との賜茶会に参加した際、敗戦から一年が経過したことを白村江の戦い後の天智天皇の努力になぞらえながら説明した天皇の姿に感動し、「僕は何かしら眼がしらの熱くなるのを憶へた」[65]と、日記に書きとめている。後に社会党に入党する和田も、天皇を前にすると涙がこみあげてくるのを抑えられなかったのである。このように、片山内閣の閣僚はいまだ天皇への「忠誠心」や「崇拝」の念を失っていなかったのであり、政権が継続していたとしても天皇の意向に反して側近首脳の更迭を断行できたどうかは疑わしいところである。

結局、GSから通達された宮中改革は、片山内閣の総辞職という政変により実行されることはなかった。天皇や側近らは政府による宮内府改革の行く末を案じ、警戒を怠らなかった（「実録」48・2・18、3・2）。そして、片山内閣の後継には同内閣で外相を務めた民主党総裁の芦田均が自由党吉田茂との首班指名選挙を制して選出されると、天皇の憂慮する宮中改革問題も大きく展開していくこととなる。

三　側近首脳更迭をめぐる攻防

(1) 芦田首相による側近首脳更迭への着手

マッカーサーの宮中改革要請

片山内閣は閣議決定した宮内府機構改革を実行できないまま総辞職にいたった。後継首班の座をめぐり、衆議院第二党の自由党を率いる吉田茂を推す声が政界、世論の間からあがっていたが、中道政権の継続を望むGSからの強い支援を受け、民主党総裁の芦田均が首相に就き、一九四八年三月一〇日、社会党、国民協同党との連立政権を維持させた芦田内閣が成立する。芦田は片山内閣総辞職後、ホイットニー局長やケーディス次長をはじめGS幹部と頻繁に連絡をとりあい、その支持を確認していた。このうち、二月二四日、芦田はマッカーサーを訪問して四〇分間話し合ったうえ、GSのホイットニーのもとを訪ね、ケーディス同伴で会談している。会見内容は『芦田均日記』の同日条には何も記されておらず、会見「要領」も日記編集の際に見つからなかったとのことである（『芦田』②48・2・24）。

しかし、この日の会談内容ではないかと推測される記録が、『芦田均日記』第七巻所収の関係文書のなかに残されていた。首相秘書官を務めた漆野隆三郎が後年、下河辺三史《しもこうべさんし》（芦田の女婿）に宛てた書簡のなかで、マッカーサーが芦田を呼び、「陛下のお側《ソ》ばの者の在り方を、もっと民主的にして、ソ聯からの攻撃目標を外《ハズ》そう」と語り、「侍従関係者を一部入替えようと言うことになった」[66]という事実を伝えている。この書簡の内容から芦田がマッカーサーと会見した日を探ると、一九四八年二月二四日ではないかと推定される。芦田はマッカーサーとの会見後、GSのオフィスでホイットニー、ケーディスとも会談しているので、当然、この側近更迭の件も共有されているはずである。

芦田の残した記録から、側近首脳更迭の指示はGSから発せられたものでなく、マッカーサーの口から直接伝達されていたことが明らかとなった。すでに、マッカーサーは一九四七年六月四日の芦田外相との会見時、「日本人の内にもスキャップの真意を理解せずして、その方針に沿わない言動を為すものがある」と述べ、自身の占領統治の方針につき、「自分の方針は天皇の地位を擁護し、日本の健全な発達を念願する以外に何ものもない」（『芦田』⑦三四三〜三四四頁）と語っていた。この発言の直前、マッカーサーは前任の幣原、吉田内閣の姿勢が民衆に受け入れられなかったと述べていることから、「スキャップの真意を理解」しない者たちとは幣原、吉田の保守系政権をさしていることは明らかである。前述したように、吉田は不敬罪復活に向けた政治工作をおこない、マッカーサー宛に書簡も送っている。さらに、一九四七年秋の巡幸時の問題を含め、日本の保守勢力による復古的な言動は、マッカーサーからすれば天皇制を擁護していくという自身の方針に逆行する行為と受けとられたのであろう。

一九四六年一〇月、マッカーサーが天皇の望む巡幸再開の意思を尊重し、これを許可したことは確かである。しかし、一九四七年秋に表面化してきた巡幸をめぐる諸問題は、マッカーサーにしてみれば自身の認めた許容範囲を逸脱する行為であるどころか、戦前までの「虚構」の再構築を想起させる行動として受けとられたに相違ない。そのため、マッカーサーはこの問題を担当するGSとともに、中道政権に対して宮中改革の断行を求めたのである。

宮中改革を求めるマッカーサーやGSの意思を確認した芦田首相は、組閣当日、皇居に参内して組閣完了の報告をおこなった。拝謁時、天皇は共産党への対処や社会党左派からの入閣（加藤勘十《かんじゅう》、野溝《のみぞ》勝）の影響について説明を求めた後、「宮内省〔府〕に対してもG・H・Qの意見は統一がないように思ふ」（『芦田』②48・3・10）と、GHQへの批判的な意見を述べた。天皇の語るGHQの意見不統一とは、巡幸への是非論をはじめ宮中問題をめぐるGHQ内部の意見対立をさしており、天皇の耳に届けられた情報から、上層部やGⅡといった保守派とGSに代表されるニューディール派との対立を想定した発言であった。天皇は、マッカーサーやバンカー副官ら上層部が認めている巡幸を、なぜGSが批判しているのか、GHQ内部の複雑な事情やマッカーサーの真意を知悉《ちしつ》していなかったため、このような疑問が湧いてきたのであろう。芦田は天皇によるGHQの宮中認識への批判的見解に対し、ホイットニーの意見を引用しながら以下のように語った。

MacArthur以下天皇を護持する考へに一致してゐるが、最近再び外国で天皇制の問題が起り、国内でも地方行幸の機会に投書が山の如くG・H・Qに集ることから考へて天皇制を危くするのは宮内官吏である（同前）

芦田の発言により、天皇はホイットニーを中心とするGSが巡幸を問題視し、側近を批判している状況を改めて知らされることとなった。さらに、芦田は「宮内府職制の問題は別の機会に言上すべき旨を奉答し」（同前）、人事を含めた宮中改革に乗りだす覚悟を伝えた。天皇に対して宮中改革を「宣告」した芦田は、これ以降、宮中改革の断行にとりかかり、天皇や側近、保守系政治家らとの間で激しい応酬を展開させていく。

芦田と松平宮内府長官の会見

組閣から二日後の三月一二日、芦田首相は片山前首相と事務引き継ぎをおこなった。その席で、片山は一〇日に天皇に拝謁した際、「長官と侍従長は自分の秘書であるから自分の信頼する者を任用したいと思ふが、何とかG・H・Qでも認めてくれないだらうか」（同前48・3・12）という、天皇からの希望を伝えられていた事実を芦田に語った。天皇は芦田と宮内府改革に関する件を話し合った前後、片山に対しても自身の意見を伝えていたのである。芦田は片山に組閣報告時の天皇との会話のほか、宮中改革に関するホイットニーの談話などを伝え、その場で宮内府長官の適任者につき照会した。片山は東京大学英文学教授を退官した斎藤勇《たけし》の名前をあげたが（同前）、芦田にとって側近首脳に足る適任者と認定されなかったようである。

三月一七日、芦田首相はGHQに出向き、マッカーサー、ホイットニーと会談した。この時のマッカーサーとの会談内容を記録したものと思われる文書がGS文書に残されている。芦田のマッカーサー訪問の趣旨は、三党連立政権の維持にあたって支持してくれたことへの敬意表明と新内閣への引き続きの支援を依頼することにあった。そして、両者は宮中改革の必要性についても意見を交わし、芦田は以下のように語った。

天皇に仕える宮中の役人が天皇の意思に反した行動をとり、多方面からの批判があることに私も気づいています。この国の民主化に向けた動きに適合すべく、できるだけ早くこのような状況を修復していくための措置をとっていきます。この点につきましては、最近、拝謁した時に天皇もこの事柄における同様の意見を表明したということを付言しておきます。[67]

芦田の発言のなかで注目すべきは、天皇も宮中改革に同意していると語っている点である。つまり、芦田はこの時点では天皇が宮中改革を支持してくれていると認識していたのである。そのため、芦田はGHQトップのマッカーサーと宮中にいる天皇の二人から支持されている宮中改革を容易に実行できるものと考えたはずである。ところが、宮中改革に着手した芦田は、しばらく後に側近首脳の更迭に反対する勢力の中心が天皇であることを知り煩悶《はんもん》することとなる。

マッカーサーやホイットニーから宮中改革に対する支援を確認した芦田は、三月二〇日付で宮内府の人員削減と機構整理を目的とする「宮内府法施行令の一部を改正する件」の閣議開催を求め、四月三〇日に閣議決定を経た同案件が政令として公布される。[68] これは、前年末のホイットニー名による宮内府改革の要求にもとづく措置であり、実行に移すことができなかった片山内閣の閣議決定「宮内府機構改正に関する件」を引き継ぐ政策でもあった。芦田は「宮内府法施行令の一部を改正する件」を閣議にはかるにあたり、「現下の状勢にかんがみ、かつ連合軍総司令部より昨年十二月十九日附覚書の次第もあり、宮内府の人員及び機構を縮少する必要があるからである[69]」という理由書を添えていた。そのため、芦田は宮内府の機構改革と並行しながら、側近首脳の更迭も検討していった。宮中改革を推進していく芦田の行動に危機感を抱いた松平慶民宮内府長官は芦田を訪ね、側近首脳にすえる人物がいないこと、侍従次長の鈴木一を残すこと、側近歴の長い松平康昌（式部頭）の処遇などについて協議した（『芦田』②48・3・23）。

芦田の日記には松平長官との会見の概要をこのようにまとめているが、当時の宮中側の言動から推測するに、松平は天皇と綿密に打ち合わせたうえ、芦田に対して宮内府の人事異動に消極的な意思を示していたはずである。[70] 松平のいう側近首脳にふさわしい人物がいないという点は、天皇の信頼に足る人物でなければ宮内府長官や侍従長に推薦できないという意味であり、現職の鈴木一侍従次長や松平康昌の残留、処遇についても、彼らを側近に残すことにより人事異動の「被害」を最小限に食い止めたいという意図が読みとれる。[71] 松平は芦田を牽制し、天皇や側近らの首《しゅ》肯《こう》できる範囲での人事異動に収めさせたいと考えていたものと思われる。

その後、芦田は松平慶民に代わる宮内府長官後任候補として、第一次吉田内閣で憲法担当の国務相を務め、一九四八年二月二五日に発足したばかりの国立国会図書館初代館長に就いていた金森徳次郎を選定し、本人に就任を要請した。金森は芦田からの要請に対し、「両院の空気が円満に治まるなら自信はないが宮内府長官を受けよう」（『芦田』②48・3・30〜31）と返答し、前向きな姿勢を示した。そのため、芦田は天皇や松平長官、GHQと相談したうえ、衆参両院議長の了承をとりつけて人事案を決定しようとした。数日後の四月二日、松平長官と加藤進宮内府次長が芦田を訪ねた際、芦田は両者に金森の長官起用案を提示した。これに対し、松平は東宮御学問参与を務めていた小泉信三（前慶應義塾大学塾長）を後任候補して考慮している旨を伝えたが、芦田の意見に「では仕方がない」と答えた。同日夜、夕食に招待していたGS幹部との会食の席で、芦田はケーディス次長にも金森後任案を伝達している（同前48・4・2）。

ここまでの経過において、芦田首相は、宮内府改革が順調に進んでいると感じていたことであろう。しかしながら、芦田が宮内府長官の人事案をまとめ、本格的な側近首脳更迭に乗りだしてきた事態を受け、天皇や松平長官、加藤次長ら側近首脳は猛烈な反撃にでてくるのであった。

（2）宮内府長官更迭までの経緯と芦田首相の決意

芦田包囲網

一九四八年四月五日、ケーディスGS次長が芦田首相を訪ねて種々懇談したなかで、数日前に話し合った宮内府長官後任人事の件につき、吉田茂がマッカーサーに親展書を送り、「松平慶民を宮内府長官より去らしむ可《べか》らずと言って来た」（同前48・4・5）ことを伝えた。ケーディスは芦田の意中の候補である金森徳次郎に同意であることを付言しつつ、芦田に注意を促した。松平長官更迭の件は局外者であるはずの吉田茂へ伝わっていただけでなく、更迭阻止に向けた反対工作まで展開されていたのである。

さらに、同月七日、芦田は閣議後に皇居へ参内し天皇に拝謁した。この日、天皇は三八・四度の高熱を発していたにもかかわらず、寝衣のうえにガウンを羽織って芦田の政務報告を聴取した。芦田は宮内府職制の改革と長官、侍従長の更迭の不可欠な旨を言上し、長官に金森、侍従長に鈴木一侍従次長の昇任案を提案したところ、天皇はひとまずこれを承認した（同前48・4・7）。ところが、続けて天皇は、「政府の変る毎に宮内府の長官が交替するのは面白くないと思ふ」「現在の長官、侍従長共によく気が合ふので」と発言し、暗に今回の側近首脳更迭に反対である意を含ませた。これに対し、芦田が宮内府が政治に影響されないためにも金森のような公平な人物を推薦したこと、側近首脳更迭は内外の情勢から考慮して皇室や日本のためになるという信条を語ったところ、天皇は納得した様子であった（同前）。

芦田は天皇の発言や反応を好意的に解釈し、側近首脳の更迭に理解を示してくれていると受けとっている。しかしながら、天皇周辺の保守勢力は芦田への包囲網を築き、さらなる抵抗をみせていく。天皇との会見の翌日、四月八日に芦田が松岡駒吉衆議院議長、松平恒雄参議院議長と金森を宮内府長官にすえる人事案を協議したところ、松平はこれに強く反対した。芦田は松平恒雄の反対論について先日の吉田茂からマッカーサー宛書面による反対意見との関連性を疑い、「余り民主的ではない」（同前48・4・8）と感じるのであった。

ようやく、芦田も側近首脳更迭に対する宮中や保守勢力からの抵抗を認識するようになった。芦田が推察するように、側近首脳の更迭に反対する吉田茂と松平恒雄は以前から気脈を通じており、牧野伸顕とも連絡をとりあいながら、GHQからの宮中改革要求と天皇の望む側近体制との折り合いをつけるべく奔走していた。牧野から吉田に宛てた書簡によれば、牧野は三月一七日に松平慶民長官と会い、GSからの「難題」として、宮内府「幹部之人事迄問題ニなり、内閣も之を遂行致哉《いたすや》」の情勢で、松平の推察では、松平自身の「進退迄及ぶならんとの憶測」を聴取した。牧野は「例之《の》Whitneyの干渉ニ起因致《いたす》所と推測」しつつ、吉田に対して、松平と面会して詳しい情報と天皇の内意を聞き取ってくるよう依頼した[72]。

その後、牧野は四月八日に旧側近者幹部の親睦会「松影会」に出席し、河井弥八、関屋貞三郎と「特に種々内話」するとともに、加藤次長から「機構改革、人員整理案」を聴取する（『河井』②48・4・8）。なお、河井はこれより前の三月二日、宮内府を訪ねた際に高尾文書課長より

「GHQとの関係、内閣総理庁との関係等に付」話を聞いているので、四月八日に牧野と関屋にもGSや片山、芦田内閣による宮中改革の目的や概要が伝わったと考えられる。[73]

そして、牧野は四月一〇日に天皇に拝謁し、「宮内府人事について言上」する。[74]第二章で紹介したように、以前から政府が長官人事に介入してくることを恐れていた牧野は、この時、宮内府首脳の人事問題で芦田に抵抗するよう天皇に助言したはずである。その結果、天皇は牧野との会見から三日後の同一三日、松平宮内府長官を呼び、「芦田均に対し、長官の交代延期のことを話すよう」(「実録」48・4・13)命じる。天皇が強気になった背景には、相談役の牧野の助言が影響をあたえていたのであった。

「自分が悪者になります」

芦田は、宮内府長官候補として考慮していた金森案が松平参議院議長の反対によって理解をえられなかったため、別の人物を選定せざるをえなくなった。そこで、芦田は四月一三日に東京大学総長の南原繁と会い、宮内府長官への就任を要請したものの、南原は「学園に終始する決心です」(『芦田』②48・4・13)と答え、芦田の要請を断った。

同一三日、天皇から指示を受けた松平宮内府長官が芦田を訪ね、「お上は当分現状維持で行きたい御考へで、更迭を延期する訳に行かぬかと仰せられる」(同前)と、側近首脳の更迭に反対する天皇の意思を伝達した。〝聖意〟を伝えられた芦田は困惑したが、松平に対し、「それは宮中のために良くない、自分が悪者になります」（同前）と明確に返答し、南原繁のほかに考慮していた外務省同期入省の堀内謙介《ほりのうち》を長官の後任候補としてあげた。なお、松平は側近更迭に反対する天皇の意思を芦田へ伝えた際、牧野も側近体制の現状維持を望む意見を奏上したと付言していた。松平の言動は明らかに芦田に側近更迭の翻意を迫るための威嚇であったが、芦田は、側近更迭が皇室のためになるという決意を曲げようとはしなかった。

宮中改革に対する芦田の決意を揺るぎないものとさせていた背景には、GSからの支持が心強い味方となっていたことがある。松平長官と会談した日の夜、芦田がGS局員のハッシー局長特別補佐官を訪ねると、ハッシーは皇室経費の公私混同ぶりについて指摘し、宮中改革がGHQの意向であることを日本の民衆に宣伝されると困るが、経費支出の不明朗な点など、現在の宮内府の体制を「是非とも整理しなければならぬ」（同前）と、芦田の宮中改革を支援する言葉を伝えた。

また、ハッシーと会見した翌日の四月一四日、芦田はケーディスGS次長と会い、堀内後任案に対するホイットニーの否定的な反応を聞かされたが、堀内が松平慶民と異なる平民出身者で、皇室とは無関係という経歴、外交官出身で親米派であることなどを伝え（同前48・4・14）、自身の人事案につき理解を求めた。ケーディスはこの日の芦田との会談内容を書面にまとめホイットニーGS局長に提出しており、そのなかでは、芦田の宮内府長官更迭への理由や意気込みがより明確に示されている。まず、芦田は宮内府を首相直属の機関と位置づけ、内閣の管理下に置くという目的を語った後で、松平長官を更迭する理由について、以下のように述べた。

現在の宮内府は新たな憲法や皇室典範が制定されたにも関わらず、政府から独立して機能しており、宮廷華族や宮内省職員としての彼の長期にわたる宮中との関わりが原因で、松平〔慶民〕は宮中の徹底した再組織や省内職員の十分な縮小を実施することができなかった。また、〔皇室に〕敵意を抱く人々から天皇を保護する目的から、側近一部の連中による無礼で無茶な振る舞いが絶えず生みだされてきた。[75]

芦田は新憲法の施行によって成立した象徴天皇制を機能させていくためには、政府から独立した地位を保とうとしている宮内府の改革が不可欠と認識し、長く宮中に勤めてきた松平慶民では、それが達成できないと判断したのである。さらに、GSも問題視してきた全国巡幸の際の側近の言動もふまえ、旧態依然たる宮中組織の改編を決意したのであった。宮中改革への決意を述べた後、芦田はこれからとるべき措置として、マッカーサーの異存がなければ天皇の認証を要する宮内府長官と侍従長の更迭につき、天皇に進言して近日中に認証を実行するつもりであると語った。さらに、芦田は、「少なくとも今のところ、天皇に給仕する侍従長（大金伯爵〔ママ〕）も、儀式やレセプションなどを管理する宗秩寮総裁（松平〔康昌〕侯爵）も替えるつもりはない」[76]と、そのほかの要職者の処遇にも言及している。

芦田の発言の後半部分は興味深く検討を要する。ケーディスが書きとめた芦田の発言内容が正しければ、芦田の側近首脳更迭の趣旨は、組織を束ねる宮内府長官の松平慶民を更迭することに向けられており、この時点では侍従長の大金益次郎や長く側近に仕えてきた松平康昌の更迭まで考慮していなかったことになる。実際、松平康昌の処遇について、芦田は松平長官との協議のなかで側近職にとどめおくことを確認し合っていた。当時の宮中は、侍従長の大金と宮内府次長の加藤が中心となって大臣官房や侍従職をまとめており（第一章参照）、巡幸についても彼らの主導によって実施されていた。宮内府の組織を中枢から改めようというのであれば、実務を束ねる大金や加藤を更迭するほうが効果的なのであるが、芦田はそこまで宮内府内部の実態を把握していなかった。そのため、トップの松平慶民を更迭することに神経を集中させていたのである。

ちょうどこの頃、ケーディスとの会見内容をカナダ本国に宛てて発信したノーマンの記録にも、芦田がGSから宮内府改革に着手するよう何度か督促されており、宮内府長官には皇室と関係のない人物をすえる必要があると記されている。そして、ノーマンは宮内府改革の見通しにつき、「民政局は、芦田博士が約束どおりに近い将来、この問題を天皇に提起するかどうか注意深く見守っています」[77]と観察している。ノーマンが語るように、芦田はGSの支持と注視のなかで宮内府の改革に臨んでいたのであった。

ケーディスとの会談後、芦田は堀内謙介を訪ねて宮内府長官への就任を依頼したものの、堀内はこれを固辞して受け入れなかった。なお、芦田は松平恒雄参議院議長にも堀内への説得を依頼しているが、これは明らかに逆効果であった。前述したように、松平は金森後任案に反対した経緯があり、また、吉田茂や牧野伸顕ら保守派の人々と側近首脳の更迭反対を申し合わせていた。松平が外交官の後輩にあたる堀内と接触したとしても、その内容は宮内府長官就任を後押しするものではなかったはずである。実際、旧知の芦田から二度目の就任要請を受けた堀内は、「何としても辞退する」と答え、これを固辞している(『芦田』②48・4・21〜22)。

芦田の長官選考基準

堀内の辞退により、芦田は別の候補者を探さねばならなくなった。これで、金森徳次郎、南原繁、堀内謙介と、芦田が直接打診した候補者は周囲の事情や本人の意思により、いずれも宮内府長官への就任を断ったことになる。堀内に断られた芦田は、次の候補者として堀内や安倍能成《よししげ》(学習院院長)から推薦された田島道治《みちじ》(大日本育英会会長、日本銀行参与)を選考し、すぐに田島を呼んで宮内府長官への就任を依頼している。田島は、「これは又意外の話、生れてから考へても見ない事で」(同前48・4・22)と返答し、突然の要請に狼狽《ろうばい》した様子であった。

ここで、宮内府長官人事に対する芦田の選考基準が明らかとなる。芦田は田島に宮内府長官就任を要請した際、田島から「新しき天皇の在り方について、又御退位の然るべきこと」(同前)を聞いている。そして、天皇退位論については南原繁、堀内謙介も同意見だと日記に書きとめている。芦田は金森徳次郎や宮中側から推薦された小泉信三をのぞき、南原、堀内、田島と、天皇退位論を主張している(少なくとも芦田がそう認識していた)人物を宮内府長官にすえようとしていたのである。また、田島のいう「新しき天皇の在り方」とは、新憲法下における象徴天皇制のことをさし、芦田自身もこの点の理解を深めていた。すなわち、芦田にとって宮内府長官の更迭人事は、側近首脳の人事異動という範囲にとどまらず、新憲法のもとで象徴天皇制を機能させるべく、旧体制の「象徴」である昭和天皇を退位させ、新しい天皇（皇室の中心が皇太子になるか摂政に就く者になるかという議論を別として）のもとで宮中、皇室を刷新していくという意図が込められていたといえよう。

芦田から思いもよらぬ人事を打診された田島は、家族や友人らと相談し、[78] いったん辞退の旨を固めて芦田にその意思を返答した。しかし、芦田も田島に拒否されると側近人事が完全に行き詰ることとなるため、目に涙をたたえながら再考を「必死で頼」むのであった（『芦田』②48・4・24）。天皇や側近らの反発を受けても、側近首脳の更迭を貫徹しようとする芦田の覚悟は並々ならぬものであった。芦田から再考を促された田島は政官財界の知人に相談し、徐々に就任を受け入れる気持ちに傾いていき、五月七日には、「愈々《いよいよ》不得己《ママ》受クルヨリ外ナク」（「田島」48・5・7）と、長官就任の決心を固めるのであった。

この間も天皇や側近首脳の抵抗は続いており、松平宮内府長官、加藤次長は天皇の意とする長官候補として、以前にも名前をあげた小泉信三を芦田に推薦し、[79] 人事の主導権を容易に渡そうとしなかった。結局、宮内府長官の後任は、五月一〇日に田島の正式な承諾の返答をもって決着し、同日、芦田が天皇に拝謁して田島を推薦し、天皇は田島と会ったうえで自分の意見を述べたい（実質的な承認）と返答した。

宮内府長官更迭の情報は、芦田が堀内や田島に就任を打診していた四月後半にはメディアなど外部にも漏れだし、新聞各紙で報道されたほか、議会でも取り上げられるようになっていた。『読売新聞』では「皇室の民主化へ／宮内府人事一新」という見出しのもと、宮内府職員のなかに「旧態依然として封建的色彩の強い官僚が残存しているのでこれを一掃」すべく、「松平宮内府長官以下旧宮内省官僚の人事一新」の要請により、芦田首相が準備推進中だと伝えている。[80]また、数日後の『朝日新聞』にも「百六十二名を整理／宮内府改革〝降級〟者も出る」という見出しで、宮内府の機構改革や人員整理の概要を伝える記事が掲載されている。[81]

そして、メディアで報道された宮中改革に関する件は、議会でも取り上げられた。四月二七日の参議院決算委員会の席上、小野哲《あきら》（緑風会）が新聞の記事をもとに質問に立ち、宮内府改革はほかの各省庁の行政整理とは別問題として取り扱うのかと、政府の見解を問いただしている。これに対し、答弁に立った船田享二《きょうじ》（賠償庁長官・行政調査部総裁を務める国務大臣）は、宮内府改革は国家行政組織法などほかの省庁の整理と関連するものではなく、「宮内府の特殊事情に基きまして、一応切り離してああいう案が立てられた次第でありま」[82]すと、宮中改革の独自性を主張した。

芦田首相も五月一九日に開かれた国家行政組織法案を審議する参議院決算委員会の席で、戦後の官僚制度は国家に奉仕するという新たな考え方のもとに運営されることになっている、と官僚制度改正の趣旨を説明し、宮内府がどう処理されるのかという質問には、「宮内府は将来宮内庁となります」と答えている。[83]さらに、この質疑応答の後、芦田は別の質問への答弁のなかで政府による行政組織改正の趣旨について説明し、行政機能上、政府による各省庁部局への権限を強化したいと語っている。これらの国会答弁から、芦田の意図する宮中改革の趣旨が宮中を政府の管理下に置くという点にあったと再認識できる。

(3) 侍従長更迭と天皇・側近の抵抗

田島の就任条件

こうして、芦田内閣による宮中改革の情報は世間にまで知れ渡ることとなった。ここから、側近首脳更迭についてさらなる動きが生じていく。田島道治の宮内府長官就任は内定したわけであるが、田島は自身の宮内府長官就任にあたって侍従長との同時更迭という条件を芦田に要求していた(「田島」48・5・10)。それまで、芦田は侍従長の更迭に言及したことはあったが、あくまで宮内府長官の更迭を主目的としており、四月中旬のケーディスGS次長との会談時にも大金侍従長の更迭までは考慮していないと述べているように、侍従長の更迭は検討対象とされてこなかった。

田島とすれば、宮仕えの経験のない自分が宮内府の長として事務を「総理」し、職員を「指揮監督」していくにあたり[84]、有能で気心の知れた仲間を身近において協力を求めたかったのであろう。そこで、田島は学生時代から交友があり、一九四七年に学習院女子部長への就任を斡旋したことのある三谷《みたに》隆信(この時点では学習院次長)を侍従長候補として芦田に推薦したのである[85]。芦田は意中の候補者から断られた末、ようやく田島から前向きな返事をもらっていたこともあり、田島の就任条件を受け入れるしかなかった。

宮内府長官と侍従長の同時更迭の件は、ただちに芦田から天皇へ伝えられる。一九四八年五月二一日、芦田は葉山御用邸に滞在の天皇を訪ね、宮内府長官更迭認可の礼を伝えるとともに、侍従長についても「この際とりかへることが内外に好印象を与へると存じますから後任に三谷隆信を御認め願たい」(『芦田』②48・5・21)と、言上した。天皇は侍従長更迭後の大金を御用掛として宮中にとどめること、宮内府長官との同時更迭を避けてもらいたいという希望を伝え、芦田もこれに納得した(同前)[86]。

宮内府長官と侍従長の同時更迭に反対する天皇の意思につき、その場で芦田は納得しているが、田島の就任条件でもあるため、両者の更迭時期にそれほどの時差を設けずに実行しようと考えていたものと思われる。しかし、側近首脳の同時更迭は天皇や側近にとって想定外の事態であり、以後、より明確に反対意思を示していく。いっぽう、芦田と田島は側近首脳の同時更迭につき、加藤宮内府次長の「色々と策動する模様」を探知し、宮中改革の緊急性を確認するのであった[87]。

GSや芦田首相から改革の標的とされた宮内府やその周辺では、この頃になると、GS局員や芦田に対する不満が充満していた。田島の宮内府長官内定の情報は側近たちにも伝わり、侍従の入江相政は小倉庫次《くらじ》元侍従と外部から採用された田島への心得伝達につき話し合っている(『入江』②48・5・11)。入江ら側近にとっても、宮内府長官の更迭までは織り込み済みであった。しかし、大金侍従長との同時更迭は宮内府の同僚や下僚から有能な仕事ぶりを慕われ、全国巡幸をはじめ戦後の宮中問題の処理にあたって尽力してきた大金の喪失を意味し、宮内府全体に更迭反対の雰囲気が広まっていく。

天皇からの「苦情」

大金侍従長とともに敗戦後の宮中の危機に対処してきた加藤宮内府次長は、大金が侍従長を辞任する場合には自身も宮内府次長を辞する決意を固めていた。[88]入江ら侍従を自宅に招いた加藤は、側近首脳更迭問題について話し合い、「皆で歎《なげ》く」（同前48・5・28）のであった。入江は、「長官、次長、侍従長と一遍に行つたら一体後はどうなるのだらうか。実に馬鹿々々しいつまらないことである」（同前）という心境を日記にしたためている。

また、牧野も天皇や側近首脳の相談役として宮内府長官の更迭に反対し、その旨を天皇に助言していたように、芦田政権の政治手法を批判的に眺めていた。同じく、河井弥八と関屋貞三郎も四月の牧野との協議以降、芦田の宮中改革を憂慮し、対策を検討していた（『河井』②48・6・2、27）。牧野が戦前より親交のあった元時事新報社長の小山完吾に宛てた書簡のなかには、「近頃耳に致候処《ところ》にては、芦田内閣、司令部の指示とあれば何事でも丸呑み致し、日本の立場事情等に付ては一応の説明も試みずとの噂さ有之《これあり》、事実如何にや」[89]と、伝聞とはいえ芦田内閣を批判的に評した一節がある。書翰の作成日時や内容から、芦田による宮中改革をさしての批判かと思われる。牧野をはじめとする旧側近、そして現役の側近らは、芦田を「GHQのいうことを丸呑みする人物」とみなしていたのである。

いっぽう、芦田は側近首脳の同時更迭に反対する加藤次長の動きを「策動」であると警戒していたが、反対の中心が天皇であるという事実に接し、愕然とするのである。五月二九日、宮中に参内した芦田に対し、天皇が侍従長更迭や宮内府改革案に「色々苦情」をいい渡した。それまで、松平慶民長官や加藤次長らから不満を伝達されてきた芦田は、初めて、天皇から直接に側近首脳更迭をはじめとする宮内府改革への苦言を呈された。芦田は「政府をやめようかと一瞬時考へた」ほど、天皇からの「苦情」に困惑したものの、結局、天皇が折れる形で侍従長の更迭も認められた（『芦田』②48・5・29）。

前述した漆野首相秘書官から下河辺三史に宛てた書簡は、この時の芦田の苦悩を伝えたものと思われる。書簡のなかで、芦田は天皇の反応につき、「陛下は敗戦で淋しい思ひの時、身辺近くに仕へる侍従長他が変るのは、心細く、いやだと言はれ、強く反対された」と語り、芦田もこれに応じて、「陛下をお守り致そうと思ふ、私の気持がおわかり頂けないのか」と泣き伏しながら反論したと記されている。[90]落涙しながらの芦田の説得に天皇も根負けしたのか、加藤宮内府次長を官邸に遣わし、今回の更迭を前例としないという条件のもと、大金侍従長の更迭を認めたのであった。[91]前日に側近首脳同時更迭への不安を吐露していた入江相政は、この日、芦田の拝謁によって大金侍従長の更迭が決まったことを知り、「いよ〳〵最悪の事態になつたらしい。馬鹿げた事である」（『入江』②48・5・29）と、慨嘆している。

後年、元側近から多くの証言を聞きとった高橋紘氏は、宮中改革を推進した芦田への厳しい評価と中傷の言葉に接しており、[92]いかに側近たちの間で芦田への不満が鬱積していたかをうかがわせる。また、当時の側近らは芦田による宮中改革の背後にGSの存在があることを察知しており、GHQ内部における権力闘争の影響という認識も有していた。[93]加藤次長は、辞任直前の大金本人から、GⅡの職員が宮内府の官舎に大金を訪ねて「侍従長をやめたくないんなら応援する」[94]と伝えた逸話を聞いている。占領期を通じてみられるGHQ内部のGⅡら保守派とGSなどニューディール派との対立は、宮中改革をめぐる問題でも起きていたのである。ただし、宮中改革はマッカーサーの支持する政策であり、GSやその威を借る芦田政権のほうに分があったことも確認しておかねばならない。

象徴天皇制に対する認識の違い

側近首脳更迭問題をめぐる天皇や側近らの姿勢は、たんに宮中高官の人事権を侵害されたことへの反発という矮小化した問題としてとらえるのではなく、行政府の長官である芦田が宮中の領域に介入できるようになった新憲法の理念やその憲法によって規定された象徴天皇制という君主形態そのものへの不満の表出として理解すべきである。

芦田による宮中改革には、新憲法の趣旨に即した皇室・宮中をめざす意図が込められており、芦田自身も「陛下をお守り」する必死の覚悟で取り組んでいた。そして、芦田の依拠する新憲法の趣旨とは、GSが憲法草案のなかに示した、天皇の権能を厳重に制限し「装飾的機能」のみを有した「儀礼君主・社交君主」であり、国家形態による君主制分類では、国民主権の原則のもと、天皇や宮中を国民やその代表である議会、議院内閣の管理下においた「象徴君主保持国会制的間接民主制」を志向するものであった。国内外から天皇や天皇制に向けて厳しい視線がそそがれるなか、芦田やGSはそれぞれ政治目的は異なれども、このような君主形態を構築せねば安定した天皇制を維持できないという認識では一致していた。芦田が政務報告という内奏の慣習を控えようとしていたのも、天皇の国政関与につながりかねない危険性を察知していたからであった。そのため、芦田はマッカーサーやホイットニー、ケーディスからの要請と、自身の描く象徴天皇制の確立をめざし、宮中改革に取り組んでいたのである。

芦田首相は五月三一日に大金侍従長と会談し、宮中改革のやむなき事情を説明して更迭の同意をとりつけた。その直後、芦田は連絡調整中央事務局長官の曾禰益《そねえき》に三谷隆信の侍従長起用につき、GHQから承認をとりつけるよう命じ、翌日、GHQの承認を確認すると、田島と三谷の認証式に向けた手続きにとりかかった。六月二日、三谷から侍従長就任受諾の返答を受けた芦田は、臨時閣議を開いて宮内府長官と侍従長の更迭人事を決定し、同五日、宮中にて田島宮内府長官、三谷侍従長の認証式を挙行する。[95]

認証式の様子について、芦田は「陛下は厳格な顔をして居られたが、私は自分の考が皇室の御為めになると確信してゐたから平然としてゐた」（『芦田』②48・6・5）と述べている。芦田の発言は、側近首脳更迭をはじめ一連の宮中改革をめぐる天皇、側近と芦田の間における攻防の激しさを物語るとともに、象徴天皇制に対する双方の認識の違いを表している。芦田はみずから理想とする象徴天皇制像を抱いており、また、マッカーサーやGS幹部から宮中改革の徹底を指示されたこともあり、断固たる決意で宮中改革に着手した。芦田内閣に対する評価は、片山政権から続く連立政権ゆえの政権基盤の脆弱性やGSの傀儡《かいらい》という印象を指摘されがちであるが、[96]天皇をはじめとする保守派の反対を押し切って側近首脳更迭を断行した実行力については、一定の評価をあたえるべきであろう。[97]

結果として、芦田首相やその背後にいるマッカーサー、GS(ホイットニー、ケーディスら)の思惑どおり、宮中側近の首脳に新憲法の趣旨を理解できるであろう人物をすえたことで、象徴天皇制を機能させていく宮中の体制が整えられた。すなわち、側近首脳の更迭により、宮内府という組織(ハード)面からの改編に加え、人事(ソフト)面でも陣容が一新されることとなった。天皇を支える宮中の体制が刷新されたことにより、新憲法のもとでの象徴天皇制は、芦田やGSの望む方向(儀礼君主・社交君主・象徴君主保持国会制的間接民主制)に向かって定着していく素地を固めたことになる。

ところが、側近首脳更迭を断行した芦田内閣は、同年の昭和電工事件により一〇月に総辞職し、側近首脳の更迭に反対してきた吉田茂が第二次内閣を組織する。また、中道政権を支持し側近首脳更迭を求めたGSも、占領政策の転換により規模縮小を余儀なくされ[98]、ケーディス次長は一九四八年末に対日占領政策の転換を定めたNSC13/2に反対するためアメリカへ一時帰国し、そのまま日本に戻ることもなく、翌年辞職することとなる。[99]日米双方で宮中改革を推進した勢力が、わずか半年あまり後には政治の表舞台から消えていったのである。宮中の体制を一新した象徴天皇制が国政に関与しない「象徴君主保持国会制的間接民主制」、そして、「装飾的機能のみを有する」儀礼君主、社交君主の方向で定着していくのか、いまだその行方は不明であった。

第五章

吉田茂の復権と象徴天皇制への対応

一　講和・安保問題と宮中への対応

(1) 吉田茂の象徴天皇観

「皇室と国民とは一体不可分」

講和・安保問題に対する天皇と吉田茂との関係を論じていくにあたり、戦後の吉田の天皇観(君主観)を再確認しておく必要がある。明治生まれの外交官として国家と皇室のために身を捧げて働いてきた吉田は、当時の官僚の例にもれず皇室を崇敬する尊皇家の一人であり、戦後もみずからを「臣茂」と称したように、戦前からの皇室観は不変であった。吉田の回想記である『回想十年』から吉田の尊皇家たる信念が伝わってくる記述を抽出すると、「日本民族の国民的観念として、皇室と国民とは一体不可分である」「皇室はわが民族の宗家というべきである。換言すれば、わが皇室を中心として、これを取り巻く家族の集団が、大和民族であり、日本国民であり、これが日本国家を構成している」「皇室を中心とする祭事と政事とは一体不可分であり、言わば皇室すなわち国家であり」(『回想』④八二〜八三頁)などと出てくる。一見すると、吉田の天皇観は戦前の皇国史観そのものである。

吉田は国法学的な君主形態論から象徴天皇の地位を厳密に規定しているわけではないものの、君主の権能について、立憲君主制の理解にもとづき日英間の違いを認識していたように思われる。幣原内閣の外相として憲法改正に携わっていた当時、吉田は一九二〇年代の政党内閣制（イギリス流立憲君主制）を志向していたが、GHQ草案を受け入れたことで「共和国における君主制」へ移行し、君主の権能もいっそう制限された形態へと変化した点を理解した。

吉田の戦後における天皇観を分析する際には、岳父の牧野伸顕に宛てた書簡にある、「新憲法実施後ニ於て天皇ハ政治面より一歩退かるゝ事ニ相成《あいなり》、夫丈《それだ》け内面ニ於ける御存在ハ一層拡大せられ御地位益々重大且微妙を加候《くわえそうろう》」[1]という意見に着目すべきである。ここから、吉田は天皇が万機を親裁《しんさい》する戦前の統治権者から国家・国民統合の象徴機能を有した「内面」的な君主へと変化したことを認識していたことが読みとれる。新憲法の草案を審議する議会答弁のなかでも、吉田は天皇の権能について国政に関与する権限がなくなり、「内閣の助言と承認にもとづく国事行為」のみを果たす存在へと変化した点を説明している[2]。

ただし、吉田は新憲法下での象徴天皇の位置づけにつき、国民主権下での広義の「議会主義的君主制」であっても、依然として天皇を国家元首とみなし、天皇への政務報告（内奏）も国務大臣として当然の義務だと認識していた。つまり、吉田に代表される戦前からの保守政治家たちは、象徴天皇が国政に関心を示すことさえ許されない存在とみなしていたわけではなく、「あこがれの中心としての天皇」、すなわち、国民観念上の国家元首として君臨する象徴天皇にも、引き続き相応の情報を提供しなければならないと考えていた。吉田内閣以降の歴代の保守政権（自民党政権）が内奏を継続していくのも、このような君主制認識にもとづいて行動していたようにみうけられる。

また、『回想十年』を熟読すると、新憲法下における象徴天皇の機能を十分に意識した吉田の君主観がうかがえる。吉田は「現在、世界の国々において、わが国の皇室に最も近き例を求むるならば、英国王室のごときが、それであろう」（『回想』④八五頁）と述べつつ、日英の君主制を比較しながら、次のように相互の類似性を語っている。

国民の心情において、天皇は依然として日本の元首であらせられる。〔中略〕これが日本人本来の皇室観念なのである。〔中略〕現行憲法の下においても、たとえばイギリスの皇室の場合のごとく、皇室と国民生活とをさらに一層近く結びつける制度なり慣行なりが打ち建てられ得る余地の十分あることを信ずる（『回想』②五七～五八頁）

国民崇敬の的であること、親愛感の対象であることなどは、甚だよく似ているのである。いわゆる〝君臨（reign）すれども、統治（govern）せず〟とする、その政治的立場にも共通性がある（『回想』④八五～八六頁）

皇室と国民を結ぶ上において、宗教、文化、社会事業などの団体の重要な地位に、皇族方を奉戴することも、結構だと思う。〔中略〕英国始め欧州の王国をみても、王室と国民の間が親しい国ほど、その社会は健全であり、堅実である〔中略〕。政府及び宮内府当局として、ますます皇室に対する国民の敬愛、親近の念に副うよう常に配慮を怠らざらんことを祈るものである。かくてこそわが皇室を以て、真に日本民族の家族的生活の憧憬鑽仰の的とし、これによって国民的統合を保持発展せしむるとともに、国際的家族生活（the family of nations）の善良にして立派なる一員たるを期し得るのである（『回想』④八九～九〇頁）

吉田によれば、象徴天皇も国民観念上（法的ではなく）において国家元首のままであるが、国政に関与することなく、宮中祭祀や栄典授与、社会事業、文化事業などを通じて皇室と国民との関係を結びつけ、「国民崇敬の的・親愛感の対象」として「君臨」することが可能である。つまり、吉田は戦後の象徴天皇制の方向性について、イギリス王室と同様、社交君主・儀礼君主として君臨できると説いている。[3]

天皇の国政関与を防ぐための方策

象徴天皇制への移行後、吉田が注意を払わなければいけなかったのは、天皇や側近による国政関与であった。吉田は明治憲法体制下において、「陛下には、平常は努めて余り御意見を仰せられぬが、苟《いやし》くも国家の大事と思召さるゝ場合には、厳然として聖断を下されるのである」（『回想』④九七頁）という、君主親裁の重要性を強く認識していたがゆえ、新憲法施行後も引き続き

「平素特に対外関係に重きを置かれ」（同前九九頁）る昭和天皇の姿勢を危惧し、新憲法に抵触するような国政関与にまで発展しないよう対策を講じなければならなかった。

吉田は戦後も足繁く皇居に通い、天皇への政務報告（内奏）を頻繁におこなっている。ただし、この内奏は「国政に関与する権能を有しない」象徴天皇への施政説明や報告に過ぎず、イギリス立憲君主制におけるバジョットの「相談を受ける権利」からさらに君主の介入度を後退させた「報告を受ける権利」に相当する。バジョットの説く三つの権利（大臣から相談を受ける権利、大臣を激励する権利、大臣に警告を発する権利）について、吉田がどこまで理論やイギリスでの実態を承知していたか定かではないが、一等書記官や駐英大使としてイギリス在勤の経歴を有していたことから、イギリスの国王は三つの権利や調整機能を保持するが、最終的には首相が政治決定を下し、国王はその決定に従わなければならないという二〇世紀以降の「議会における国王」という政治的慣習は理解していたと思われる。そして、吉田は「国政に関する権能を有しない」象徴天皇の場合、イギリス国王のような政治的調整機能を保有する君主とはみなしていなかったといえる。

そのため、吉田は象徴天皇となった昭和天皇の国政関与を封じるため、自身のもとに政治外交上の情報と権限を集中させ、天皇には自身や信頼する閣僚や部下から決定した方針や政策を報告（内奏）させるという手法をとっていく。「実録」に記載された情報から歴代内閣の内奏や拝謁の頻度を調査、分析した冨永氏は、吉田内閣期の内奏、拝謁の回数はほかの内閣と比較してもかなり多く、吉田自身が「政治・外交について熱心に昭和天皇に報告していた」ほか、岡崎勝男外相をはじめとする閣僚にも「天皇への報告を促す」こともあったと指摘する。[4] ただし、これらの内奏・拝謁も内容としてはあくまで「報告」であり、戦前の内奏のように、天皇の下問によって担当大臣が決定事項の再考を迫られることはなかったはずである。

このように分析するならば、中道政権の芦田内閣と保守政権の吉田内閣は、民主化を推し進めていたGSによる対照的な評価という先入観のもと、双方の差異が強調されてきた感がある。しかし、両政権の新憲法に対する姿勢や象徴天皇制への対処という視点からみれば、それほど大きな違いがあったとはいえず、天皇の国政関与を防止するという点においては、共通点すら見いだせるのである。芦田と吉田の違いは、「国政に関する権能を有しない」象徴天皇の「報告を受ける権利」（内奏）を君主の権能として認めるか否かという点にあったといえよう。

（2）講和・安保問題と「ワンマン体制」との関係

官邸主導のための朝食会設置

占領期の日本にとって独立の回復、すなわち講和条約の締結は外交上の悲願であった。一九四八年一〇月に政権の座に返り咲いた吉田茂にとっても、講和問題は最重要の政治課題であり、それゆえ慎重に政策立案やアメリカ側との交渉を進めていかなければならなかった。[5] さらに、日本の独立回復は新憲法下で戦力をもたない日本の安全保障をいかに確保すべきかという問題（アメリカにとっては在日米軍の位置づけに集約される）ともからみ、アメリカ政府内部でも国務省と国防省（一九四九年八月より国防総省に改称）の間で意見調整が繰り返されていた。冷戦の激化という国際情勢を受け、日本の占領政策の基本方針も民主化から経済復興を重視する方向へ転換していく。同時に、占領政策の決定権もマッカーサー率いるGHQ（なかでも民主化を推進してきたGS）から本国政府（国務省中心）へと徐々に移行していった。

一九四九年二月のドッジとロイヤル陸軍長官の来日は、日本の占領統治の変化を示す先駆けとなり、講和・安保をめぐる交渉が本格化していく一九五〇年には、両問題の交渉役としてジョン・フォスター・ダレス（John Foster Dulles）が国務長官顧問に任命され、日本をはじめ関係国との折衝にあたることとなる。[6]いっぽう、国内でも吉田政権が冷戦構造をもとにした現実的な講和・安保構想を練りあげていく（単独講和と米軍依存方式の安保）。

占領政策の転換を感じとった吉田は、今後取り組んでいく講和問題の交渉相手をGHQではなくワシントンの本国政府にみすえ、日本の交渉窓口を外務省のもとに一元化しようと試みる。[7]吉田は政治権力を官邸主導のもとに確立するため、外相官邸連絡会議と称する朝食会をすべての平日に開催し、これを拠点に「ワンマン体制」を築いていった。[8]この朝食会では、ワシントンやGHQからもたらされた情報をもとに吉田自身が基本的な方向を示し、最重要の政策の企画と統合を図っていたという。[9]一九四九年一月の衆議院総選挙で池田勇人《はやと》ら吉田を支持する官僚出身者が多数当選し、民自党内で吉田派を形成するほど権力基盤も固めつつあった吉田にとって、[10]情報管理面で高度な機密性を要する講和・安保問題を処理していくうえでの懸念材料は天皇であった。

宮中は「バケモノ屋敷也」

昭和天皇は新憲法施行後も安保問題に強い関心を示していただけでなく、時に国政関与と呼べる行為に及ぶことすらあった。天皇はマッカーサーとの会見時に何度も安全保障問題を取り上げ、アメリカ（駐留米軍）による日本防衛という安保論を主張していた。[11] 第一章で紹介したように、吉田は幣原内閣で外相を務めていた際、天皇とマッカーサーの初会見をお膳立てする交渉役を担い、奥村勝蔵を通訳に指名し、会見後には奥村の会見記録をまとめて宮中側へ送付していた。その後、GHQ側との交渉役として寺崎英成を抜擢するが、吉田が政権の中枢から離れていた在野時代、寺崎はGHQとの交渉役という職域にとどまらず、「沖縄メッセージ」の伝達をはじめ、天皇の政治秘書のような役割まで担うようになり、天皇にとっても欠かせない「側近」となっていた。また、天皇・マッカーサー会見の日程調整や会見後の会見録の作成、取り扱いも寺崎によって管理されるようになっていた。

たとえば、一九四七年一一月一四日におこなわれた天皇・マッカーサー第五回会見では、同一〇日に寺崎が副官のバンカーを訪ねて日程を調整し、寺崎から大金侍従長に日程案を伝達、天皇の意向を確認したうえで一四日の会見開催と決まる（『寺崎』47・11・10～14）。また、一九四八年五月六日の第六回会見の際、天皇に供奉したのは大金と寺崎の二人だけであり、松平宮内府長官も随行していなかった（「実録」48・5・6）。

つぎに、会見録の管理について、『寺崎日記』などの史料から判明する事実をあげると、第二回会見（46・5・31）後には寺崎が会見録を作成している（『寺崎』46・5・31、6・6）。第三回会見（46・10・16）では、会見から還幸後、松平宮相と大金侍従長、寺崎の三人が御前で会見内容を整理したうえ（『徳川』46・10・16）、翌日に寺崎が会見録を作成し、外務省側と加藤宮内次官へそれぞれ渡している（『寺崎』46・10・18〜26）。ここまでは吉田内閣なので、第二回会見の会見録も外務省へ提出されているとみなしてよいであろう。第五回会見（47・11・14）後には会見録を作成し、「記録を陛下へ」提出する（同前47・11・17）。「陛下へ」という表記だけなので、拝謁したうえで直接手交したか、側近を介しての提出かは不明である。

なお、第五回会見では会見録の扱いについて、前例を覆す措置がとられている。会見前の一一月一〇日、寺崎は従来どおり会見録を二部作成するが、「片山、芦田〔が〕要求する時に口頭でしらす」（『寺崎』47・11・10）ことを大金侍従長と申し合わせた。なぜ、寺崎と大金は外務省への会見録提出という前例をやめ、要求された場合のみ口頭で報告するという措置をとることにしたのであろうか。おそらく、大金と寺崎は天皇の意思や考えを酌んで、このような対応をとることにしたと思われる。第五回会見の前には、天皇と芦田が巡幸の是非をめぐって「激論」するほどであり、天皇はみずから望む巡幸に反対されたことで芦田に憤慨していたのであった[12]。会見時にマッカーサーが巡幸の是非について判断すれば、会見録にその旨を記さなければならない。その判断がどちらになっても、芦田に提出すれば問題視される可能性があったため、会見録は作成しつつも、口頭で都合よく説明するという対応を申し合わせたのではないだろうか。結果として、寺崎は本務の外務官僚より出向先の御用掛としての立場を優先し、外務省への会見録の提出を拒む決意をしたのである。

会談後、寺崎は大金との申し合わせどおり、外務省に会見録を提出しなかった。すると、外務次官の岡崎勝男から寺崎に手紙が届き、「自分ハイ、ガ総理又外務大臣ニ成ルベク速カニ報告スベシ」（同前47・11・19）と催促される。寺崎が第五回会見の会見録を外務省側に提出しなかったため、片山首相や芦田外相は会見内容を把握できなかったのである。その後、片山首相が宮中側に会見録の閲覧を求めたため、大金侍従長から片山に会見録をみせることになった。大金からこの件を聞いた寺崎は、「〔会見録を自分から片山のもとに〕持って行かせるのか」（同前47・12・23）と問うている。寺崎は会見録を持って片山や芦田のもとへうかがうような使い走りをしたくなかったのであろう。「陛下へ」という語句とあわせて勘案すると、寺崎の心の中で外務省から出向している役人という意識ではなく、天皇のために尽くす「側近」としての自覚と矜持《きょうじ》が芽生えていたといえる。

第六回会見（48・5・6）後の扱いは、資料がないので不明だが、芦田内閣下という事情から第五回と同様、外務省側へ会見録を提出しなかった可能性がある。そして、吉田の復権後に実施された第七回会見（49・1・10）だが、会見録に関する記述が日記には記されていない。ただ、これまでの経緯から推測するに、寺崎は必ず会見録を作成し、少なくとも宮中側（天皇）には提出しているはずである。問題は外務省への提出の有無であり、仮に外務省に提出しなかったとすると、外相を兼任する吉田の寛容できる行動ではなかったはずである。第七回会見の後の同年二月、寺崎はシーボルトとの会見内容を「田島や吉田に言わない」で天皇に直接報告していることから（本章第二節参照）、やはり、外務省への会見録提出の措置を怠ったのではないだろうか。

側近化した寺崎は、吉田にとって脅威を感じる存在となっていた。吉田は寺崎をGHQとの連絡役として推薦した際、寺崎が未知の職場である宮中の雰囲気を尋ねると、「バケモノ屋敷也」（『寺崎』46・2・1）と返答したことがあった。また、これより少し後、東宮侍従の黒木従達《じゅうたつ》は吉田の側近観として、「吉田首相は前に欧州にゐて宮内官に愛想を尽かしてゐて」（『入江』③52・12・5）という逸話を入江侍従に語っている。昭和天皇の皇太子時代の訪欧旅行の際、イギリス大使館の一等書記官としてロンドンに滞在していた吉田は、随行してきた側近の言動をみて感じるところがあったのであろうか、側近（とくに侍従ら）を信用のできない警戒すべき集団として認識するようになったようである。そのため、吉田は講和・安保問題を処理していくにあたり、側近化した寺崎を排除し、天皇による政治介入を防止せねばならなかった。

二　御用掛・寺崎英成の更迭

なぜ寺崎は罷免されたか

一九四九年六月二四日付をもって、寺崎英成は外務省からの出向として就いていた侍従職御用掛の職を辞した。寺崎の更迭は本人の意思でも、昭和天皇や宮内庁の命による人事でもなかった。とくに、天皇にとって寺崎は戦前期までの内大臣のように、GHQやアメリカ政府要人との連絡役として欠かせない側近となっていた。また、戦中期に休職していた寺崎も御用掛という側近職に任命されてから粉骨砕身、天皇のために奔走し、自身もその仕事に矜持を抱いていた。いわば、天皇と寺崎は「相思相愛」ともいえる良好な君臣関係を築いていたのであり、寺崎の辞任は両者ともに望まない人事であった。

では、なぜ寺崎は罷免《ひめん》されたのであろうか。じつは、この点を探っていくと、寺崎英成という一外交官の人事問題にとどまらず、象徴天皇制下における君主の権能や政治とのかかわり方への解釈といった重要な問題を含んでいたことがみえてくるのである。寺崎罷免の背景を追った見解として、当時の宮内府（一九四九年六月一日に宮内庁へ改組）長官・田島道治の日記を用いた加藤恭子氏の仮説がある。[13]加藤氏は寺崎の更迭人事が吉田茂首相兼外相の意思によるものであったと指摘し、更迭までの経緯を追いながら、その背景に政治問題に深く関与するようになった寺崎と吉田外相の間で意見の衝突があったと推察している。

まず、吉田茂側からみた寺崎更迭の経過を加藤氏の著書をもとに簡単にまとめておく。吉田外相がいつ寺崎の更迭を決意したのかは定かではないが、四月二二日に田島のもとを訪ねて寺崎更迭の件を伝え、宮中での御用掛の免官にも同意を求めている。宮内府でも寺崎の更迭に同意し、田島はその旨を同二九日に天皇へ報告して許可を得たうえで吉田に報告する。その際、吉田は寺崎更迭の理由として、「Mc モ Bunkerニモ左程信用ナシ　宮中ニ居ラヌ方望ム旨話アリ」（「田島」49・4・29）と語っている。

加藤氏はこの発言の意味を図りかねているようであるが、「寺崎日記」の記述とあわせて解釈すると、吉田の指摘するＧＨＱ側から寺崎更迭を要望してきたというのは詭弁《きべん》であり、明らかに吉田の発意であったことが判明する。そもそも寺崎を御用掛に推薦したのは幣原内閣当時の吉田外相であった。ということは、寺崎は吉田茂という同一人物によって側近職の御用掛を「任免」されたことになる。なぜ寺崎は罷免されたのであろうか、加藤氏の仮説を補足修正しながら探っていきたい。

まず、吉田が指摘したバンカーの寺崎評についてだが、バンカー自身は免官後に寺崎に会った際に、「待ツコト、機会アラバ復帰セシムベシ」（「寺崎」49・8・6）と、悲観する寺崎を励ます言葉を投げかけており、この年の大晦日には寺崎に電話をいれ、「会ひ度し　いつでも来い」（同前49・12・31）と伝えている。同じく、寺崎と頻繁に情報交換をしていたシーボルトも「二三月何もせず過去ヲ忘ルベシ。ソノ后復帰を計レ。貴方程ノ経験知識アルモノヲ放ツトカヌ」（同前49・8・24）と、寺崎の才能を評価し再起を図るよう諭している。これらは寺崎自身による記述であり、考察する際には留保が必要となるものの、少なくとも占領軍側に寺崎更迭を望むような声があった形跡はうかがえない。

「余ノ仕事ハ天皇ノミ知る」

つぎに日本側の動きについて、「寺崎日記」では五月頃から外務省の人事異動の話が登場し、五月二五日条には、「山本来ル。多数ノ人、佐藤、松平、等ヤメルト。余入ツテヰナイカ。イナイト云フ。ワカリ次第報ヘヨトイフ。」（同前49・5・25）と、寺崎自身、人事異動の対象となっていないかを案ずる記述がみられる。その直後の六月一日、外務省の人事異動が公表され、寺崎にも大臣官房審議室勤務（事実上の更迭）という辞令が下された[14]。辞令の発表を受け、寺崎は更迭人事を阻止するための工作に乗りだす。寺崎の更迭阻止工作は、前侍従長の大金益次郎を介した天皇への助命嘆願であった。以下、人事発表から寺崎更迭までの経過を記した「寺崎日記」の記述を抽出しておく。

六月一日
今月終り大金〔益次郎〕ヲ招《ママ》ブ事
如何ニなりゆくか。九十九迄駄目なれ共一縷の望なきにしも非ず。
六月三日

10中9．9迄 no hope 1 out of 100 hopehul《f》?

陛下次第也

奏功ノ場合

①陛下ノ聞イタ場〔合〕　1 out be〔後略〕

六月四日

5．陛下ニ干スル知識〔後からの追記カ〕

1．ムリダラウガ、今迄ムリヲキイタノダ〔後略〕

六月十一日

吉田〔茂カ〕ニ手紙出ス。

六月十二日

松井〔明〕なる由　fait-a-compli〔仏語で「既成事実」〕

六月十三日

c'est fini.〔仏語で「終わった」〕

何か起れバ　miracleなり。

fait-a-compliとわかり乍らも万一をたのむ心あり

六月十四日

平〔弟の寺崎平〕曰く：なる様にしかならぬと〔中略〕

大金ニ会フ　曰く昨日或人を通じお上の耳に入る様にしたと。

陛下にはこちらからハ何も云ふなと。

㉛ 何もなし!! 三谷〔隆信〕、田島〔道治〕に会ふ。

六月十五日

次官〔太田一郎・外務事務次官〕会ひ度と。

もう駄目と思ふ。須磨、楽観論―大金不在―待つて会ふ

会ふべしと云ふ。御文庫にて拝謁㉜、主張す。御返事なけれど将来の仕事につきず話

あり。

六月十七日

太田〔外務事務次官〕曰く resignation〔辞表〕出して貰ひ度いと。〔後略〕

六月二十一日

1. ○○の弱さ

2. い丶気になつた事

3. 周囲をかまはなかつた事

田島ニ辞表出す。林〔敬三〕、三谷、高尾〔亮一〕、太田ニ辞表出す（「寺崎」49・6・1〜21、傍線は原文ママ）。

このように、「寺崎日記」六月分には自身の罷免にいたる経過が記されており、六月一四日には勤務継続という寺崎の希望が絶望的となったことがうかがえる。寺崎は前侍従長の大金を介し

て勤続の意思を天皇へ伝えさせたようだが、この日拝謁した寺崎に対し、天皇はまったく人事問題にふれなかったのである。「何もなし!!」という数文字から、寺崎がどれほど失望したかが読みとれる。

その後、寺崎の更迭人事は事務的に処理されていった。六月二〇日、田島は寺崎に「外務省免官ナラバ宮内庁モ辞表出サレタシ」(「田島」49・6・20)と電話で連絡し、御用掛辞任の件を一方的に伝えるが、納得できない寺崎は「陛下モ御了承カ」と尋ねている。「寺崎日記」にも同様の趣旨で、「田島に会ふ。外ムを失へバ宮内府も失う《ママ》と、ビジネスライク。／総スカン也。スグ発言すと。」(「寺崎」49・6・20)と記されている。

これらの記録から両者の会話内容を再現すれば、田島がすでに吉田首相と申し合わせ、天皇にも報告済みとなっていた寺崎の更迭人事につき、その理由を添えて本人に伝えたところ、寺崎は信頼する天皇も自分の更迭に同意しているのかを尋ねた。おそらく、田島は天皇へ報告済みであることを返答したのであろう。また、寺崎が「総スカンなり、すぐ発言する」と記していることから、田島は吉田より聞いた「GHQ側から信頼されていない」という趣旨を伝えたのではないだろうか。実際に寺崎が宮中やGHQの機密情報を安易に漏らすようなことはなかったのであるが、田島はGHQ側から信頼されていない論拠として、そのように伝えたものと思われる。ここまで天皇と皇室のために病弱な身体をおして献身的な働きをしてきた寺崎は、田島の事務的な辞職勧告に「ビジネスライク」と、失望した胸中をしたためざるをえなかった。

寺崎の更迭が内定した後、天皇が「寺崎ハ何ト感ジテイルカ」(「田島」49・7・5)と田島に尋ねると、田島は「田島ハウランデモ皇室ハ大丈夫」と答え、寺崎更迭の責任を一身に負う覚悟を示した。天皇は続けて「人物ハイヽ」と、寺崎の側近としての仕事ぶりや人格を評価する言葉を発している。何より、寺崎は御用掛に就任以来、フェラーズやバンカー、シーボルトらマッカーサーに近いGHQ高官と頻繁に接触し、外務省の役人でさえ入手できないような高度な情報を天皇に提供してきたのであり、寺崎の更迭は天皇にとって貴重な情報ルートの喪失を意味した。

田島との会見後、六月二一日の記述にあるように、寺崎は更迭された原因として自身の言動や側近らとの意思疎通に欠ける点があったのではないかという自責と悔恨の言葉を書き連ねている。七月四日、寺崎は夫人とともに皇居に招かれ、天皇・皇后と昼食をとりながら側近奉公を慰労され、翌五日には侍従らからも慰労送別の宴席を設けられた。[15] 気持ちの整理がついた寺崎は、七月一五日の日記に自身の更迭にいたる事情を箇条書きにしてまとめている。

結論　病気　頭いたし

1. 一人又ハ数人ハ余ヲ邪魔ニス
2. 余ノ仕事ハ天皇ノミ知る
3. 天皇ハ総理ヨリ云ハレテ反対デキズ。弱シ。
4. 恰度整理トブツカル
5. 病気ハ恰度イヽ口実也
6. 今度ヤラレナクテモ次ニ〔後略〕（「寺崎」49・7・15）

このうち、4と5の項目から寺崎の更迭が人員整理と病気を事由にされていたことがわかる。人員整理については、第三次吉田政権期に財政均衡を求めるドッジの要請に応える形で予算の引き締めを図り、その一環として官僚を中心に二二万人以上の解任を実施している。[16] 外務省も例外ではなく、寺崎のほかにも免官される者が数多くいたことも事実であった。寺崎の本心がうかがえるのは、1〜3の項目であろう。1と2では、御用掛として活躍する自分の仕事の重要性は天皇のみ知るところであるが、その存在を邪魔に思う者がいたため辞めさせられたのだと分析している。

スケープゴートにされた寺崎

その後、寺崎は自身の更迭が吉田茂の意思によるものであることを把握する。八月七日、寺崎は中国在勤時代から慕っていた先輩外交官の石射猪太郎《いしいいたろう》より手紙をもらい、そのなかには、「吉田ノ発意ナリ」(「寺崎」49・8・7)と記されており、寺崎の更迭が「吉田の発意」であることをほのめかしていた。これですべての事情を理解したであろう寺崎は、八月一九日の日記に、「吉田ハヨホド自分ガ嫌ヒラシイ」(同前8・19)と記している。更迭事情を記した3では、自分を信頼してくれていたはずの天皇も吉田首相の決めた人事を覆すことができない「弱い」存在なのだと、「主人」から見捨てられたことへの恨み節を書いている。この記述から考えると、前述の六月二一日欄にある「〇〇の弱さ」の〇〇は、天皇をさすと読みとれなくもない。

寺崎が「弱い」存在と指摘するように、「象徴天皇」となった昭和天皇は任免大権を保持しておらず、寺崎更迭も外務省内の人事異動として吉田外相の命で決定している。天皇は、前年にも芦田均首相による宮中改革で松平宮内府長官、大金侍従長の更迭を断行され、今回も寺崎の更迭を見守るしかなかった。この点、天皇個人の国政への関心とは別に、制度としての象徴天皇制はたしかに定着しつつあったといえる。

先に引用した「寺崎日記」の記述でもう一点ふれておきたいのは、六月一二日の「松井なる由」という箇所である。この時点で寺崎の耳に、天皇の通訳の後任として外務省政務局総務課長の地位にあった松井明を起用する人事情報が伝わっていたのであろう。寺崎の後任に松井が選定された件については、一九四九年春に吉田外相からじきじきに要請されたという松井自身の回想がある。吉田は松井に対し、天皇とマッカーサーとの会見がアメリカ側の通訳で実施されると、「我々には内容が何も伝わってこない」からと述べたという。[17] ただ、吉田の話にある天皇・マッカーサー会見の通訳がアメリカ人であったという点は誤りで、第六・七回会見とも寺崎が通訳を務めている。[18]「寺崎日記」でも第七回会見の日に、「拝謁③10 15－12時一寸前、Bunkerマック通訳有難うといふ話面白し」(「寺崎」49・1・10)とあり、また翌一一日にも、「拝謁④御文庫にておねぎらいの詞あり、有難し」(同前49・1・11)と記されている。

松井に対する吉田の発言で問題なのは、通訳に関する誤った認識ではなく、「我々には内容が何も伝わってこない」という部分である。寺崎の更迭と松井の起用にいたる人事異動の経過をみていくと、吉田がみずから御用掛に推薦した寺崎をなぜ罷免したのか、その理由がすけてみえる。吉田は天皇・マッカーサー会見の内容が「何も伝わってこない」と述べているが、寺崎が会見の通訳を務めていたことは把握していたはずである。そうであるならば、吉田の発言は、天皇・マッカーサー会見の内容を本当に知らなかったか、もしくは、寺崎が筆記した会見記録に目をとおし、安保論やアメリカの極東戦略にまで踏み込んだ天皇の姿勢に驚愕と懸念を感じたか、そのどちらかであろう。いずれの理由にしても、吉田は象徴天皇による度が過ぎた国政関与を控えさせるべく、天皇の情報源である寺崎の首を切って腹心を通訳にすえることで、天皇周辺の情報を管理しようとしたと考えられる。

一九四八年一〇月に第二次吉田政権を発足させるにあたり、政府の後見役として幣原喜重郎を入閣させる案が浮上してきた際、吉田は「実際のところ率直にいつて私は大いに困つた。何しろ大先輩であるから、今後いろいろ指図されたのでは全くやり切れない」[19]ので、衆議院議長に祭りあげたと語っている。外務省の先輩ですら施政をおこなううえで「やりきれない」存在とみなしていたわけであるから、「臣茂」の立場上、天皇の国政関与は是が非でも避けなければならなかった。吉田の象徴天皇観からすれば、「沖縄メッセージ」のような安保論を政府の頭越しにアメリカ側へ伝えるような政治行為は絶対に避けねばならない事態であった。つまり、寺崎更迭は「天皇外交」による混乱を避けるため、スケープゴートとして実施された人事であったと考えられる。

しかも、吉田による寺崎から松井への通訳交代という人事は周到に準備されていた可能性が高い。一九四九年一月一三日、松井は外交問題の定例進講の担当となり(「実録」49・1・13)、以後、月二回国際情勢などを天皇に講義する役割を担うことになる。松井の進講担当を決定した人事が吉田外相の独断によるものなのか、省幹部との合議にもとづく結果なのか判然としないが、少なくとも吉田の了解をえたうえでの人事であることにまちがいはないであろう。天皇の進講担当として松井を宮中に送り込んで寺崎更迭の布石をうち、外務省内の人事案件として寺崎を更迭すると同時に、進講を通じて天皇と顔なじみになった松井を後任の侍従職御用掛に任命したと考えられる。しかも、松井は御用掛に就任した直後の七月八日、早くも天皇・マッカーサーの第八回会見で通訳を務めるのである(同前49・7・8)。

Y項パージ

なお、復権後の吉田によって更迭された外務官僚のなかには、戦時中、重光外相、東郷外相のもとで外交政策の検討や立案に携わり、四人組の一人として「終戦工作」にも関与してきた加瀬俊一の名前もあった。敗戦後、加瀬は内閣情報局第三部長兼外務省弘報部長の身分で、松平康昌や高松宮と連絡をとりあいながら、寺崎とは別ルートで占領軍関係者と接触し、皇室の安泰のため独自の活動をおこなっていた[20]。ところが、吉田が一九四八年秋に復権すると、寺崎と同様、加瀬も人事異動の対象とみなされるようになる。加瀬の日記をみると、彼の更迭人事も唐突に実行されたようである。

吉田の復権まもない一九四八年一〇月二二日、加瀬は外務次官に就任した岡崎勝男から吉田が立腹している旨を伝え聞いた。岡崎から話を聞いた加瀬は、「吉田総理との関係また〳〵逆鱗の様子、心外なること多し。何故こんなことになるのかつく〳〵情けなくなると同時に腹の底から馬鹿らしくもなる」[21]という心境を書き残している。加瀬は事情説明と真意を探るために吉田の住む大磯を訪ねて吉田と会談するが、加瀬の受けた印象では下野中の吉田を訪ねず、「故意に条理を欠いた」ことが吉田の不興を買い、今日の事態となったということであるが、加瀬自身にとっては「総理の憤激を買つたことが心外」であった。[22]

吉田と直接会って不興を買ったことを再認識した加瀬の憤懣は募るばかりであったが、一一月一〇日には、外務省庁舎にて岡崎と会い、「総理より as soon as possible にやめよとの話なるにつき辞表を出してくれ」[23]と、一方的な更迭人事を言い渡される。加瀬は吉田の不興を買っていたとしても、直接会って事情を説明したことで関係の改善を期待していたのであろう、唐突な退職要求に戸惑い、「過日大磯における話合の趣旨と合致せず、何のことやら分らぬ感じ」で、「岡崎の態度面白からず不快の念を抑へて対談するにひと努力を要」すほどであり、免官が現実となったことを受け、「外交なき外務省に長居は無用と夙《つと》に考へはきまり居るも、吉田氏を初めその側近の盲目の亡者連が何とか彼とか自分を中傷して快をむさぼる心事は陋劣《ろうれつ》を極むるものあり」との思いを抱くのであった。じつは、加瀬は吉田の「側近の盲目の亡者連」として、白洲次郎と寺崎の名前をあげているのだが、[24]その寺崎も半年後に自分と同様の憂き目にあうことは知る由もなく、同年一二月一日付で外務省に辞表を提出する。[25]

寺崎や加瀬といった戦前から相当の経歴をもち、戦後も皇室や国家再建のために活躍していた外交官を更迭したことから、吉田の人事がいかに非情で徹底した措置であったかが窺い知れる。吉田による徹底した人事は「Y項パージ」などと揶揄《やゆ》されるように、多分に感情的な理由にもとづく情実人事の側面もあったであろうが、講和・安保問題に臨むにあたって、「障害」となりかねない対象を排除しておくという吉田の決意と覚悟が伝わってくる。

なお、免官となった寺崎は退職から二年ほど経過した一九五一年八月、脳溢血により急逝する。まだ五〇歳という若さであった。側近としての寺崎の仕事は機密事項を扱う裏方稼業であったため、その死を嘆く者は寺崎の職務を知り得るごく一部の人々であった。そのなかの一人、侍従長在職時に寺崎の仕事を支援するとともに、よき理解者でもあった大金益次郎は退職後にしたためていた日記のなかで、「吊寺崎英成君」と題する漢詩を詠み、その死を惜しんでいる。

漢詩の趣旨は、「卓越した識見と凜《りん》とした意思をもち、皇室興亡の岐路《きろ》にあってこれを助けたが、誰もその尽力を知らず、また伝える者もいない、ただ天皇と皇后のみが彼の働きぶりを知るだけだ」(「大金益次郎ノート」一九五一年八月二九日分、大金順子氏所蔵)というものであった。

三　独立回復前後の天皇と宮中――田島道治長官時代

(1)「天皇外交」の検証

天皇の意思はどこまで反映されたか

国内外での講和・安保問題の気運の高まりは、マッカーサーとの会見時の発言や一九四七年の「沖縄メッセージ」に代表されるように、戦後一貫して駐留米軍に日本の防衛を委《ゆだ》ねるという安全保障論を主張してきた天皇にとっても座視できない状況であり、積極的な対応をみせていく。

本節では、講和・安保問題の政治過程を網羅的に検証することを控え、以下、一九五〇年から五一年にかけての講和・安保問題の日米交渉過程において、天皇や側近が関与した事象に限り、研究史上の論点を紹介しながら簡潔にまとめていきたい。この間における天皇と側近の言動分析については、「天皇外交」への評価によって見解が分かれてくると思われる。このうち、「天皇外交」の政治的影響力を重視する豊下楢彦氏の学説を検証していくことで、本書としての見解を提示したい。

豊下氏による「天皇外交」論を簡単にまとめると、一九五〇年五月から翌五一年二月にかけてみられた、①日本側からの自発的な基地提供の用意があることをアメリカ政府側にほのめかした池田勇人蔵相の極秘ミッション、②吉田・ダレス会談での吉田の基地提供問題を無視したかのような交渉態度、③吉田政権とは別の組織により講和問題を協議し合うべきだと説く天皇の「口頭メッセージ」のダレスへの伝達、④「口頭メッセージ」をふまえて日本側からの自発的な基地提供を盛り込んだ「文書メッセージ」のダレスへの送付、⑤ダレスの再来日時に鳩山一郎や石橋湛《たん》山《ざん》ら反吉田派グループをダレスに推挙、という経緯を天皇の視点からとらえ、一連の政治過程のなかに位置づけている。

そのうえで、豊下氏は、池田蔵相が渡米前に天皇に拝謁した際、講和問題と自発的な基地提供という密談内容を天皇へ伝えていたと推論し、さらに、吉田・ダレス会談で吉田が池田ミッション時のような基地提供を提示しなかったことで天皇が不信感を募らせ、松平康昌から「口頭メッセージ」を伝えさせてダレスやアメリカ本国に働きかけるとともに、天皇みずからも関与して日本からの自発的な基地提供を説いた「文書メッセージ」を提出させたと論じている。[26]

講和・安保問題にからむ一連の経緯につき、おもに豊下氏の研究によりながら紹介してきたが、重要なのは、天皇の安全保障論が日米両国の政策決定に影響をあたえたのか否かという点であり、影響をあたえたのであれば、政策決定過程のどの時点で天皇の意思や意見が検討され、実際の政策文書のどこに反映されたのかという点を検証する必要がある。「沖縄メッセージ」の時には、国務省極東局のなかで天皇のメッセージが政策立案過程で検討され、実際に作成された意見書にもその旨が記された事実があったが（第三章参照）、今回は日米の外務省、国務省のなかでそのような検証がなされたのかという部分を明らかにしていく必要がある。たとえば、池田ミッションについて、外務省の西村熊雄条約局長にも内緒にしていた密談内容が渡米前後の内奏時にどこまで天皇に伝えられていたのか、[27]また、一九五一年二月の鳩山、石橋らとダレスとの会談についても、鳩山や石橋はいまだ公職追放の身であり、安全保障に関する政策決定に影響を及ぼせる立場にはなく、あくまで首相兼外相である吉田の意思の変化を注視しなくてはならないのではないだろうか。

池田ミッションの密談内容を天皇が把握していたという説明についても、豊下氏は「実録」の記述から渡米前の池田の内奏時に「米軍駐留を日本側からオファ」することまで報告していたという仮説にもとづき論述を展開させている。[28]しかし、「実録」には池田の拝謁について、「米国の財政経済事情の視察及び講和条約の交渉促進のため渡米する」(「実録」50・4・24、6・19もほぼ同じ記述)としか記されておらず、帰国後の池田の内奏についても「米国の経済事情等についての説明」とあるだけで、「基地問題」が話題となったとは記されていない。また、「実録」の記述からは、典拠にあげた資料に記載されている内容を拝謁時の記述のなかに追記したように読みとれる。

同じく、「口頭メッセージ」につながる一九五〇年六月のダレスの来日や、『ニューズ・ウィーク』東京特派員でGHQの民主化政策に批判的な記事を書いていたコンプトン・パケナム(Compton Pakenham)邸でのダレスを交えた会合の予定(六月二二日)を天皇が事前に把握しており、[29]同二二日の吉田・ダレス会談の前に池田と吉田から基地問題に関する話を聞き及んで自発的な基地提供を吉田が切りだすものと想定していたところ、吉田がダレスとの会談時に基地提供の件にふれなかったことに不満を感じ、松平康昌からダレスに「口頭メッセージ」を伝えさせたという豊下氏の仮説も検証を要する。[30] パケナム邸での会合開催については事前に計画されていたであろうから、松平を介して天皇も会合の予定を知っていた可能性はあるが、その後の経過について推測でいえることは、六月二二日の吉田・ダレス会談後、パケナム邸で吉田の基地提供を無視した交渉姿勢が話題となった事実につき、出席していた松平康昌から天皇へその情報が伝えられたという点まではないだろうか。[31] そして、松平からの情報によって吉田の交渉姿勢を知った天皇が「口頭メッセージ」をダレスに伝えさせたと解するほうが自然である。

なお、豊下氏は松平康昌が「一雑誌の東京支局長にすぎない」パケナムに対して邸宅の用意や天皇の料理人の手配までしていたことにつき、「昭和天皇と側近たちによる〝特別待遇〟は、異様という以外にない」[32]と評しているが、松平は戦前の内大臣秘書官長在職時から情報収集活動に従事してきた経験があり、戦後も松平自身の辞意を翻意させてまで起用され続けてきたのは、ある意味、このような仕事を期待されていたからにほかならない。「特別待遇」についても、パケナムだけが特別なのではなく、松平が要人とみなした占領軍関係者には、同様に「天皇の料理人」に料理を担当させて接待していたのである。さらに、松平による接待には、天皇の許可をえて御内儀費（宮内省時代）から経費が支出されていた。[33] 天皇や松平ら側近にとって、「国体」護持に資するとみなされた人物には惜しみなく交際費を使い、貴重な情報を入手しようとしていたといえる。

吉田に集約されていた意思決定権

「天皇外交」による吉田への政治的圧力についても同様に検証してみたい。一九五一年一月二五日に再来日したダレスは同二九日の吉田首相兼外相との会談後、数次にわたって会見を重ね、二月一〇日には天皇とも会談して日本への米軍駐留の必要性を確認し合い、日本政府も同一一日に米軍駐留を歓迎する声明を発する。[34] そして、吉田はダレス来日以後の交渉経過などをまとめた内奏資料の作成を西村条約局長に命じ、同一四日、天皇に報告するという経過をたどる。[35]

この間の二月六日、パケナム邸で催された夕食会にて、ダレスは米軍の日本駐留論や再軍備論を説く鳩山一郎や石橋湛山らのグループと会談をおこなっている。[36] 豊下氏は、両者を引き合わせたのは、天皇や松平ら側近であり、鳩山ら「吉田や外務省とは異なるレベル」の人々から「『きわめて価値ある助言と支援』を供与すること」を重視していたと指摘する。[37] この時期、天皇と鳩山、石橋らがどの程度の関係を築いていたか定かではないが、豊下氏の指摘するように、当時の鳩山の反共主義と米軍依存、再軍備への志向は、たしかに天皇の政治信条、安保論に合致するものであり、天皇が鳩山に期待をかけていたとみることは可能である。

ただし、このような「非公式のチャンネル」を利用した「天皇外交」により、天皇や側近が「何時でも全てを否定できる」[38] とまで考えていたとはいいきれないであろう。外交政策の決定権はあくまで外務省にあり、なかでも講和・安保問題で秘密主義を貫く吉田外相のもとに意思決定権は集約されていた。先行研究によって明らかにされているように、吉田は一九五一年一月のダ

内奏日	内容	備考	出典
1951年7月13日	・平和条約案に関する米英協議と成案 ・日米安保条約の修正点		『調書』第三冊、p666-670
1951年9月15日	・サンフランシスコ講和会議の経過 ・日米安保条約の調印、署名報告	ソ連代表の反対姿勢、ニュージーランド代表、豪代表の日本批判の演説	『調書』第四冊、p396-403
1952年3月22日	・各国の平和条約批准の状況 ・日韓交渉の経過 ・日華平和条約交渉の経過	日韓交渉:在日韓国人の地位問題、船舶所属、国交樹立、財産請求権問題、漁業問題 日華交渉：近日中に調印との見通し	『調書』第五冊、p419、563-570

表5　講和・安保問題に関する吉田首相の内奏一覧

注：『日本外交文書　平和条約の締結に関する調書』第三冊～第五冊（外務省、2002年）の情報をもとに作成。1951年9月15日の内奏日は、「実録」より確認。

レス会談より前に、信頼する有識者や旧軍人らからの提言を受け入れ、日米協定方式による基地提供の意思を固めていたのである。[39] つまり、「戦争終結（講和）と沖縄をふくむ基地権（安保）の交換」[40]は吉田の方針で、これこそ日米安保体制の原点だととらえていたのであり、「天皇外交」による政策決定への影響はなかったといえる。ダレスとの間ですべての交渉を終えていた吉田は、警戒する様子もなくダレス本人とシーボルトに天皇との会談を打診している。[41]

吉田による天皇への内奏をどう評価するかについては、確かに吉田は講和会議に臨むにあたってアメリカ側との交渉の進捗状況や経過を天皇に内奏しているが、[42] **表5**で示したように、その内容はあくまで外務省による政策や方針を決定した後の「報告」であり、立案過程での「相談」ではない。[43] 吉田の内奏はイギリス流立憲君主制にあてはめると、「報告を受ける権利」に相当し、象徴天皇制を広義の「議会主義的君主制」と解釈していた吉田にとっては当然の義務であったといえる。

「天皇外交」の政治的圧力の問題を抜きに考えても、象徴天皇となった昭和天皇の国政関与への姿勢は異様なほどである。天皇が外務省を経ず、側近の松平康昌らを介して講和・安保問題の担当者であるダレスや『ニューズ・ウィーク』外信部長のハリー・カーン（Harry Kern）、東京特派員のパケナムといった保守的なジャーナリストと独自の交渉ルートをもち、自身の安保論や外交論を伝達させていたということは覆い隠せない事実である。[44] そういう意味では、「天皇外交」は交渉窓口をもって機能していたのであり、天皇の意向がダレスやシーボルトといったアメリカ政府要人に伝えられていたこともまた確かであった。そして、天皇がダレスとの会談を望んでいるということにつき、シーボルトや国務省のスタッフでさえ、国内外にあたえる政治的影響を懸念し反対していた事実に鑑みても、いかに昭和天皇の姿勢が異常であったかが理解できよう。

「天皇外交」の交渉窓口として、以前は寺崎英成のルートも存在していたが、寺崎の免官後は占領当初から機能していた松平康昌ルートに集約されていった様子がうかがえる。[45] 天皇にとって、英語に堪能でフェラーズ、バンカー、シーボルトといったGHQ高官と親密な関係を築いて情報媒介役をこなしていた寺崎の更迭は大きな損失であったが、松平ルートを通じての占領軍関係者との連絡は継続していたのである。

寺崎ルートが存在していた頃には、寺崎がGHQ関係者から入手した情報を天皇に直接伝えるか、マッカーサーとの会見日程の調整など組織を通さなければならない場合には、おもに大金侍従長が仲介しており、オモテの長官や官房を通すことは稀であった。ところが、松平ルートの交渉では、田島長官にも機密情報が伝わっていることが多く、田島自身も「天皇外交」の仲介役として関与していくようになる。[46] 松平も寺崎のように極秘事項を天皇に直接伝えることがあったと思われるが、田島は三谷侍従長や宇佐美毅《たけし》次長と宮中業務に関する情報を共有しており、田島にも機密情報が入ってきやすい環境となったのであろう。

「天皇外交」の情報が長官官房で管理される状況は、政府をあずかる吉田茂にとっても好都合であった。吉田は田島長官や定例進講役として宮中に送りこんだ松井明を通じて宮中側の動向をある程度まで把握することができるため、[47] 政府の知らないところで「天皇外交」が機能するのを抑えられたはずである。

芦田政権時に当時の宮内府長官として起用された田島は、退位問題でも天皇の意向にそって在位を基本とした問題処理に奔走し、「天皇外交」でも天皇の国政への関心に違和感を示すことなく、[48]「側近」として忠実に君主の意向に従い、ダレスやパケナムとも接触していた。田島にとっても、象徴天皇制は君主の国家意思形成への参加を認めるという意味での広義の「議会主義的君主制」として認識されていたのであろうか。

そして、このような現実主義的な田島の職務姿勢から、田島の就任前に側近首脳の更迭に警鐘を鳴らしていた牧野伸顕も次第に田島を評価するようになっていく。一九四九年一月に牧野が亡くなると、長男の伸通が田島のもとを訪ね、「父はいつも田島とは意見が一致し肝胆相照らす仲だ云々と言っていた」と告げた。[49] 後述する退位問題でも、田島は天皇の意向を尊重するとともに、牧野にも対応について相談しており、側近として忠実な働きぶりをみせている。

天皇の再軍備論

天皇の志向する安全保障論では、駐留米軍による防衛を主軸としつつも、日本側での再軍備も必要と考えていた。田島長官が日記とは別に保管していた封筒入りの文書のうち、一九五二年二月二六日に田島が拝謁した際のメモに、「二十六日二回目（再軍備やむを得ず――旧軍閥式ハいや）[50]」という一文が記されている。すでに、天皇は前年一九五一年八月二七日におこなわれたマシュー・リッジウェイ（Matthew Ridgway）との第二回会見の席において、リッジウェイが独立後における日本の国防上の責任を求めると、吉田首相の再軍備反対論を批判しながら、「国が独立した以上、その防衛を考えることは当然の責務であります[51]」と語っていた。豊下氏が指摘するように、天皇の再軍備論とは、憲法九条のもとで「専守防衛」の戦力保持を認めつつ、戦前の「旧軍閥式」の暴走を防ぐため、文民統制を明確にして軍国主義の復活を防止するという趣旨であったと思われる。[52]しかも、天皇の再軍備論にある「旧軍閥式はいや」という考えは、一九七三年の増原事件での発言へと続いていくのであり、天皇のなかで一貫した信条であった。

象徴天皇による「天皇外交」の展開と継続を考察するうえで注目すべき出来事がある。まず、講和条約調印前の一九五一年四月、来日したダレスとシーボルトGHQ外交局長が天皇に拝謁し、ダレスがフィリピン、オーストラリア、ニュージーランドなど連合国のなかでも日本に対して批判的な国々の印象について説明すると、天皇は「今後、フィリピンとの関係を改善させるためにはどうすべきか」とダレスに尋ねたのである。ダレスが「貿易面でフィリピンに有利な条件をつけてやってはどうか」と答えると、天皇もこれに同意した。[53] ダレスの説明を受けての発言とはいえ、天皇はアメリカ政府の要人に日本のとるべき外交政策について尋ねていたのである。

また、講和条約と安保条約が発効し、日本が独立を回復した後の一九五二年六月一一日、イギリスから来日した外交担当のセルウィン・ロイド（Selwyn Lloyd）国務相とアルバート・アレキサンダー（Albert Alexander）国防相が天皇に拝謁した際、天皇は即位したばかりのエリザベス女王とロイヤル・ファミリーの健康を尋ねるお決まりの挨拶を述べた後、中国、ソ連、マレーシア、イラン、エジプトを含む国際情勢について数々の質問を投げかけた。拝謁後、両者と会談した松平康昌は、「天皇は国際情勢について非常な関心を抱いているが、現在の憲法下では政府から情報を得られず、そのため自分自身の見解を述べることができない」と述べた。[54]

天皇の声を代弁したかのような松平康昌の発言からは、新憲法施行後、象徴天皇となった昭和天皇の君主観がうかがえる。天皇は象徴天皇になっても国際情勢に関心を寄せ続けており、イギリス流立憲君主制のもとでは当然の権利として認められている、「報告を受ける権利」さえ十分にあたえられていない状況に不満を感じていたといえる。やはり、天皇は、イギリス流立憲君主制にもとづいて象徴天皇の権能を理解していたのであり、政治的権能を有せず、国家意思形成にも参加しない「象徴君主保持国会制的間接民主制」という認識はもっていなかったのである。

（2）天皇退位問題

退位不可に傾く田島

一九四八年六月五日、田島道治宮内府長官、三谷隆信侍従長の認証式がおこなわれ、宮内府の「オモテ」と「オク」のトップ二人が、ともに宮仕え経験のない外部出身者によって占められることとなった。さらに、同年八月には、大金侍従長とともに敗戦後の宮中を支えてきた加藤進宮内府次長も退官し（後任は内務官僚出身の林敬三）、宮内府長官、同次長、侍従長といった側近首脳が、ほぼ同時期に交代することになったのである。田島は直属の部下となる宮内府次長に林敬三をすえる際、みずから林のもとを訪ねて就任を要請していた。林の回想によると、田島は側近首脳陣の一新にともない、「次長には役所の事情を知り、いろいろと行政を一応やってきた人」という選考基準から、林を選んだという。[55]

田島長官・三谷侍従長の新首脳コンビとなってスタートした宮内府がまず直面したのが前述した天皇の退位問題であった。一九四八年の東京裁判の結審にあたり、戦争責任を総括する意味から天皇の戦争責任問題が再燃してきたのである。この時の退位問題の背景や経過については詳細な先行研究があるので、そちらを参照していただくこととし、[56]本書では田島長官の動向を中心に紹介していく。

第四章でもふれたように、宮内府長官就任前の田島は退位論者であった。長官に就任してまもない七月上旬、田島は芦田首相と会見し、二人で真剣に「abdication〔退位〕の問題」を話し合い、「最後の瞬間まで白紙で臨まうという事」や「万一それが実現する場合は両人共責任をとる決心をしなくてはなるまい」ということを申し合わせている(『芦田』②48・7・8)。宮中を束ねる長官として、田島は退位問題に「白紙」で取り組もうとしたのであり、天皇も田島が芦田とともに退位論者であることを後年まで知らなかった。[57]

田島と芦田との会見の翌日、元宮内大臣の松平恒雄参議院議長が天皇に拝謁して退位に対する意向を確認したところ、天皇は「天皇として留まり責任を取られる旨」の意向を示し(「実録」48・7・9)、同日、田島も天皇からこの件を聞いている(「田島」48・7・9)。さらに、その後、在野中の吉田茂が田島を訪ね、岳父である牧野が参内し「退位然ルベカラズト奏上」(同前48・7・28)する予定だと伝えてきた。「実録」によると、牧野は八月一〇日に参内して天皇と懇談し、皇后を交えた夕食にも同席、食後には展望室に移動してさらに天皇と懇談している(「実録」48・8・10)。吉田が伝えてきたように、牧野は天皇に対して退位の不可なる旨を懇諭《こんゆ》したのであろう。

牧野による退位不可論の言上は、おそらく先の松平恒雄の拝謁と関係しており、関屋や河井とも申し合わせたうえでの行動であったと思われる。牧野の参内からさかのぼる六月下旬、関屋が河井を訪問し、「陛下御退位の風説、今後当分の間の御行動に付交話」(『河井』②48・6・27)している。これまでの関屋の行動から推測するに、関屋は直接、もしくは関係者を通じた間接的手段により、牧野に退位問題に関する情報を提供するとともに、天皇と側近に対する助言を要請した可能性が高い。牧野は旧側近者の総意として退位不可論を天皇に伝えたとみなすべきである。[58]

このように、田島は退位問題につき「白紙」の状態で臨んだのだが、天皇自身の在位論をはじめ、牧野ら旧側近者の見解に接するうち、退位を不可と考えるようになり、在位論へと傾いていった。いっぽうで、同時期、田島は林次長や松平康昌式部頭、鈴木一侍従次長とエドワード八世の退位時におけるイギリス議会の対応についても協議しており（「田島」48・8・17）、確かに退位の是非につき「白紙」で取り組んでいた様子もうかがえる。

田島は天皇をはじめとする関係者から意見を聞き、国内外の情勢もふまえて検討した結果、退位不可論に落着く。そして、田島は八月二九日に芦田を訪ねて以下のように語りはじめた。

御退位問題について自分は白紙でゐると言つた（私〔芦田〕も同じであると答へた）。然し宮仕へ三ケ月にして自分は天皇が退位の意思なしと推察してゐる――然しそれは自己中心の考へ方といふのでなく、苦労をしても責任上日本の再建に寄与することが責任を尽す途だと考へてゐられる如く見える、又、色々考へて見ると周囲の情勢は退位を許さないと思ふ。（『芦田』②48・8・29）

田島は続けて退位不可の理由として、「周囲の情勢」について説明した。田島のいう理由とは、皇室典範改正時にも協議されたように、退位にともなう高松宮の摂政就任の場合、天皇制が動揺する可能性がある、また、マッカーサーも退位を認めないであろうという趣旨であった（同前）。

田島は芦田が退位を主張するのであれば、マッカーサーの意向を確認する前に天皇と協議するよう伝えているが、暗に退位問題の幕引きを図る発言であったといえよう。

芦田の「示唆」

退位問題の大勢が決したため、田島は三谷侍従長、松平式部頭、そして、牧野とも協議のうえ、芦田首相を訪問し、マッカーサーとの会見の折に天皇退位の不可なる旨を伝えてもらいたいと依頼する。[59]芦田は近日中にマッカーサーと会見する予定であったが、昭和電工事件によって一〇月七日に総辞職する。当日、芦田は閣議で総辞職を決定する前にマッカーサーを訪問して辞意を伝達しているが（『芦田』②48・10・7）、その際に田島から依頼された天皇の退位問題について言及したかは不明である。

ただし、翌八日、芦田はGHQ外交局長シーボルト夫妻を夕食に招いた際、シーボルトから「G・H・Qは天皇退位に反対である様子」（同前48・10・8）と聞いている。『芦田日記』では、シーボルトの発言内容のみが記載されているが、シーボルトの日記では、芦田のほうから天皇の退位問題についてふれ、「東京裁判の判決時に天皇の責任問題が起こり、退位せよという圧力がかかるだろう」と述べたという。さらに、シーボルトは芦田の話しぶりから、「芦田は天皇が退位やあるいは自決するのではないかと考えている」ようにみえ、そうなるとGHQにとって深刻な事態をもたらすことになると感じた。[60]

芦田とシーボルトの資料を検証すると、やはり、シーボルトの日記にあるように、退位問題をふったのは芦田のほうであり、しかも、芦田は田島から依頼された退位の不可なる国内情勢を伝えず、戦犯裁判との関係で退位や自殺もありうることを「示唆」した。芦田は退位論を前提に、田島から指摘されたマッカーサーの意向を探るため、それとなくシーボルトに尋ねたものと思われる。そこで、シーボルトはGHQ内部での「天皇退位に反対である様子」を返答したのである。GHQ側の意向を知った芦田は第二次吉田内閣成立までの事務引き継ぎ中、田島をはじめとする宮内府関係者を訪ねることはなく、また、シーボルトからの情報も田島へ伝えなかったようである。そのため、マッカーサーに対する天皇の在位確認の連絡は、復権した吉田茂のもとでおこなわれる。

マッカーサーは一〇月二八日にシーボルトと退位問題について会談しており、「天皇にはそのような意向はないはずだ」といいつつも、「ダイナマイトが爆発したら何が起こるかわからない」と退位による衝撃の大きさを懸念し、裁判後に天皇と会見する予定なので「退位すべきではない」と天皇に助言する」と語った[61]。そこで、マッカーサーは同日、吉田首相と会見し、「退位等は決してされるべきではない」という趣旨で退位に反対する意見を伝えるのであった。翌二九日、吉田は天皇に拝謁し、マッカーサーの退位反対論を天皇に伝えている（「実録」48・10・29）。

東京裁判の判決宣告の前日、一一月一一日に吉田は田島らを訪ね、先日のマッカーサーからの伝言に返書を送るよう助言する。田島は三谷侍従長らと協議してマッカーサー宛の伝言案文を作成し、天皇に奏上、裁可を得たうえで、翌一二日に「国家再建を速やかならしめるために、国民と力を合わせ、最善を尽くす」決意を記したマッカーサー宛の書簡を発送する。[62]

なお、一一月一一日には、マッカーサー宛書簡のほか、一二日の東京裁判結審にあたって発表する予定であった、天皇の心境を盛り込んだ首相談話の案文も田島ら側近七名が集まって作成していた。[63] 案文作成に参加した側近七名は「実録」の記述であり、「田島日記」では「四人ノ外式部頭ト総務課長」の六名と表記されている。「四人」とはオモテとオクの首脳、田島長官、宇佐美次長、三谷侍従長、鈴木一侍従次長であろう。これに松平康昌式部頭と鈴木菊男総務課長を加えて六名となり、「田島日記」の表記にある六名のメンバーとなる。では、「実録」に表記された七名に該当する残り一名は誰なのかということとなるが、御用掛の寺崎英成ではないかと思われる。第三章の注記でも紹介したように、寺崎はマッカーサー宛田島書簡の件を「個人的情報」としてシーボルトに伝えていることから、案文作成の時点で参加していた可能性が高い。

天皇退位論の終焉

東京裁判結審時の退位論はこうして封じ込まれた。しかし、一九五一年から五二年の講和条約調印・発効時に、国内で天皇の戦争責任問題と退位問題が蒸し返されることとなる。最終的には、一九五二年五月三日、皇居前広場にて挙行された講和条約発効と新憲法施行五周年とを祝う記念式典において、天皇が「身寡薄《かはく》なれども、〔中略〕あえて自らを励まして、負荷の重きにたえんことを期し〔後略〕」[64]という発言を含む在位表明の「おことば」を述べたことにより、退位問題は収束していく。
この間、宮中では田島長官が中心となって何度も天皇の意向を確認しつつ、宇佐美次長や三谷侍従長といった首脳のほか、高尾亮一秘書課長、小泉信三東宮職常時参与、安倍能成学習院院長、吉田首相とも相談しながら、「おことば」の文案を作成、推敲していった。[65] 実際に発せられた「おことば」の原案は、一九五一年一一月の時点で天皇によって確認されていたようである。田島が残した文書には、一一月九日に拝謁した際、天皇が「退位論につき、留意の弁」を述べ、さらに同一一日には関西巡幸のため西下中の汽車のなかで天皇が田島を呼び、「終戦時の御決心、道義的責任、御留意、天職を尽す」ことを確認している。[66] 田島は天皇の在位論をふまえて「おことば」案を練っていたのであった。
天皇や田島ら側近、そして吉田首相はマッカーサーの意向もあり、退位論を退けて在位のまま「天職を尽す」ことで先の大戦にかかわる「道義的責任」を果たそうとしたわけだが、この時期、無視できない退位論に接することとなる。退位論の提唱者は元内大臣の木戸幸一であり、木戸は獄中から松平康昌を通じて天皇や側近首脳に講和条約調印後の適当な時機に退位すべしとの持論を伝えていた。木戸は敗戦直後に東久邇宮や近衛らと天皇の戦争責任問題について協議していたほか、巣鴨プリズンへ出頭する直前の一九四五年一二月に天皇に拝謁した際、講和条約が成立して日本が国際社会に復帰する時機に退位すべきと進言していた。[67]
東京裁判で終身禁固刑を宣告された木戸は、服役中に講和条約が調印されたことを知ると、「我国の運命か窮《きわま》つて以来、皇室の御安泰と国体護持を念願して終戦の努力もし、裁判にも対処して来たが、今日此の二つの目的を果して条約の結ばれたことは何とも云へぬ喜びであると共に、永年の重荷が下りた様な安かな気持を味った」[68]との感慨に浸るとともに、退位の時機が到来したとみなした。そこで、一九五一年一〇月一七日、木戸は面会に来た次男の孝彦に、「皇祖皇宗に対し、又国民に対し、責任をおとり被遊《あそばされ》、御退位被遊《あそばれる》が至当なり」との意見を元部下の松平康昌に伝えるよう依頼した。[69]約一〇日後、木戸の伝言に対する松平からの返事がもたらされ、天皇自身や田島、松平も退位に同意だが、吉田首相が無関心なので苦慮しているとの状況を知らされた。

　木戸に伝えられた松平の返事は事実と異なっており、天皇と田島は在位論であり、松平の考えも明確に退位論というわけではなく、[70]ここでは吉田の退位反対論がダシに使われた感がある。松平からの返事に対し、木戸は退位を現実の政治問題として処理することが困難なのは理解できるが、このまま天皇が自身の責任について言及しないのは遺憾なので、講和条約の批准時にでも退位の意思を示した書類を作成して政府側に伝達したうえ、書類を宮内庁で保管すべきだとの趣旨を再度、松平へ伝えるよう孝彦に依頼する。[71]

　翌一九五二年四月、木戸のもとに吉田首相も天皇による退位の意思表明に納得して案文を作成中だという経過が伝えられたものの、結局、五月三日の記念式典において天皇は退位について一切ふれることなく、自身の戦争責任に言及することもない「おことば」を発しただけであった。木戸は「おことば」を読み、「国民に陳謝するとか、何らかの表現があって然るべきではなかったか。あれでは何か奥歯に物が挟ったいい廻しで、国民が真から納得するものがなかったのは、残念だった」[72]と語ったという。

天皇の退位問題は、一九五二年の「おことば」によって事実上の終止符がうたれ、以後、世論やメディアで大きく取り上げられることはなくなる。しかしながら、敗戦直後から東久邇宮、近衛、高松宮、木戸ら、まさに天皇にもっとも近い立場、地位にあった者たちも何らかの形で天皇の道義的責任を果たすべきことを主張していた事実を考えると、歴史研究者の指摘を待つまでもなく[73]、戦後の日本人全体に割り切れない戦争観を抱かせることになった感は否めない。

（3）オモテとオクの確執

表面化していく対立

外部から急遽、宮中をとりしきる長官の座に就いた田島は、侍従長に知人の三谷をすえたものの、慣れない宮中業務のなかで次第に戦前から側近として仕えてきた侍従らとの間で隙間風を感じるようになっていく。田島は宮内府長官に就任した直後、事務引き継ぎ時の内容や職務について天皇から聴取した意見などをまとめ、文書に書き残していた。文書に箇条書きされた「陛下の御関心」項目のなかには、「宮内府官史《ママ》〔吏カ〕の移《ママ》〔異〕動内閣更迭に伴はぬこと」[74]という一文も記されていた。天皇にとって、芦田内閣期に断行された松平宮内府長官と大金侍従長の側近首脳同時更迭は苦い教訓として脳裏に焼きついており、田島にも政争に巻き込まれて安易な側近人事をおこなわないよう注意したのである。

田島の長官就任後しばらくは、田島ら（オモテ）と侍従（オク）の関係は比較的良好だったようで、那須御用邸での夕食後の団欒《だんらん》で互いに「愉快に話」しあったり（『入江』②48・6・12）、九州巡幸後に取材で同行した新聞記者らと田島以下、三谷侍従長、供奉の侍従らを交えて会食した際には、入江も「非常に有意義であつた」（同前49・6・28）と感じることもあった。いっぽうで、田島は一九四八年秋の退位問題が落ち着いた後、宮中改革への取り組みに意欲を示しており、芦田前首相との会談時には、「次には侍従職を改革したい」と語っている。ただし、長官就任時の田島への注意事項にもあるように、天皇は「漸進的」な宮中改革の希望を田島に伝え、さらには、「松平定信は大奥に手をつけようとして失脚したね」（『芦田』③49・5・8）とまで付言し、急進的な改革を実施しないよう釘を刺していた。

田島は宮中での職務を執行する際に、オモテとオクの長と次長の四名（宮内庁長官、次長、侍従長、侍従次長）での首脳会議を積極的に開き、必要に応じて式部頭、総務課長などの担当者も交えて意思統一をはかったうえで、部下に指示をあたえていくという管理法をとっていたようである。マッカーサーに在位表明を伝えた書簡の件でも、前述の四名と式部頭の松平康昌、総務課長の鈴木菊男とも相談して最終的な案文を作成していた（「田島」48・11・11）。

相次ぐ更迭人事

天皇から漸進的な宮中改革を求められていた田島であったが、一九五〇年以降、その思いは強くなり、[75]また、田島長官や三谷侍従長の首脳と入江ら侍従との間で対立が表面化してくるようになり、双方から相手を批判するような言葉も飛び交うようになる。田島と侍従らとの関係は、吉田内閣による林敬三宮内府次長の引き抜き人事や鈴木一侍従次長の更迭をめぐってさらに悪化していく。

一九四八年八月、加藤進次長の辞任を受けて後任に就いた林は、宮内府次長への就任にあたり、田島とも親しい間柄の知人から「田島さんという人は、すごくうるさい人でもあるから、あなたは腹をたてないで、一つがまんしてくれ」と忠告されたというが、次長在職中は「公私ともに、たえず、ご厚誼に預った」と、田島を好意的に評価している。[76]ただし、知人からの忠告どおり、「宮内庁のように昔からずっといる人の多いところでは、田島さんを煙たがっ」っていたので、林が「田島さんのかもし出す大小の防波堤役にもなった」と述べている。[77]

同様の見解として、林次長が警察予備隊警察監として転任する人事案を聞いた宮内庁書陵部長の鈴木菊男は、「今まで長官の女房役としてどれだけ長官と外との摩擦を少くすることに努力して居られたか分らない。今度は全く長官がむき出しになつて了ふ」(『入江』②50・9・5)と、入江に語っている。鈴木は宮内庁と外部機関との橋渡し役としての林の喪失を嘆いているが、宮中内部でも次長の林がオモテとオクの緩衝材たる役割を果たしていたといえる。

林次長の更迭は田島の希望ではなく、吉田内閣が強引に求めてきた人事であった。林の転任話は、一九四九年九月五日に増田甲子七《かねしち》内閣官房長官が林を宮内庁に訪ね、「直接官房次長ニ誘ヒヲカケ」たことから始まる。田島は政府による突然の引き抜き工作に抗議の辞職も考えるほど憤慨し、吉田首相と増田に林の転出の不可なる旨を伝えたことで、いったん、この人事は立ち消えとなる。[78]

ところが、翌一九五〇年七月頃から再び林の転任話がもちあがるようになる。吉田は新たに設置される警察予備隊の幹部候補として林をあげ、内奏のため参内した際、林に「ここを出ることが許されれば、一つ一般行政の方か治安のほうかに来てもらいたい」[79]と打診してきた。林は「いまは宮内庁の仕事はまた平常のときと違う、いわゆる大改革の最中なので」という理由で、一度は転任要請を断ったが、岡崎勝男内閣官房長官は執拗に警察予備隊の制服組指揮官への転任を迫り[80]、また、田島も前年の引き抜きをとどめた際に「最小限二年は務めるべき」で「二年から先になったら、そのときの事情と判断でここを離れることも仕方がない」という趣旨を林に伝えていた。田島が林の転出を容認するような態度に軟化してきたこともあり、最終的には林自身が転任を決意するにいたる。[81]

林次長に二度目の転任話が舞い込んできた当時、田島は侍従職改革について考慮しており、林の問題と並行して鈴木一侍従次長の更迭人事も進めようとしていたところであった。当初、田島は鈴木侍従次長の後任に内務官僚出身の宇佐美毅をあてようとしていたようだが、林の転出が決定的となると、宮内庁次長の後任に宇佐美をすえようとし、GHQ側にも宇佐美の次長後任案を打診して了解をえてから人事をとりおこなった。[82]

同時に、田島は侍従次長の更迭人事も進め、九月後半には更迭される鈴木から入江ら侍従に辞任する旨が伝えられる。入江は「非常に吃驚する」とともに、その後、ほかの侍従らと語り合い、「次長問題について歎き合ふ」のであった。[83]入江はこの年の年末所感でも、「〔辞任にいたる〕運び方なり何なりにやはり後年に悔を残すことになつたのは遺憾であつた」（『入江』②四一一頁）という心境を書き記している。また、鈴木自身にとっても侍従次長の更迭は心外だったようで、侍従ら職員を前にした離職の挨拶で泣きながら天皇に奉公するよう説諭した（同前50・10・3）。九月二九日、鈴木は天皇に拝謁して辞任の挨拶を述べるが、その後、入江が拝謁した印象では、「次長の被免のことにつきやはり平然たり得ないものがおありになる」（同前50・9・29）ようだったという。性急な改革をおこなわないよう注意していた天皇にとっても、鈴木侍従次長の更迭は意にそぐわない人事だったのである。

「変な人だ」

入江ら古参の侍従にとって、職務上の理解者であった鈴木侍従次長や林宮内府次長の転出は、田島との距離が縮まることを意味し、ますます衝突が生じやすい職場環境となっていく。このような状況につき、入江は同僚の山田康彦と、「現在の宮内庁の連中に頼みになるものはゐず、か丶る態勢で講和を迎へることは皇室のお為に危惧に堪へない」（同前③51・1・13）と語り合っている。

なお、田島がめざしていた宮中改革の趣旨とは、新憲法のもとで社会情勢に対応していくため、侍従や女官ら戦前の職務観が抜けない固陋《ころう》な側近の意識を変えていくとともに、宮中業務の処理機能を公務員たる職務倫理によって履行していく長官官房（オモテ）のもとに集約させ、組織全体を統括していくことにあった。

後年、林敬三は田島の宮中改革について、新憲法施行後の情勢にあわせて「皇室と政府との関係を確立し、また皇室の在り方をたて直す」ことを考えていたようだと語っており、林自身も「新しい時代に入っての新しい皇室の在り方と宮内庁の組織や仕事の進め方などは今までの前例が役に立たず、すべて新しく根本から考えていかねばならぬとき」であったと、宮中改革の必要性を意識していた。[84] 田島や林が社会情勢の変化を感知していたように、宮内府から宮内庁へ改組した当時、議会からも宮中の人員削減や予算圧縮を求める意見が投げかけられており、田島ら首脳陣に心理的な圧力をかけていた。

具体的には、宮内府から宮内庁へ移行するもととなった総理府設置法案の審議において、共産党所属の議員から宮内府の職員数や特別職数の多さを問題視し、その是正を求める意見が提起されていた。[85] また、依然として巡幸時の費用や派手な演出にも批判の眼が向けられ、林次長が答弁にたって説明することもあった。[86] さらに、少し先のことになるが、一九五二年一一月一〇日に挙行された皇太子の成年式・立太子の礼につき、行事後の参議院審議のなかで、社会党所属の議員から吉田首相による「臣茂」の寿詞《よごと》への批判とともに、宮内庁役人の意識がいまだ「日本の憲法を弁《わきま》えざる」「頑冥《がんめい》にして固陋」なままであり、「特権意識」をもったままで、「皇室と国民の間にははっきりとそこに錦の壁が、鉄のカーテンができ」ている、などの厳しい意見も浴びせられていた。[87]

宮中改革に着手した田島は、組織の若返りを兼ねて古参の側近から退職させていく措置をとったが、長年、天皇のそばで仕えてきた側近たちの更迭は容易ではなかった。この点、オクに勤める側近の特徴について、林敬三は、「普通の人と違った気風が」あり、職務観として、「天皇陛下の部下として」働いているのであり、「長官や次長、部長などは行政序列上の単なる上役にすぎないといった気持」があったと指摘している。[88]

銀行家としての経歴が長く几帳面な性格の田島と、旧華族の子弟たちが多く、宮中の旧慣によって職務に従事してきた古参の側近たちとは、肌が合わなかったのであろう。一九五一年になると、『入江日記』にみえる田島評は一段と辛辣《しんらつ》となる。二月の科学委員大後美保《だいごよしやす》による日本の気象に関する進講を陪聴した田島が、「妙に皮肉な態度で質問し、農学全般を侮辱するやうな態度」をとったことに、入江は侍従たちが進講をうまくまとめていることを快く思っていないからだと推察し、「変な人だ」（『入江』③51・2・13）との印象を受けた件や、同年五月一七日に皇太后（貞明皇后）が狭心症の発作により急死すると、まず、三谷侍従長と侍従らとの間で葬儀の進行や次第をめぐって意見齟齬が生じ（同前51・6・2）、同一五日の大喪儀《たいそうぎ》の儀式を終えた入江が皇太后宮大夫の坊城俊良《ぼうじようとしなが》と祭官長の鷹司信輔《たかつかさのぶすけ》から料理と酒を頂戴しようとすると、田島がこれを叱責する事態まで起こり、入江は「実に訳が分らない」（同前51・6・15）と、憤懣やるかたない心境を日記に記している。田島への辛辣な評価は入江に限ったものではなく、後に侍従長となる徳川義寛も「田島さんはひと癖あるなんてものではなかった」[89]と、往時の印象を回想している。

貞明皇后の葬儀をめぐって

さらに、皇太后の大喪儀の期間中、秩父宮、高松宮、三笠宮が集まって会食する機会があり、病気療養中の秩父宮と滅多に会う機会のない東宮も呼ぼうという話がもちあがったのだが、田島や三谷らの判断で断りをいれる一件があった。田島らの措置につき、高松宮は「人情ヤ義理ハ御教育ニナイト考ヘテイル側近者ニハマタシテモアキレル、頭ノ堅イ宮内官ハイツニナッタラワカルノダラウ、悲シイコトダ」[90]という感想をメモに残している。

新憲法下での皇族の葬儀について、入江ら侍従は戦前からの慣習に従ってとりおこなっていこうとしていたようだが、田島ら官房側は予算や規模の問題で輿論の反応を考慮しつつ、また、政府側とも折衝しながら葬儀を執行しなければならなかった。結局、田島らは貞明皇后の葬儀を戦前に施行された皇室喪儀令に準拠しながら、戦後の実情に照らして国葬とせず、国民の服喪も要求しないことにした。さらに、後述する秩父宮の葬儀でも皇室喪儀令によりながら、宮内庁が中心となって葬儀次第を決定していった[91]。田島や宇佐美ら長官官房は、皇室の伝統と象徴天皇制との折り合いをつけながら慶弔事に対応していかねばならなかったが、こうした努力はメディアから「皇室の民主化」を示す事例として好意的に受けとめられていた[92]。

入江や徳川ら侍従にとって、侍従長の三谷は本来、オクの代表として田島長官ら官房側との間に入ってもらいたい立場のはずであったが、入江は三谷について、「侍従長などはいつものやうにこれ〔田島〕に雷同してゐる」（『入江』③52・10・9）とか、「侍従長は全く自分の意志の無い人」（同前52・10・10）と、田島の言いなりとなった頼りない上司としてみくびる傾向にあった。

このほか、一九五二年一一月に挙行された立太子礼記念馬術大会で出場選手が競技中に落馬、死亡する事故が起きた際、天皇は入江を病院まで見舞いに赴かせるとともに、遺族に手厚く供物を贈るよう沙汰を下した。入江らが供物として菊の花輪と菓子を贈ったところ、花輪に「天皇陛下、皇后陛下」の札を付けていたことに田島が憤慨し、「事は重大であるとて」宇佐美次長から稲田侍従次長へ注意の連絡をいれ、稲田から入江らにその趣旨が伝えられた。入江は、「何が重大であるのか、何を憤慨してゐるのか、又何をあわてゝゐるのか、俗吏の心は到底分らない。予は皇室の礎をゆるぎなからしめる為敢然として戦ふのみである」（同前52・12・1）と、田島の対応を批判し、さらに、翌日に三谷侍従長と稲田が担当の侍従に事情聴取したとの話を聞いた入江は、「いよ〳〵もつて沙汰の限りである。皆何をびく〳〵してゐるのか。小役人の低調さ加減は予が側近に奉仕した十八年来未だ嘗て斯くの如きことは無い」（同前52・12・2）と、官房側との職務観の隔たりに怒り心頭となるのであった。

天皇までを巻き込んだ対立

田島と侍従らとの対立は、ついには天皇をも巻き込んでいく。一九五三年一月四日未明、神奈川県藤沢市鵠沼《くげぬま》の別邸で肺結核の療養中だった秩父宮が亡くなった。秩父宮の死を受け、宮内庁では田島長官が中心となり、宇佐美毅次長、高尾亮一秘書課長と葬儀の準備にとりかかった。入江は、田島や三谷侍従長が天皇の意向も十分に確認せず、勝手に判断して葬儀の対応をとりしきっていることで、かえって周囲を混乱させているとみなし、「いやになつて了《しま》ふ」（同前53・1・6）のであった。

一月九日に秩父宮の霊柩《れいきゅう》が鵠沼から宮内庁分室に移動となり、正寝《せいしん》移柩《いきゅう》の儀（棺を寝室から客間へ移す儀式）がおこなわれた後、天皇と皇后も霊柩に拝礼するため分室に向かうことになったのだが、訪問の時間帯や収容スペースなどの問題をめぐって天皇の希望する弔問方法と田島の形式論との意見が合わなかったため、天皇は「今度のことは一般的に長官などの形式にとらはれた考へ方の為に事が窮屈になる」とみずからの意思で分室に赴き、還幸後、官房のほうに厳しく注意しておくよう入江に指示を出した。入江はここぞとばかりに三谷侍従長と宇佐美次長に対し、長年の闘病生活の末に亡くなった弟の死を哀悼したいという天皇の気持ちも十分に汲みとらず、勝手に判断するような、「思召にそはず人情にもとるやうな決定を軽々にしないやう長官に伝へてくれ」ときつく申し伝えている（同前53・1・9）。天皇の不興を買った田島は、翌日、天皇に不適切な処置につき詫びを入れている（同前53・1・10）。

さらに、一九五三年三月には東宮職と侍従職で計画された皇后と東宮（明仁）の近代美術館行啓《ぎょうけい》の件が田島の耳にはいると、田島はみずからのあずかり知らないところで行啓が計画、決定されていたことに対し、行啓の中止にも言及しながら憤慨した。この一件は、両者の職務観の違いを鮮明にした出来事であったといえる。宮中の業務すべてをみずから目の届く長官官房にて処理、統括したい田島と、戦前からの慣習で天皇や皇后、東宮の私生活面は侍従職（皇后宮職は戦後に侍従職へ統合）、東宮職の自由裁量で処理する部分があってもよいと考えていた入江ら侍従の間で生じた対立であった。なお、式部官長として官房職にあった松平康昌も、皇太子の教育方法などをめぐって田島や三谷らを批判していたようである。[93]

オモテとオクの対立は、感情面での行違いというより、職務観の相違が原因であったため、ついに入江ら侍従は、「田島長官の異常性、宮内庁長官としての不適格性について」（『入江』③53・5・3）語り合うほどの関係となっていく。さらに、同年八月には天皇が使用する椅子の種類という瑣末なことにまで田島と宇佐美次長が介入してきたことに入江が嘆息し、「そんな事こそ侍従職に一任すべきものを〔中略〕素人はだまつてゐればい丶のだ」（同前53・8・8）と、職場のトップとナンバー2を「素人」呼ばわりするほどであった。オモテに対するオクのこのような視線は、侍従の徳川も同様に感じていた。後年、徳川は次長の林敬三について、内務官僚出身で「新しい組織を作ったり規則を作ったりするのが得意」だったが、「東山御文庫とか古いことには関心をお持ちではなかった」[94]と評している。

いっぽう、田島は那須御用邸での天皇を交えた団欒時に入江がとった言動につき、「入江侍従少々過ギタリ、将来ノ為メ侍従職ニ注意セント思フ」[95]と、業務日誌スタイルで日記をつけていた田島には珍しく、名指しで批判している。役人としての規律と国民への意識をもった「公僕」意識を求める田島らオモテの側近と、古い伝統を墨守《ぼくしゅ》しようとするオクの職務観の違いが浮き彫りになってきたのである。

結局、田島が長官を辞任するまで、オモテとオクの確執は解消されなかった。当時、宮内記者として田島や入江らとも顔見知りであった藤樫準二は、田島長官時代に「数々の慶弔事に、新皇室としてはじめての形式を作りあげた。〔中略〕奥の主導権を奪っただけあって、なかなかのガンコ親父」「とうとう〔外部との〕窓口を表に一本化し、伝統的にながい奥の主導権を奪取してしまった」と述べているが[96]、田島のめざした長官官房（オモテ）主導体制が確立したとまでいえるのか疑問である。入江ら侍従（オク）の長官官房への反発と抵抗は根強く[97]、天皇も田島の律儀な職務スタイルに苦言を呈していたことを考えると、田島長官期を経て徐々にオモテ主導体制が確立していったとみるべきであり、田島長官時代は過渡期としてとらえたほうが適切なのではないだろうか。

ただし、オモテとオクの対立という現象は、戦後の田島長官時代に限ったものではなく、一九二〇年代初期の牧野伸顕宮相・関屋貞三郎次官時代や、一九三六年の二・二六事件後に成立した湯浅倉平内大臣・松平恒雄宮相時代にも、官僚や政治家の経歴を積んで宮中入りしてきた首脳陣に対する古参の側近たちの反発や抵抗はみられていた[98]。オモテとオクの対立は、側近職にとって宿命ともいえる現象であった。

（4）田島長官の辞任

吉田と田島の関係

田島が宮内庁長官から退くことを真剣に検討しだすのは、一九五三年四月から五月初めにかけてである。田島は前年の一九五二年一一月にも皇太子の訪欧旅行をめぐって吉田首相と対立し、抗議の意味で辞表を作成したことがあった[99]。しかし、一九五三年になると、転職先や宮内庁長官の後任について検討したうえ、緒方竹虎国務大臣を訪ねて後任の件を相談するようになる。そして、五月二日には宮内庁を訪ねてきた緒方に今年いっぱいで辞職する旨を伝え、同二三日には吉田首相に宛てて長官更迭の件を含む宮中の諸問題を協議するため会見したいとの手紙を送る[100]。

田島がこの時期に辞任を決意するにいたった理由は、長官就任以降取り組んできた懸案事項を処理し終え、次の世代へバトンタッチすべき時と自覚したからであろう。天皇の戦争責任問題と退位問題、講和条約の発効、孝宮和子の結婚（降嫁）、皇太子の成年式と立太子の礼、訪欧旅行、皇太后と秩父宮の葬儀、そして宮内府から宮内庁への改組にともなう宮中改革など、一連の課題をこなしてきた田島の胸中に、宮内庁長官（前身の宮内府長官時代を含む）として最低限の仕事を成し遂げたという充実感がこみ上げてきたのではないだろうか[101]。

なお、田島と吉田は両者とも頑固な性格であったが、宮中関係の問題をめぐって衝突する場合でも感情的に反発し合うこともなく、現実的な妥協点を見いだして落としどころを探っていくという対応をみせており、全体的な人間関係は良好だったといえる。[102] 吉田にとって、天皇の使役人という意識が消えないオクの側近と比べ、頑固とはいえ政府側との連絡を密にし、国家公務員としての職務倫理で働く田島のほうが接しやすく、好感をもって対応できたのであろう。

吉田首相に辞意を伝えたことで田島の意思は固まり、以後、緒方と協議しつつ、宇佐美次長とも「宮内庁若返リノコト」(「田島」53・7・22)を相談し、七月二五日には葉山御用邸まで拝謁にきた吉田と会談し、時期はさておき辞任を認めてもらいたく、宇佐美も辞任につき了解していることを伝えた。[103] 以後、田島と吉田の間で長官更迭が既定路線となり、その時機や天皇への報告をいかにすべきかを詰めていった。

田島は辞任後の側近体制を考慮し、信頼する東宮職常時参与の小泉信三を側近として要職に就かせ、後事を託そうとした。オモテ主導体制に対する侍従や女官らオクの抵抗も根強く、宇佐美や三谷らを補佐する人物として小泉をあてようとしたのであろう。一一月三日、田島は文化勲章授章式のために参内した吉田首相と会談し、小泉の「最高顧問」就任と自身の「辞表提出」について承認をえる。田島はこの時点まで天皇に辞意を伝えていなかったが、同日、吉田は文化勲章受章者らとの午餐会前に天皇に拝謁し、田島の辞任について話してしまう(「実録」53・11・3)。三谷侍従長から吉田の奏上と自身の辞任の件が天皇の耳に入ったことを知らされた田島は、吉田の奏上につき「約束が違う」という抗議を緒方に伝えつつ、同六日に拝謁してみずからの退任と小泉の「侍従職御用掛」兼務につき奏上した。[104] 同一二日、小泉に侍従職御用掛の拝命が下り、後は田島の辞任を待つだけとなった。

天皇の不機嫌

しかし、ここから長官の後任人事をめぐって混乱が生じる。おそらく、この頃までには、田島と吉田首相との間で、宇佐美次長の長官昇任案を申し合わせていたものと思われるが、田島の残したメモから推測するに、どうやら吉田は岡崎勝男外相を宮内庁長官の後任にあてようと動いていたようである。田島のメモにある一一月一〇日欄に「首相　信子サンニ宮内庁長官候補キク」とでてきた後、同二〇日欄の「松平信子□リナルコト　外相モトイフ」という記述へとつながり、さらに、同二五日欄には、「首相内奏（Oka）小泉御召シ」と記され、同三〇日欄の「緒方　首相会見Okaハヤメテモヨシ　Uニツキ小泉ニ意見キク」へと経過していく。[105]ここで登場する「Oka」の件は、一二月四日の「田島日記」の記述から背景が読みとれるようになる。「田島日記」には、「小泉氏　朝吉田首相訪問ノ結果Oハ思ヒ付キ長短ヲ知ル　陛下ノ思召ニ副ハネバ固《もと》ヨリ撤回ス　Uニテ可トナリシト」（「田島」53・12・4）と記されている。側近となった小泉信三が吉田を訪ねたところ、吉田は「岡崎後任案は単なる思い付きでいったまでで、天皇の意にそわないならば当然撤回し、宇佐美の昇任案で構わない」という趣旨を述べたのであろう。

一二月四日の小泉と吉田とのやりとりからさかのぼって検証すると、吉田は一一月一〇日かそれ以前に松平恒雄夫人の信子（東宮職参与）に長官候補者をあげてもらったところ、岡崎外相を候補者として推薦したので、天皇に岡崎の後任案を提案し、天皇は小泉を呼んで吉田の真意を尋ねた。そして、小泉と吉田の間に田島と緒方も入って吉田に真意を尋ねると、「岡崎案は思い付きなので、宇佐美で結構」と経過していったと推測される。

周囲の環境が整ったため、田島は一二月七日に宇佐美を招致し、「始メテ辞任及後任ノコト」（「田島」53・12・7）を伝えて、宇佐美に長官への就任を説いた。宇佐美は長官昇任に生返事を返したようだが、その場で次長の後任人事についても話し合った。その結果、八日には宇佐美の長官人事が、一二日には瓜生《うりゅう》順良《のぶよし》国家地方警察東京警察管区本部長を次長に任命する人事が天皇に奏上され、それぞれ、一六日に宇佐美長官の認証式、一八日に瓜生の次長任命がおこなわれる（「実録」53・12・8〜18）。

田島の辞任経過は以上のようであったが、時折、天皇は不機嫌な態度をみせた。一一月三〇日には出勤してきた田島に稲田侍従次長が、『朝日新聞』に田島の辞任と宇佐美後任の記事が掲載されたことにつき不機嫌な様子であったことを伝え、一二月一二日に田島が瓜生次長案の裁可を求めた際にも天皇の機嫌は悪く、「新長官長ク勤務ノコト　長官同様ノ大体方針カ」と尋ねている[106]。天皇が不機嫌となった理由は、一つには一二月一二日の発言にもあるように、短期間で長官が異動することへの不満であった。敗戦後の激動期とはいえ、石渡宮相から松平慶民、田島、そして、今回の宇佐美へと数年でトップが交代する事態に、天皇はもっとも重要な側近職である長官につき、就任者の性格や考えを知るとともに、自身の思想信条もよく理解してもらわねばならないと認識していたに相違なく、数年ごとに長官が交代するようでは、良好な「主従関係」と職場環境が保てないと感じていたのであろう。次長についても同様で、「長官と同じ方針なのか」と尋ねていることから、田島時代のオモテとオクの確執をみてきた天皇としては、長官と次長の頻繁な異動を好ましくないととらえていたと思われる。

また、任免にあたって天皇の認証を要する長官人事に、天皇は最後まで関与できず、在任者である田島と宮内庁を「管理する」吉田首相との間で終始選考が進められていったことへの不満もあったと思われる。第四章で紹介したように、天皇は「長官と侍従長は自分の秘書なので、信頼する者を任用したい」(片山哲への発言)と語っており、長官の選考にあたって事前にみずからの希望や意向を伝えたかったに違いない。また、天皇は「認証」を「承認」として受けとっていた節があり、自分のあずかり知らないところで長官人事がおこなわれていたことに不満を感じていたのではないだろうか。対照的に、退任する田島にとっては、側近首脳人事もほかの省庁と同じく、「国家公務員」として世代交代を促進させていくことで、オモテ主導の側近体制の確立へとつながっていく措置とみなしていたと思われる。いわば、田島の更迭は、象徴天皇制にふさわしい側近体制の構築に向けて先鞭をつけた人事であったとでも評されようか。

終章

象徴天皇制のゆくえ——昭和から平成へ

戦後における天皇の覚悟

新憲法の施行後、日本は「共和国における君主制」のうち、君主に政治的権能をもたせない「象徴君主保持国会制的間接民主制」という国家形態をとることになった。しかし、昭和天皇や歴代の自民党政権は、象徴天皇制についてイギリス流立憲君主制を含む広義の「議会主義的君主制」と解釈し、天皇を「国家元首」として位置づけ、政治外交問題に関する内奏も継続されていく。イギリス流立憲君主制では「議会における国王（女王）」となるが、政権交代がなかった日本では、あたかも「自民党政権における天皇」ともいえる現象が昭和時代をとおして継続していたといえよう。

そして、昭和天皇は「立憲君主」としての自覚のもと、安全保障問題と治安問題に対して関心を示し続け、積極的な姿勢をとっていく[1]。多くの研究者が指摘するように、昭和天皇の安保と治安への関心は、反共主義（対ソ脅威論）にもとづく政治信条に由来し、同時に戦後の「国体」護持という使命をみずからに課していたことの証左でもあった。天皇自身は退位によってみずからの戦争責任についてケジメをつけることを考慮、検討したこともあったが、占領統治上の理由から退位を望まなかったマッカーサーの意向もあり、在位したままでの責任のとり方を模索していく。

そして、在位による天皇の覚悟を示したものが、一九四八年一一月に田島宮内府長官からマッカーサーに宛てて送られた手紙であり、また、一九五二年五月三日の平和条約発効記念式典での

「おことば」であった。在位という重い負荷にたえながら、国民とともに戦後の国家再建に尽力していくという覚悟が、昭和天皇のとったケジメのつけ方だったのである。

敗戦によって明治期以来築きあげてきた大日本帝国を崩壊させてしまったことへの負い目は、当然、天皇の胸中に深い傷として刻まれており、そのため、戦後の国家を守っていかなければならないという気持ちはいっそう強かったと思われる。ただし、天皇の国家観は、基本的に戦前の「天皇即国家」という国体論にもとづいていた。戦争末期に天皇が三種の神器の確保を重視していたことや(『木戸』45・7・31)、ポツダム宣言受諾時に国家指導者層とともに国体護持の保障を最低限の条件とみなしていたことなど、天皇は「国体」について、皇統の存続と国家、国民の安全とが渾然一体となった概念としてとらえており、戦後もこのような「国体」認識に変わりはなかったように見受けられる。一九七〇年代の宮内記者会見で、天皇が国民を「赤子」と称していたことに鑑みても、天皇の「国体」認識の継続性がみてとれる。そのため、駐留米軍による日本防衛という安全保障体制(日米安保体制)は、天皇にとって皇統を守ることと同時に、国家と国民の安全を守ることをも意味していた。[2]

このような安保論にもとづけば、天皇が戦後の冷戦構造という国際環境の定着により、ソ連を筆頭とする社会主義国家や思想としての共産主義を「国体」にとっての日常的な脅威、危険因子とみなすようになっていくのは当然のなりゆきであったといえる。つまり、戦後、天皇が戦前にも増してソ連や共産党への脅威を語るようになっていくのは、[3]冷戦構造の定着がもたらした結果だったのである。

象徴天皇としての昭和天皇の理想

ここまで、独立回復までの占領期を中心に象徴天皇制の成立過程とその後の展開について論じてきた。独立回復後の昭和天皇と象徴天皇制の展開については今後の研究課題とし、終章では、昭和天皇と現在の明仁天皇の象徴天皇観の違いについて考察しながら、象徴天皇制のゆくえについて考えてみたい。

安保、外交、治安問題を懸念する天皇にとって、日本を取り巻く国内外の情勢に関する情報を収集し、知識を養っておくことは、立憲君主として当然の義務であった。一九七三年の増原事件では、「はりぼて」発言をした天皇であったが、以後も政務報告を求める姿勢に変わりはなかった。天皇は一九八二年二月の御用掛・橋本恕《ひろし》外務省情報文化局長による定例進講のなかで日米関係悪化の可能性について言及されると、外交問題を憂慮し、「政府〔鈴木善幸内閣〕の対応が分らない、今内大臣をつくるわけにもいかないが」(『入江』⑥82・2・26)と、連絡役を介して政府側の見解を求めたいという趣旨を述べている。天皇の要望は入江侍従長から富田朝彦《ともひこ》宮内庁長官に伝えられ、富田から政府へこの旨を伝達し、三月二三日に宮澤喜一内閣官房長官が認証官任命の内奏のため拝謁した際に、「日米交渉を逐一申上げ」(同前82・3・23)る措置を講ずることとなった。

しかも、増原事件で問題視されたのは、内奏時の会話内容を口外しないという政府内でのルールを破った増原防衛庁長官の行動であり、「国政に関する権限を有しない」はずの昭和天皇の政治的発言に批判の眼が向けられることはなかった。本書でも紹介してきたように、天皇は情報媒介役や助言役として内大臣の機能を維持するよう求め続け、実際に側近の松平康昌や寺崎英成のルートを利用し、内大臣のような機能を代行させていた。象徴天皇としての昭和天皇の理想がイギリス流立憲君主制であるならば、天皇はイギリスの国王秘書官のような存在を欲していたといえる。[4]

側近についていえば、占領期、天皇の周辺では若い世代の側近首脳を牧野伸顕や鈴木貫太郎、松平恒雄、関屋貞三郎、河井弥八らの旧側近者が支え、宮中における旧慣の維持に努めていた。関屋らの奔走によって発足した旧側近者幹部を集めた「松影会」は、牧野や鈴木、関屋らが生存中、現役の側近首脳を指導鞭撻する「顧問機関」として機能していたが、彼らが亡くなり、天皇制の存続や天皇の戦争責任問題などの懸案事項も解消されると、「実録」に記載されたとおり「親睦会」としての性格を強めていく。[5]

新憲法の施行にあわせ、宮中でも自主的な改革を実行し、人員整理や組織の統廃合が進められたものの、新時代に即した側近の刷新を求めるGSの介入もあり、芦田政権期に松平慶民宮内府長官と大金益次郎侍従長の両首脳が同時更迭された。田島道治宮内府長官と三谷隆信侍従長という外部から起用された新たな側近首脳は、側近の意識改革に取り組み、宮中にかかわる業務処理を長官官房（オモテ）のもとに統括しようと試みる。しかし、田島長官の辞任後、入江相政や徳川義寛といった戦前から侍従を務めてきた側近がオクの代表ともいえる侍従長に就任していることをみても、オモテとオクの確執が完全に解消され、オモテ主導体制が確立したようには思えない。宮中研究としては、今後、田島長官時代を含む、独立回復以後の組織検証が必要となってくるであろう。

日本人の付和雷同性への懸念

象徴天皇となった昭和天皇は、歴代天皇や立憲君主制下のイギリス王室も果たしてきた「君主の歴史的・社会的機能」の側面、すなわち、国家・国民統合の象徴たる「儀礼君主・社交君主」としての役割をいっそう重視していくようになる。「儀礼君主・社交君主」は、主権の所在によって区別される国法学的国家形態とは関係なく、君主制、共和制下のいずれの君主にも適用されるため、天皇や側近は国家・国民統合の象徴としての役割を果たすべく、地方巡幸をはじめ、積極的に民衆との接近、交流を図っていった。戦後の地方巡幸は、天皇制存続と天皇の免責工作に寄与する効果を計算したうえでの象徴天皇のお披露目の場という性格だけではなく、在位を決意した天皇の覚悟を示すための格好の機会となった。

戦後、昭和天皇は退位することなく、また、自身の戦争責任について明確に言及することもなく、一九八九年一月まで在位し続ける。このような身の処し方は、マッカーサーの意向にそった対応とはいえ、国内でも天皇に対する複雑な感情を残すとともに、海外では昭和天皇への厳しい視線が注がれ続けていくことにもなった。戦後の全国巡幸で天皇が最後まで訪れることができなかった唯一の地が沖縄であり、戦後初となる一九七一年の訪欧時には、イギリスやオランダで捕虜虐待の責任を追及する市民から抗議デモや悪態を受けることとなった。[6] このように、昭和天皇には生涯、戦争責任という影がつきまとっていく。

また、天皇自身も敗戦の原因の一つとして、付和雷同の傾向をもつ日本人の国民性をあげ、国民の教養を高め、宗教心を培って確固不動の信念を養っていかねばならないと指摘しているように、[7] 国民を臣下とみなし、啓蒙すべき対象ととらえる「君臣」観は終生拭えなかったものと思われる。天皇が国民の付和雷同性を指摘した背景には、戦前の国際連盟脱退時やナチス・ドイツへの傾倒により英米協調外交の基軸を転換させるにいたった過去の歴史的教訓が影響しており、[8] 戦後はアメリカ依存という国家方針の基軸を転換させることのないよう、自身が立憲君主として政治家や国民を指導鞭撻しようとし、「沖縄メッセージ」のような逸脱行為に及んだのではないだろうか。[9]

昭和天皇が象徴天皇の役割で重視していたのは、「日本国の象徴」の側面だったように感じられる。新憲法の施行によって主権者は国民へと移行し、君主大権はなくなったにもかかわらず、昭和天皇は依然として国家元首としての自覚を保ち、国家を「統治」する意識を失わなかったようにみえる。昭和天皇が幼少期から学んだ帝王学とは、「クニ」を統治していくための教育であり、戦後に五箇条の誓文の精神をもちだしてくるのも、東宮御学問所時代に杉浦重剛《じゅうごう》らから受けた帝王学の名残であったといえる。[10]

冷戦下にあって安保問題や治安問題は、昭和天皇にとって国家（クニ）の危急として認識されており、立憲君主として必要な役割を果たし、日本という国家、ひいては国民の安全を確保しようという意識を終生もち続けていたのであろう。

皇太子と小泉信三

大日本帝国時代の影の部分を引きずる昭和天皇に代わり、新しい皇室の担い手として注目されていくのが、皇太子の継宮明仁《つぐのみやあきひと》であった。皇太子は皇族の成人にあたる一八歳に達すると、一九五二年に成年式と立太子の礼をおこなって成人皇族の仲間入りを果たし、すぐさま、天皇の名代としてイギリスのエリザベス女王の戴冠式に参列するため訪欧旅行に旅立ち、国際デビューを果たすのである。

現在の明仁天皇の象徴天皇観を知るうえで、青年時代に東宮職参与として教育係を務めた小泉信三の考えがヒントになる。小泉はある地方の研究者からうけたイギリス流立憲君主制と象徴天皇制への適用に関する質問に対し、「調節者云々のことは、さし当り日本では適用がないかも知れぬが」[11]と答えており、イギリス流立憲君主制では認められている調停役という君主の権能を象徴天皇では「適用されない」ものとみなしていた。

小泉が皇太子への講義のなかで、『ジョオジ五世伝』や福沢諭吉の「帝室論」をテキストとして用いていたことはよく知られているが、[12]両書ともイギリス流立憲君主制のしくみや実態を紹介している。小泉は「帝室論」のなかでも、「帝室は政治社外のものなり」という箇所をとくに強調していたことがうかがえ、[13]ジョージ五世も「イギリス立憲君主制の父」と称せられるほどの名君として知られている。[14] 小泉は講義のなかでバジョットの説く三つの権利についても解説していたようであるが、象徴天皇には「調節者」の機能は適用されないと述べていることから、国政関与につながるような解釈をひかえ、たんに「報告を受ける権利」だけを有する存在としてとらえ、皇太子に教授していたといえる。[15]

小泉が両書のなかで注目した点は政治的権限についての説明ではなく、「君主の社会的機能」について論じた箇所であった。本書でも論じてきたように、「君主の社会的機能」は、君主形態の如何にかかわらず、「儀礼君主・社交君主」として規定することができるため、イギリス流立憲君主制でも象徴天皇制でも同様に位置づけることができる。これに該当する部分は、バジョットの「イギリス憲政論」では国家の尊厳的部分についての説明にあたり、「帝室論」では、「皇室の御任務は〔中略〕実に日本民心融和の中心とならせらるること」という箇所にあたる。[16]

ジョージ五世は第一次世界大戦時にみずから国民の模範となるべく努力し、公務以外の外出を控えたり、戦争が終わるまで食事にアルコールを口にしなかったり、宮殿での暖房や照明の使用を最小限におさえるようにするなど、日常生活での倹約に努めたほか、公務では、兵隊への閲兵、傷痍軍人への見舞、軍需工場や港湾などへの激励を頻繁にこなした。[17] 小泉は国民に範を示す君主の道徳的役割を重要視し、皇太子にその心構えを説いたのであろう。[18]

昭和天皇と明仁天皇の違い

皇太子は小泉信三による戦後流の「帝王学」教育とともに、家庭教師となったヴァイニング夫人から国民との関係性を意識させる人格教育もうけた。[19] 両者の影響を受けた皇太子は、成年式と立太子の礼を迎える一九五〇年代初頭には、「常に自分の人格が国民に意識され、それによって天皇制が継続していることを認識」するようになっていた。[20] 皇太子が意識するようになった新しい皇室の在り方は、一九五八年から五九年にかけての正田美智子（現在の皇后）との婚約、結婚によっていっそう顕著な形となってあらわれ、「ミッチー・ブーム」と呼ばれる社会現象まで巻き起こした。[21] 政治学者の松下圭一は、「ミッチー・ブーム」の熱狂から「大衆天皇制」論を唱え、天皇が君臨することの「権力の正統性」が戦前の「天皇」（万世一系の皇統）から「大衆」の支持へと変化したと説いている。[22]

慌ただしい憲法改正の過程のなか、「象徴」としての機能を十分考える時間のなかった昭和天皇と異なり、皇太子は昭和天皇の在位の間、「象徴」天皇の役割について父親の姿を追いつつ、自分なりに考える時間をもつことができた。そのなかで、皇太子は「象徴」の役割として、とくに国民（ヒト）との関係を重視する思考を身につけていったのである。「社交君主」として必要な機能は人との接し方であり、明仁天皇が小泉信三とヴァイニング夫人から人との接し方を学んだことは非常に意義があったといえよう。

むろん、象徴天皇となった昭和天皇も「君主制の歴史的・社会的機能」につながる国民との関係を重視していたことは確かであり、二人とも記者会見の場で「国民の幸福を祈念する」ことが天皇の務めだと語っている。[23]しかし、昭和天皇と明仁天皇との間には、国民との接し方において違いがでてくる。たとえば、「君主制の社会的機能」を代表する皇室の慈恵主義において、昭和天皇時代には戦前からの伝統の継続として「上から」の仁慈の施しという側面が強いのに対し、明仁天皇の平成流では、国民とのより「対等」な視線での思いやりの施しという面がにじみでてくるようになる。両者の受けた帝王学の違いが国民との接し方にも反映されていったといえよう。

また、昭和天皇の場合、「日本国の発展、国民の幸福」と国家の繁栄とともに語られることが多いのに対し、明仁天皇は国家統合の機能が前面に出てくることは稀で、国民の幸福を語ることが多い。いっぽう、明仁天皇は国民の幸福を願うと同時に、「現代にふさわしい皇室の在り方を求めていきたい」とも語っている。そして、明仁天皇のいう「現代にふさわしい皇室の在り方」とは、国民に寄り添い、国民と苦楽をともにすることであり、[24]「君主制の歴史的・社会的機能」から導き出される「儀礼君主・社交君主」としての側面を特化させ、象徴天皇としての役割を果たそうとしてきた。まさしく、「君臨すれども統治せず」の君主像を実践しているといえる。

明仁天皇は同じ会見の席で、「憲法に定められた天皇の在り方を念頭に置き、天皇の務めを果たしていきたい」[25]とも語っており、憲法第四条に明記された「国事に関する行為のみを行ひ、国政に関する権能を有しない」君主として、みずからを律する覚悟を述べている。国家形態論にもとづく君主制分類にあてはめれば、昭和天皇と明仁天皇は同じ「象徴天皇」であっても、自身が志向、意識していた君主制形態はまったく異なるものであった。内奏についても、閣僚による明仁天皇への内奏は昭和天皇の時と同様、おこなわれている。ただし、その内容は災害に関するものが多く、また、明仁天皇は昭和天皇と異なり、政治家との距離を保ち、政治的な意思を表明することはないようである。[26]

以上のような戦後日本における二人の象徴天皇の言動に照らしてみれば、榎原氏の規定する君主制形態のうち、君主が国家意思形成に参加しない「象徴君主保持国会制的間接民主国」（真の意味での象徴天皇制）の実現は、平成の世、明仁天皇の即位以降にようやく「確立」したといえるであろう。[27] つまり、真の意味での象徴天皇制の歴史は、まだ三〇年足らずでしかないのである。

生前退位問題と象徴天皇制

象徴天皇制の成立過程を論じてきた本書の締めにあたり、せっかくなので現在問題となっている天皇の生前退位問題と象徴天皇制の関係について、私見を提示しておきたい。新憲法に関連する付属法令の改正のなかで、皇室典範はＧＨＱからの要求によって議会の管理下に置かれる法律となったものの、天皇の戦争責任問題との関係や宮中の自律性を維持したい天皇や側近らの意向を反映し、皇位継承の規定など戦前とほぼ変わらない内容に据え置かれたまま、戦後に引き継がれていった。いわば、憲法改正や皇室・宮中の改革のなかで、皇室典範だけが取り残されるような状態となったのである。しかも、改正された皇室典範では明治期の典範で認められていた庶子への皇位継承も認められなくなり、また、一一宮家の皇籍離脱によって皇位継承の範囲は極端に狭められてしまった。今日のような皇位継承問題が起きるのは必然であった。

このような問題点を抱えた皇室典範を改正するためには、新憲法で規定されたように国会が動かなければならない。しかし、五五年体制のもと、長期政権を率いてきた自民党は皇室典範の問題点を正視しようとはしてこなかった。自民党政権は、象徴天皇を国家元首として扱いつつ、「儀礼君主・社交君主」としての皇室の伝統と、明治期に確立した民衆支配のための国体論にもとづく「伝統」を融合させて新たな象徴天皇制の「伝統」とし、民衆の皇室に対する崇敬心や親近感をみずからの政権安定に利用すべく、元号法や国旗・国歌法の制定など、ことさらに皇室の「伝統」を前面に押し出すようになった。

政権運営のために皇室や「伝統」を利用する手法は自民党政権時代に限った話ではなく、民主党政権時代の二〇〇九年一二月には、当時の鳩山由紀夫首相や小沢一郎幹事長が中国の習近平国家副主席（現国家主席）の来日に際して、天皇との会見を強引にねじこませた例もあり、天皇を国家元首と位置づけて政治利用するという風潮は、戦後の政界全体に浸透していたのであった。

戦後の皇室典範も「伝統」のなかに組み込まれた結果、皇位継承権を男系男子のみに限定するような皇室典範の内容が古代から継承されてきた皇室の伝統として認識され、自民党や保守派の論客の間で共有されるようになっていく。

いっぽうで、新憲法下での天皇は、国事行為にくわえて、「国家、国民統合の象徴」としての機能を果たさねばならなくなった。社会においては、「儀礼君主・社交君主」としての側面が強調されるようになったことで、国民の間に前近代における権力をもたない天皇のイメージが定着していくこととなった。

こうして、政治家、国民は象徴天皇をみずからにとって必要な時に「君主」として認識する都合のよい存在として扱うようになり、議会や輿論が新憲法における「象徴」機能や皇位継承の問題を真剣に考えず、空気のようにただ存在することをあたり前のようにとらえる象徴天皇観が広まっていった。そこに起きたのが今回の生前退位問題である。本来、議会や国民が考えなければならない「象徴」機能や皇位継承問題について、「国政に関する権能を有しない」天皇のほうから喚起されるという状況をつくってしまったのである。

結局、今回の生前退位問題は憲法の規定どおり国会で処理され、一代限りの特例法で退位を認めるという措置がとられることになったものの、皇位継承問題など皇室典範が抱える問題点については、女性宮家の創設などを検討していくとしつつも、今後の課題として後回しにされようとしている。せっかく皇室や天皇について国民が考える機会をあたえられたのであるから、国民の代表である国会の場でさらに議論を重ねていくべきではないだろうか。我々日本人は、日本国憲法第一条の「〔天皇の〕地位は、主権の存する日本国民の総意に基く」という規定を今一度深く考える時にきているのである。

注

序章

（1）この種の議論について、「憲法調査会第三委員会第六回会議議事録」一九五九年九月一七日（『憲法調査会第三委員会第一回〜第十回会議議事録』国立公文書館デジタルアーカイブ〔以下、DAと略称〕、本館―二A―〇三八―〇八・憲〇〇〇三五一〇〇）における佐藤功委員の発言を参照。

（2）明治憲法下の近代天皇制を「立憲君主制」と区別すること自体、戦前から発展段階論にもとづき議論されてきたテーマとなるが、本書では「立憲君主制」という前提で論述していく。

（3）比較憲法学や国法学のような法学系の研究をのぞき、歴史学研究に限定すると、冨永望『象徴天皇制の形成と定着』（思文閣出版、二〇一〇年）序章で包括的な整理がなされている程度である。

（4）榎原猛『君主制の比較憲法学的研究』（有信堂、一九六九年）六頁。同様の指摘として、佐藤功『君主制の研究』（日本評論新社、一九五七年）序章参照。

（5）憲法調査会の委員だった政治学者の神川彦松も、天皇の地位について、「法制上の観念と、政治上、社会上の観念〔中略〕そういう二つの面をはっきり分けて追求するほかはない」と語っている（「憲法調査会第三委員会第四回会議議事録」一九五九年六月三日、二三頁、『憲法調査会第三委員会第一回〜第十回会議議事録』国立公文書館DA）。

（6）前掲榎原『君主制の比較憲法学的研究』九頁。

（7）前掲佐藤『君主制の研究』三五頁。この方法論は、社会学、社会心理学のような視角も包含し、「君主制の社会心理的考察」を試みるものである（同書第一章第二節、第三章第一節）。

（8）「議会主義的君主制」の定義や特徴については、G・イェリネク著／芦部信喜ほか訳『一般国家学』（学陽書房、一九七四年）五六〇〜五六六頁、カール・レーヴェンシュタイン著／秋元律郎、佐藤慶幸訳『君主制』（みすず書房、一九五七年）四五〜七七頁参照。なお、本書ではドイツ国法学の理論的な概説につき、具体的に引用書や該当頁を掲載している箇所以外は、注記する先行研究の記述によっていることを断っておく。

（9）前掲レーヴェンシュタイン『君主制』四五〜四八頁。前掲佐藤『君主制の研究』第二章。ただし、レーベンシュタインとその説を引用した佐藤氏は、イギリスは議会主義的君主制のなかでも「特殊」な例と位置づけ、西欧や北欧の議会主義的君主制との間に「明確な相違」があると指摘している（六八頁）。

（10）前掲冨永『象徴天皇制の形成と定着』二五〜二六

頁参照。

(11)この点、政治思想史の研究が参考となる。嘉戸一将「『忠君』と『愛国』」(鈴木徳男・嘉戸一将編『明治国家の精神史的研究』以文社、二〇〇八年)のほか、「顕教・密教」論で近代天皇制の解釈システムを表現した、久野収・鶴見俊輔『現代日本の思想』(岩波新書、一九五六年)一三一～一三三頁を参照。

(12)江口圭一『日本帝国主義史研究』(青木書店、一九九八年)第二章の「天皇制立憲主義論」、村井良太「昭和天皇と政党内閣制」(日本政治学会編『年報政治学二〇〇四』岩波書店、二〇〇五年)など。

(13)前掲冨永『象徴天皇制の形成と定着』序章参照。

(14)前掲榎原『君主制の比較憲法学的研究』五六頁。

(15)同前、第三編第一〇章。

(16)同前、七〇頁、六三二～六三九頁。

(17)「憲法改正の『必須要件』として最高司令官(マッカーサー)から示された三つの基本的事項」(山極晃・中村政則編『資料日本占領1　天皇制』大月書店、一九九〇年〔以下、『資料天皇制』と略称〕)五四二頁。

(18)袖井林二郎『マッカーサーの二千日』(中公文庫、二〇〇四年)二五二～二五三頁。

(19)ダグラス・マッカーサー著／津島一夫訳『マッカーサー大戦回顧録』下(中公文庫、二〇〇三年〔原典は、『マッカーサー回想記』下、朝日新聞社、一九六四年〕)一八七～一八八頁、二三六～二三七頁。

(20)イギリス立憲君主制の成り立ちや特徴などの制度面については、A・V・ダイシー著／高田早苗、梅若誠太郎訳『英國憲法論全　附英國憲法講義』復刻版(信山社、二〇〇六年、初版一八九九年)の「英國憲法論」四四～六一頁、前掲佐藤『君主制の研究』第二章第二節、ヴァーノン・ボグダナー著／小室輝久ほか共訳『英国の立憲君主政』(木鐸社、二〇〇三年)、元山健・倉持孝司編『新版・現代憲法　日本とイギリス』(敬文堂、二〇〇〇年)第三講、第一四講～第一八講参照。また、二〇世紀以降、「議会における国王」のような制度が現実の政治のなかで慣習として確立していった過程を実証的にあらわした研究として、君塚直隆『ベル・エポックの国際政治』(中央公論新社、二〇一二年)、君塚直隆『ジョージ五世』(日経プレミアシリーズ、二〇一一年)参照。

(21)高柳賢三ほか編『日本国憲法制定の過程Ⅱ　解説』(有斐閣、一九七二年)一一七頁。草案起草にあたって局員らが指針としたのは、マッカーサー三原則とアメリカ政府から示されたSWNCC—二二八「日本の統治体制の改革」であった(同書、第四章参照)。SWNCC—二二八の原文と邦語訳は、高柳賢三ほか編『日本国憲法制定の過程I　原文と翻訳』(有斐閣、一九七二年)四一三～四一七頁参照。

(22) 鈴木昭典『日本国憲法を生んだ密室の九日間』(角川ソフィア文庫、二〇一四年)二二八頁。

(23) 同前、一三五頁。

(24) 同前、一三〇頁。プールは、「アメリカ人ならば十人が十人とも、〔象徴《シンボル》が〕〈精神的な要素も含んだ高い地位〉という意味を、すぐ理解する言葉」だとも述べている。

(25) 新憲法の立案にあたった当時GS内部の君主観を探るうえで、法務課の法務官だったアルフレッド・オプラーのホイットニー局長宛覚書「明治憲法下における憲法改正に関する議会の権限」が参考となる。オプラーは覚書のなかで、新憲法下における天皇の地位と権限につき、「天皇から人民への主権の移行」という主権概念と、「天皇の新しい任務に関する限り、それは、『国王は君臨するが統治せず』というフランスのことばによって定義することができよう」という君主権の規定、制限の問題を混淆《こんこう》してとらえている。「明治憲法下における憲法改正に関する議会の権限」(「佐藤達夫関係文書」五二一―一五、国立国会図書館憲政資料室所蔵)。原文は一九四六年八月二五日付の英文であり、一九六〇年九月に憲法調査会事務局の調査時に翻訳されたもの。

ただし、オプラーの「国王は君臨するが統治せず」という解釈は、GHQ草案の模範とされたイギリス流立憲君主制を正確に表現しているとはいえない。ダイシーの『英国憲法論』などを用いた明治期における高田早苗(後に早稲田大学初代学長に就任)の講義録では、君主は政治上の実務や経験を通じ、大臣から報告を受けるとともに意見を述べることもあることなど、「君主必ずしも全然無勢力なるにはあらず」、「英国の君主〔中略〕亦憲法上頗《すこぶ》る肝要なる一機関」だと説明されており、こちらの指摘のほうが正しい解釈といえる(前掲ダイシー著／高田、梅若訳『英國憲法論全　附英圀憲法講義』復刻版、一七一～一七二頁)。

(26) 前掲榎原『君主制の比較憲法学的研究』六三四頁。国体変更論を首肯する憲法学者について、佐々木惣一がその典型例である。佐々木はGHQ草案を手交される以前、近衛文麿らと内大臣府による憲法改正調査に携わり、作成した憲法改正案を天皇に進講していた。佐々木は日本国憲法における君主規定の認識として、明確に国体変更を肯定し、「天皇は統治権の総攬者ではなくなつた。従て国体は変更したのである」(佐々木惣一『改訂日本国憲法論』有斐閣、一九五二年、一五六頁)という憲法観を主張している。なお、佐々木も参画した内大臣府による憲法改正作業については、前掲佐々木『改訂日本国憲法論』九七〜一〇一頁、古関彰一『新憲法の誕生』（中公文庫、一九九五年）I章参照。

(27) 金森徳次郎著／鈴木正編・解説『憲法を愛していますか』（農山漁村文化協会、一九九七年）二七頁、一五三頁。

(28) 同前、一〇六〜一一〇頁、一五四〜一五六頁。

(29) ただし、金森は戦前の著書のなかで、「天皇が統治権の総攬者であることが国体の本質である」といった国体論を説いており、この主張との関係から「変節」を指摘される。そのことにつき、金森は当時の国家体制を不変なものとして解釈していたのであり、また、人間の思想は常に進歩するもので、学説の変化も非難されるにあたらないと弁解している（同前、八九〜九二頁）。戦前における金森の国体論の解釈について、金森徳次郎『帝国憲法要綱』訂正版（巖松堂書店、一九三四年）一〇〜一二頁、七九〜八七頁参照。

(30) 冨永望氏が指摘するように、国内における官民の各憲法改正案のほとんどが「議会主義的君主制」を志向していたのであり、民主的と評されるGHQ草案との相違点は、主権所在と君主権限の強弱に集約されていた（前掲冨永『象徴天皇制の形成と定着』二五〜二七頁参照）。

(31) 古代以降の天皇制の「不親政」の歴史と象徴天皇制の関係を検証した代表的研究として、石井良助『天皇』（山川出版社、一九八二年）第七編を参照。

(32) 前掲榎原『君主制の比較憲法学的研究』六三五頁。

(33) ウォルター・バジョット著／小松春雄訳「イギリス憲政論」（辻清明編『世界の名著60』中央公論社、一九七〇年）六七〜七二頁。

(34) 「儀礼君主」、「社交君主」の定義については、佐々木隆爾『現代天皇制の起源と機能』（昭和出版、一九九〇年）で、伝統的な宗教的権威にもとづき社会上の儀礼や行事、栄典授与を通じて国民を統合する機能を果たす君主と規定されている（一六五〜一八七頁参照）。佐々木氏は、「儀礼君主」と「社交君主」を区別しているが、本書では両者を広義にとらえ、同一のカテゴリーとして認識する。また、安田浩『近代天皇制国家の歴史的位置』（大月書店、二〇一一年）も象徴天皇制を「儀礼君主」と規定しつつ論述を展開している。

(35) 奥平康弘「日本国憲法と『内なる天皇制』」（『世界』第五二三号、一九八九年一月）も同様の視角から「文化現象としての天皇崇拝を指す」国体概念として、「うちなる天皇制」と名づけ、戦後も天皇制が残存した経緯や理由を論じている（一一八〜一二三頁）。
(36) 各理論の詳細については、前掲佐藤『君主制の研究』三一六〜三二九頁参照。
(37) 前掲佐藤『君主制の研究』第三章第一節、前掲榎原『君主制の比較憲法学的研究』六四二〜六四三頁。
(38) 前掲榎原『君主制の比較憲法学的研究』六四三頁。
(39) 下條芳明『象徴君主制憲法の20世紀的展開』（東信堂、二〇〇五年）一四四〜一四八頁。
(40) 同前、一四六頁。
(41) 同前、第二部第四章の内容から必要部分を引用した。ただし、「報告を受ける権利」について、下條氏も依拠する前掲レーヴェンシュタイン『君主制』のなかで、今日のイギリス立憲君主制でも、「相談」から「報告」へと後退しているとの説明が記述されている（五四頁）。
(42) 戦後、自民党政府は内奏を継続していくが、天皇の国政関与という批判をかわすため、国事行為にあたる認証官人事などに関する「所管事項の説明」という見解を示してきた（後藤致人『内奏』中公新書、二〇一〇年、一七五〜一七九頁）。つまり、象徴機能を果たしていくうえで必要な知識や教養を身につけるための「お話し」という性格づけであり、宮内庁も同様の見解を示している（『朝日新聞』一九七三年五月二九日付朝刊の記事）。
(43) 前掲下條『象徴君主制憲法の20世紀的展開』一四六〜一四八頁。しかしながら、後述するように、日本国憲法制定当時における天皇の「内奏」要求は、下條氏のいう「国家・国民統合の象徴機能」を意味する国事行為や公的行為に関する事象にとどまらず、戦後日本の外交、安保問題という国政への関与にほかならなかったのであり、また、今日の象徴天皇制やスウェーデン憲法下の君主制という現在の君主制形態をもとに歴史を遡及的《そきゅうてき》に解釈し、象徴天皇制の施行時点から「情報権的君主制」が確立していたかのように規定するのは、やや問題があるように感じられる。
(44) 芦部信幸ほか「座談会　象徴天皇制の42年と今後の課題」（『ジュリスト』第九三三号、一九八九年五月）における佐藤功氏の発言（一一〜一二頁）。
(45) 水林彪『天皇制史論』（岩波書店、二〇〇六年）三一一〜三一五頁。
(46) 前掲佐藤『君主制の研究』では、ラスキ（Harold Laski）の研究を引用しながら、エドワード七世以降のこのような傾向を紹介しており（一二三頁）、前掲ボグダナー『英国の立憲君主政』では、国王のもつ「象徴的影響力の実用的行使」として英国王室による「仁愛と慈善の仕事」の重要性を説いている（三二三〜三二八頁）。近代以降のイギリス王室がみずからの存在意義を高めるために行ってきた慈善、博愛活動の実践例については、金澤周作『チャリティとイギリス近代』（京都大学学術出版会、二〇〇八年）一八七～一九一頁、君塚直隆『チャールズ皇太子の地球環境戦略』（勁草書房、二〇一三年）参照。また、赤澤計眞氏は、敗戦後「破綻の危機に瀕した」天皇制について、イギリス王室の「王室と国民との関係」、すなわち、王制の「心理的・感覚的な国民統合の役割」を範例とし、存続の拠り所としていたと指摘している（赤澤計眞『君主制国家論の歴史的系譜』近代文藝社、一九九二年、二〇七頁）。

(47) 鈴木正幸『近代天皇制の支配秩序』（校倉書房、一九八六年）一七七～一九六頁、鈴木正幸『国民国家と天皇制』（校倉書房、二〇〇〇年）第八章、梶田明宏「『昭和天皇像』の形成」（鳥海靖ほか編『日本立憲政治の形成と変質』吉川弘文館、二〇〇五年、第一一章）、河西秀哉「天皇制と現代化」（『日本史研究』第五八二号、二〇一一年二月）第一章など。

(48) 遠藤興一『天皇制慈恵主義の成立』（学文社、二〇一〇年）第一章参照。また、皇室や宮中による社会事業への取り組みについて、拙著『昭和戦前期の宮中勢力と政治』（吉川弘文館、二〇〇九年）一七一～一七八頁、拙稿「宮中勢力による社会経済問題への対応」（粟屋憲太郎編『近現代日本の戦争と平和』現代史料出版、二〇一一年、第二章）参照。

第一章

(1) 昭和天皇が一九四五年六月一〇日前後まで「一撃講和」論に固執していた点については、山田朗『昭和天皇の軍事思想と戦略』（校倉書房、二〇〇二年）三一八～三二二頁、纐纈厚『「聖断」虚構と昭和天皇』（新日本出版社、二〇〇六年）一一六～一一九頁、鈴木多聞『「終戦」の政治史　1943－1945』（東京大学出版会、二〇一一年）一二四～一二五頁、山田朗『昭和天皇の戦争』（岩波書店、二〇一七年）二三八～二六七頁など多数の研究で指摘されている。

(2) この点については、近日発表予定の拙稿「『終戦工作』における宮中勢力の政治動向」で詳しく論じている。

(3) 関口哲矢『昭和期の内閣と戦争指導体制』（吉川弘文館、二〇一六年）第二部第二、第三章参照。

(4) 拙著『昭和戦前期の宮中勢力と政治』第九章参照。とくに関屋の動きが活発であり、牧野を中心とする旧側近者が宮内省御用掛などの地位に就いて天皇を補佐すべきだと説いていた。後述するように、側近体制の刷新を求める関屋の動きは敗戦後にも引き継がれていく。

（5）「雑音」という認識を含む木戸の情報管理については、松田好史『内大臣の研究』（吉川弘文館、二〇一四年）第六章に詳しい。

（6）拙著『昭和戦前期の宮中勢力と政治』三三六頁、蓮沼蕃侍従武官長の証言。拙著『昭和天皇側近たちの戦争』（吉川弘文館、二〇一〇年）一九九～二〇一頁も参照。

（7）木戸幸一『木戸幸一日記』下巻（東京大学出版会、一九六六年（以下、『木戸日記』と略称））一九四五年六月一三日、一八日、三〇日条。これ以降の昼食会の開催日は、七月一〇日、一七日、三一日、八月七日だが、八月七日に広島への原爆投下と被害状況について話題となっているほかは、同資料中、政治問題について協議した形跡はみあたらない。

（8）「戦争終結への努力」（木戸日記研究会編『木戸幸一関係文書』東京大学出版会、一九六六年（以下、『木戸文書』と略称））八〇頁、『木戸日記』一九四五年七月七日条、伊藤隆編『高木惣吉　日記と情報』下（みすず書房、二〇〇〇年（以下、『高木日記』と略称））一九四五年七月一〇日条。

（9）「終戦工作」のクライマックスともいえる聖断方式による降伏決定を分析した研究は枚挙にいとまがないので、ここでは近年の研究成果である前掲鈴木『「終戦」の政治史　1943－1945』、手嶋泰伸『昭和戦時期の海軍と政治』（吉川弘文館、二〇一三年）、波多野澄雄『宰相鈴木貫太郎の決断』（岩波現代全書、二〇一五年）をあげておく。

（10）『木戸日記』一九四五年八月九日～一〇日条。この時に天皇に招かれたのは、二月の時と同じ重臣七名と前首相の小磯である。結局、重臣たちはポツダム宣言受諾に「異存なきむね」で「大体皆同意見」を開陳しただけであった（細川護貞『細川日記』中央公論社、一九七八年、一九四五年八月一〇日条）。

（11）昭和天皇の君主としての成長を指摘する総合的研究として、安田浩『天皇の政治史』（青木書店、一九九八年）第Ⅳ章、前掲山田『昭和天皇の軍事思想と戦略』のほか、近年刊行された昭和天皇の評伝、伊藤之雄『昭和天皇伝』（文藝春秋、二〇一一年）、加藤陽子『昭和天皇と戦争の世紀』（講談社、二〇一一年）、古川隆久『昭和天皇』（中公新書、二〇一一年）、高橋紘『人間　昭和天皇』（講談社、二〇一一年）上下など参照。また、二〇一四年に公開された「昭和天皇実録」と、その資料としての性格や問題点を指摘した研究として、古川隆久ほか編『「昭和天皇実録」講義』（吉川弘文館、二〇一五年）がある。

（12）木戸は戦後の聞き取りのなかで、鈴木内閣の総辞職が「不意打ち」であり「あとのことを考えちゃいないんだ」とも語っているが（「木戸幸一政治談話速記録」下、国立国会図書館憲政資料室所蔵、一五五頁、以下、「木戸談話録」と略称）、本文以下に述べるように、一四日午後から後継首班の選定に向けて行動をはじめていた。

(13) この時の首相候補として、木戸は「東久邇さんの内閣以外にはないと思います」と回想している（「木戸談話録」、一五五頁）。

(14) 「木戸談話録」、一五八頁。

(15) 近衛の入閣は東久邇宮自身の希望であったが、すでに木戸は平沼との首班奏請の協議時に「近衛公をして御助けせしむること」を申し合わせている。以上、東久邇稔彦『東久邇日記』（徳間書店、一九六八年）、『木戸日記』の一九四五年八月一五、一六日条参照。

(16) 外相選考にあたっては、東郷茂徳（留任）、有田八郎へ打診されたが両人が断ったため、緒方いわく「木戸サンニヨク御用聞キヲヤツテ居タ」という理由で重光を起用したという（『高木日記』下、一九四五年一〇月一二日条）。

(17) 栗田直樹『緒方竹虎』（吉川弘文館、二〇〇一年）一三四〜一三七頁、五百旗頭真『占領期』（講談社学術文庫、二〇〇七年）七〇〜七一頁、一二〇〜一二一頁参照。

(18) 参謀本部所蔵『敗戦の記録〈普及版〉』（原書房、一九八九年）三七八〜三八三頁。

(19) 『高木日記』下、一九四五年九月一九日、二二日、二六日、二九日の各条。高木惣吉は九月一九日に東久邇宮内閣下で新設された内閣副書記官長に就任しており、緒方竹虎内閣書記官長を補佐するという公的な職務のほか、「終戦工作」過程で培ってきた人脈や連絡網を生かし、米内海相や高松宮といった海軍関係者や松平康昌内大臣秘書官長などと接触して情報を処理していた。東久邇宮内閣総辞職後、緒方は高木に対して憲法改正、貴族院改革、譲位の準備のための皇室経費の調査整理の方向づけまで着手しておきたかったという感想をもらしている（同一九四五年一〇月一二日条）。

(20) この問題については、永井均「戦争犯罪人に関する政府声明案―東久邇宮内閣による閣議決定の脈絡―」（「年報日本現代史」編集委員会編『年報・日本現代史』第一〇号、現代史料出版、二〇〇五年）がもっとも詳しい。本書以下の記述でも永井論文によって経過を紹介している。

(21) 『木戸日記』一九四五年九月一二日条、重光葵『重光葵手記』（中央公論社、一九八六年）五五二頁。

(22) 『東久邇日記』一九四五年九月一二日条。「実録」一九四五年九月一三日条。前掲永井「戦争犯罪人に

関する政府声明案」では、GHQが日本側の自主裁判を「退ける公算」が高く、「『交渉の失敗』という見通しが天皇を譲歩に導く」こととなったと指摘している（二九六〜二九七頁）。

(23)『高木日記』下、一九四五年九月二九日条。高木の憲法改正論が緒方竹虎や東久邇宮にまで伝わっていたかは不明である。

(24)憲法改正に関する研究も枚挙にいとまがないので、ここでは、佐藤達夫『日本国憲法成立史』第一巻（有斐閣、一九六二年）第三章、前掲古関『新憲法の誕生』I章を参照。

(25)木戸内大臣期における宮中の体制について、拙著『昭和戦前期の宮中勢力と政治』第九章、前掲松田『内大臣の研究』第六章参照。

(26)天皇とマッカーサーとの会見については、松尾尊兊『戦後日本への出発』（岩波書店、二〇〇二年）第三章、豊下楢彦『昭和天皇・マッカーサー会見』（岩波現代文庫、二〇〇八年）、豊下楢彦『昭和天皇の戦後日本』（岩波書店、二〇一五年）参照。ただし、両者の研究は天皇の発言内容やマッカーサーとの会見の意義に焦点があてられており、天皇や側近たちの対応について十分に論じられているわけではない。

(27)重光葵『続重光葵手記』（中央公論社、一九八八年）二四八頁。

(28)藤田尚徳『侍従長の回想』（中公文庫、一九八七年）一七〇頁。

(29)「木戸談話録」、一五九頁。

(30)「重光・マッカーサー会見（九・二〇）」（江藤淳編『占領史録』第一巻、講談社学術文庫、一九八九年）二七〇〜二七五頁。

(31)『続重光葵手記』二四五頁。重光の奏上に対して天皇から「種々御下問」があった。なお、前掲松尾『戦後日本への出発』には、児島襄氏の研究を引用しつつ、重光のマッカーサー訪問に同行した岡崎勝男外務省調査局長に、GHQ側から天皇のマッカーサー訪問を促すような発言があったと紹介しているが（九一〜九二頁）、この情報の確証性の問題とともに、GHQ側からの情報が天皇や側近に伝わったかどうかは不明である。

(32)『続重光葵手記』二四八頁。重光は近衛や東久邇宮のマッカーサー訪問や外国記者との会見を「媚《び》態《たい》」であると批判しており、天皇が自身の戦争責任を否定する言動をとることにも反対であった（同二五三頁、二五九頁、二六七〜二六八頁）。

(33)重光外相の辞任経緯やその背景にあった閣僚間の確執について、『続重光葵手記』二六四〜二六六頁、前掲栗田『緒方竹虎』一三七〜一三八頁、前掲五百旗頭『占領期』八〇〜八八頁参照。
(34)本文中の経過については、『木戸日記』、『東久邇日記』、「実録」の記述によった。
(35)天皇のマッカーサー訪問の決意が固かったことは、石渡宮相が高松宮に語った「陛下ハ負ケタノダカラ行クト前カラノオ話ナリ」という言葉からもうかがえる（高松宮宣仁親王『高松宮日記』第八巻、中央公論社、一九九七年、一九四五年九月二五日条）。
(36)前掲藤田『侍従長の回想』一七〇頁。
(37)徳川義寛『徳川義寛終戦日記』（朝日新聞社、一九九九年〔以下『徳川日記』と略称〕）一九四五年九月二〇日条。なお、ポツダム宣言に関する発言のくだりは藤田の『侍従長の回想』には記されていない。
(38)「吉田・マッカーサー会見（九・二〇）」（『占領史録』第一巻）二九〇〜二九二頁。
(39)前掲松尾『戦後日本への出発』五九頁、一四九〜一五〇頁、前掲豊下『昭和天皇の戦後日本』七八頁。なお、会見時に天皇が自身の戦争責任についてどこまでふみこんだ発言をしたか、長年、議論の的となってきたが、松尾氏が研究整理をおこなったうえ、「監督責任」程度のことを伝えたのではないかと指摘している（『戦後日本への出発』三二〇頁）。
(40)奥村勝蔵「陛下とマ元帥」（吉田茂『回想十年』一、中公文庫版、一九九八年に所収）一一九頁。
(41)幣原の組閣大命拝受までの経緯は、『木戸日記』一九四五年一〇月六日条、「木戸談話録」一五七〜一五八頁、幣原喜重郎『外交五十年』（中公文庫版、一九八七年）二一三〜二一四頁、『回想十年』一、一四二〜一四四頁参照。
(42)『木戸日記』によると、戦後の昼食会は八月二一日に「宮相室にて例の如く会食す」と再開され、以後、二八日、九月四日、一〇日、二五日、一〇月二日、九日、二三日、三〇日、一一月六日、二〇日と、内大臣府が廃止される直前まで続いている。
(43)「実録」一九四五年一〇月一七日条。なお、一〇月五日には宮内省の機構縮小をはかるため宮内省官制が改正されている。これにより、総務局は廃止されて所掌事項を大臣官房に移管し、総務局長だった加藤が大臣官房主管に転じた（「実録」同日条）。
(44)木戸の侍従長の職務観については、拙著『昭和戦前期の宮中勢力と政治』一九三頁参照。
(45)木戸幸一宛吉田茂書簡、一九四五年九月三〇日付（吉田茂記念事業財団編『吉田茂書翰』中央公論社、一九九四年、二一九頁）。
(46)貴族院議員の次田大三郎から東久邇宮首相への発言。同じく貴族院議員の原口初太郎も東久邇宮に木戸の早期辞任を具申したいと語っていた。尚友倶楽

部・今津敏晃編『小林次郎日記』（芙蓉書房出版、二〇一六年）一九四五年一〇月四日条。

(47) 後年、高尾亮一は一九四五年一〇月に戦後の宮中事務の処理方針を検討する目的から臨時で宮内省事務調査会が設置され、憲法改正問題や皇室典範改正問題、皇室財産処置問題などを論議、研究したと語っている（「憲法調査会第三委員会第三回会議議事録」一九五九年五月二〇日、『憲法調査会第三委員会第一回～第十回会議議事録』国立公文書館DA、一頁）。なお、木下道雄『側近日誌』（文藝春秋、一九九〇年）では、一〇月二四日条に「事務調査会」という名称が初出する。

(48)『木戸日記』一九四五年一一月三日、四日、二〇日、二三日、二七日の各条。

(49) 粟屋憲太郎『東京裁判への道』上（講談社選書メチエ、二〇〇六年）第四章参照。

(50) もともと、一八八八年の勅旨《ちょくし》により、皇族の成年男子は枢密院本会議への出席を認められていたものの、実際には明治憲法と皇室典範制定時の会議をのぞき、出席したことはなかった（諸橋襄『明治憲法と枢密院制』芦書房、一九六四年、四二～四三頁参照）。

(51)『高松宮日記』第八巻、一九四五年八月二一日条。以後も要職にある文官、武官を招いて情報を聴取することが多い。なお、「皇族会同」の名称は、日記内で「例会」「懇談会」「情報会」などと不統一に記されている。

(52) 同前、一九四五年九月七日条。なお、八日に天皇から出席許可の返事を受けた高松宮は、「オ変リニナツタモノナリ」と、皮肉を込めて記しており、戦中期から続く兄弟間の葛藤をうかがわせる。

(53) 同前、一九四六年二月二七日（ボナー・フェラーズ軍事秘書）、四月三〇日（ケーディスGS次長、セシル・ティルトン（Cecil Tilton）GS地方民政課長ほか憲法草案起草関係者）、五月二二日（ホイットニーGS局長、ケーディス）の各条。

(54) 吉田裕『昭和天皇の終戦史』（岩波新書、一九九二年）七二～七八頁。一九四五年一二月一六日には、枢密院議長就任の挨拶に訪れた鈴木貫太郎と、「陛下御譲位の時機ニ関スル考察ノコト」などを話している（『高松宮日記』第八巻、同日条）。

(55) 進藤榮一編『芦田均日記』第一巻（岩波書店、一九八六年〔以下、『芦田日記』と略称〕）一九四六年二月二七日条、入江為年監修／朝日新聞社編『入江相政日記』第二巻（朝日新聞社、一九九〇年〔以下、『入江日記』と略称〕）一九四六年六月八日条、『高松宮日記』第八巻、一九四六年五月二三日、三一日、六月八日、七月二日条、『徳川日記』一九四六年七月五日条など。

(56)『入江日記』第二巻、一九四六年六月八日条に、三笠宮が憲法草案の採決時に反対して退場したことにつき、「非常にお上も遺憾に思召された」「どうして皇族はかくもお上をお苦しめするやうなことばかりされるのであらうか」と記されている。

(57) 前掲吉田『昭和天皇の終戦史』八七〜九二頁、高橋紘『昭和天皇1945－1948』(岩波現代文庫、二〇〇八年) 三四四〜三四八頁参照。

(58) 小田部雄次『皇族』(中公新書、二〇〇九年) 二九五頁参照。

(59)『側近日誌』一九四六年一月四日条のほか、石渡については、石渡荘太郎伝記編纂会編『石渡荘太郎』(同会、一九五四年) 四九一〜四九二頁、藤田は『侍従長の回想』二一九頁参照。

(60)『側近日誌』一九四五年一二月二日、一九四六年一月四日条。松平康昌は、慶民を「物足らぬ」と評している (同一二月二日条)。

(61) 藤樫準二『千代田城』(光文社、一九五八年) 八〇頁。

(62)『側近日誌』一九四六年四月一八日、二七日条。このほか、稲田周一内記部長が侍従次長に、木下は宮内省御用掛にそれぞれ転じた。

(63)『入江日記』第二巻、一九四六年一月九日条。さらに、数日後、入江が大金次官を訪ねて自身の見解を伝えると、大金も「大体に於て同感の意を表」した (同一五日条)。

(64) 敗戦時に皇后宮大夫の地位にあった広幡は、木戸や近衛より早く、一九四五年一〇月中旬に辞意を申し出て了承されていた (『木戸日記』一九四五年一〇月一八日条、『側近日誌』一九四五年一〇月二三日条)。

(65) 高松宮は藤田侍従長の後任として高木八尺東京帝大教授のような外部からの起用を主張し、宮内省側にも伝達されていた。しかし、天皇や側近の入れるところとならずに一蹴されると、「侍従長ハ外カラト云ツテヰタノニ、ヤハリコンナ事ニナリ遺憾ナリ」という心境を記している (『高松宮日記』第八巻、一九四六年四月三〇日、五月三日条)。

(66) 高橋紘・鈴木邦彦『天皇家の密使たち』(文春文庫、一九八九年) 一六四〜一六五頁。

(67)『石渡荘太郎』四四四頁。

(68) 筧素彦『今上陛下と母宮貞明皇后』(日本教文社、一九八七年) 一五一〜一五九頁。

(69)『入江日記』第二巻、一九四七年八月一七日、二二日、二五日、九月六日、二一日、二二日の各条。

(70) 木下道雄『新編宮中見聞録』(日本教文社、一九九八年) 八七頁。

第二章

（1）関屋はフェラーズとの会見の内容につき、貴族院の同志や幣原首相にも伝達していた。先行研究では、フェラーズによる天皇免責の情報が貴族院議員の原口初太郎を介して日本側へ伝えられたと紹介されてきたが、同時期に関屋からも同じ情報が原口、次田大三郎（幣原内閣で内閣書記官長を務めた）、小林次郎貴族院書記官長ら貴族院の同志をはじめ、幣原首相にも伝達されていた。「関屋貞三郎日記」（国立国会図書館憲政資料室所蔵〔以下、「関屋日記」と略称〕）一九四五年一〇月一一日、二〇日条、『小林次郎日記』一九四五年一〇月一八日条。

（2）「関屋日記」一九四五年一〇月二日、一二日、一四日〜一六日条。関屋による天皇免責工作への関与については、前掲高橋／鈴木『天皇家の密使たち』第四章、岡本嗣郎『陛下をお救いなさいまし』（集英社、二〇〇二年）二四三〜二五五頁、前掲高橋『昭和天皇1945-1948』第八章参照。関屋夫妻と河井道はキリスト教の信仰を通じ、以前から親交があった（関屋友彦『使命感に燃えた三人男』紀尾井出版、二〇一〇年、二〇九頁）。

（3）『小林次郎日記』一九四五年一〇月一八日、二一日条。

（4）関屋は一九四五年一一月一四日に牧野を訪ね、「宮内省干係ノ問題、Fellers氏トノ談話等」を伝えているので、フェラーズによる側近体制の不備という指摘をもとに側近体制の改革を進言したと考えられる（「関屋日記」同日条）。

（5）「関屋日記」一九四六年三月五日条。関屋は同七日にも幣原首相へ「宮内省ニハ牧野、鈴木二先輩ヲ顧問トシ、余ハ之ニ加ハルコト刻下皇室ノ御安泰ヲ約スル様方針ヲ誤ラサル上ニ必要ナルヘシ」と提言している（同三月七日条）。まさにこの頃、宮内省の現役側近と懇談した元侍従次長の河井弥八も「宮内官の単純浅薄なる民主的態度は怖るべき危険を包蔵することを痛切に感得し」ており、同日、関屋と「時務を痛談」するのであった（尚友倶楽部ほか編『河井弥八日記　戦後篇一』信山社、二〇一五年〔以下、『河井日記』と略称〕一九四六年三月六日条）。

（6）櫻井良樹「鈴木貫太郎日記（昭和二一年）について」（『野田市史研究』第一六号、二〇〇五年）一九四六年三月七日、八日条。

（7）日中戦争時における関屋の行動の一端については、拙著『昭和戦前期の宮中勢力と政治』一七〇〜一七一頁で紹介している。

（8）『河井日記』一、一九四六年三月六日、六月一一日、二七日条。憲法改正案や皇室典範案など皇室にからむ問題での協議が中心である。

(9)『憲法改正草案・枢密院審査委員会審査記録(三)』(国立公文書館DA、本館－二A－〇四〇－〇〇・資〇〇一八四一〇〇)内の憲法改正草案審議第八日(一九四六年五月一五日)の議事録より。

(10)臨調会での活動につき、関屋は、「憲法改正ニ伴フ重要法案要綱ノ審議ニ当リタルハ老骨微力ノ余ニトリテハ望外ノ幸トイフヘキ(中略)憲法改正ノ趣旨ヲ徹スルニ寄与スルヲ得バ幸ナリトイフ外ナシ」という所感を記している(「関屋日記」一九四六年一〇月二五日条)。

(11)伊藤隆・広瀬順晧編『牧野伸顕日記』(中央公論社、一九九〇年)一九三一年八月二五日条、拙著『昭和戦前期の宮中勢力と政治』一六一頁。

(12)「実録」一九四八年四月八日条。会員は「約四〇名」と記されている。なお、「実録」には、『河井日記』一にある一九四七年開催の「松影会」についての記述がない。

(13)「松影会」発足の数カ月前にも、関屋と河井は「宮廷のこと、側近のこと、皇族のこと等を」協議している(『河井日記』一、一九四七年二月二四日条)。

(14)GHQによる牧野への評価につき、松平康昌の得た情報として、マッカーサーが「牧野伯ハ現在日本に於て一番信頼出来る方である」と語っていたという(牧野伸顕宛小野八千雄書簡、一九四八年三月一日付、「牧野伸顕関係文書」四二二－二、国立国会図書館憲政資料室所蔵)。また、"Nobuaki MAKINO" GHQ/SCAP Records, Government Section, GS(B)3260－64(国立国会図書館憲政資料室所蔵)では、一九四九年の牧野の死に際し、時事、共同通信の記事を引用しながら、長く皇室に仕えてきた牧野の経歴や吉田茂との関係(岳父)について紹介している。

(15)原鉄五郎宛牧野伸顕書簡、一九四五年一二月一六日付(「牧野伸顕関係文書」二五八－一八、国立国会図書館憲政資料室所蔵)。

(16)関屋貞三郎宛牧野伸顕書簡、〔一九四六年〕三月九日付(大磯町郷土資料館所蔵)。

(17)『側近日誌』一九四五年一〇月三〇日～一一月二日条。また、加藤進の牧野訪問について、高橋紘『象徴天皇』(岩波新書、一九八七年)四八頁参照。

(18)武見太郎宛吉田茂書簡、一九四六年一月二三日付(柴田紳一編『吉田茂書翰追補』中央公論新社、二〇一一年、一四三頁)。医師の武見太郎の夫人は牧野の孫娘秋月英子であり、牧野の疎開先も武見の用意で手配されていた。以上、拙著『牧野伸顕』(吉川弘文館、二〇一三年)二〇一頁参照。

(19)吉田茂宛牧野伸顕書簡、〔一九四六年〕一月二一日付（大磯町郷土資料館所蔵）。

(20) 牧野は吉田茂や松平康昌らと連絡を取りあい、適宜、政府関係者や側近首脳に助言をあたえていた。その一端につき、牧野伸顕宛松平康昌書簡、一九四六年カ六月二一日付（「牧野伸顕関係文書」二七四―三、国立国会図書館憲政資料室所蔵）参照。

(21)「稲田周一備忘録」（東野真『昭和天皇二つの「独白録」』日本放送出版協会、一九九八年所収）一九四六年六月二日条、「実録」同日条。実際には、六月一三日に新議長として清水澄が副議長より昇進しているので、牧野は天皇からの要請を断ったことになる。

(22)「昭和二十一年覚書」（「牧野伸顕関係文書」C二一六、国立国会図書館憲政資料室所蔵）。この覚書は文章の削除や追記箇所が多く読みとりにくいのだが、「癪物《しゃくもの》」「東京より医師を迎へし始末ニテ外出不可能」、「宮内省より御用立」「恐懼」という語句が散見され、健康問題への不安から要職に就けないことを表しているものと推測される。

(23) 内大臣府問題については、『側近日誌』一九四五年一一月二日条。皇族処理問題については、前掲高橋・鈴木『天皇家の密使たち』一七一〜一七三頁。

(24) イギリスにおける長老政治家の役割や機能については、君塚直隆『イギリス二大政党制への道』（有斐閣、一九九八年）参照。

(25) 前掲五百旗頭『占領期』一五七〜一六七頁参照。

(26) 皇族処理問題、側近人事をめぐる意見齟齬の実例については、本文で紹介した河井や関屋の批判のほか、前掲高橋・鈴木『天皇家の密使たち』一七一〜一七三頁、牧野伸顕宛松平恒雄書簡、一九四七年三月一六日付（「牧野伸顕関係文書」二七三―二、国立国会図書館憲政資料室所蔵）参照。

(27)「内大臣府廃止ニ伴ヒ考慮スベキ諸点」一九四五年一一月五日（「幣原平和文庫」R一、国立国会図書館憲政資料室所蔵）。このほか、首相任免時の副署についても、枢密院議長か侍従長に代行させると記されている。

(28) 太田健一ほか編著『次田大三郎日記』（山陽新聞社、一九九一年）一九四五年一〇月六日条。木戸内大臣や重臣の米内光政も幣原と同様、政変時には枢密院議長、両院議長へ奏請し、重臣会議は必要ないとの意見であった。それぞれ、『木戸日記』一九四五年一〇月一五日条、『高木日記』一九四五年一一月二日条。

(29) 幣原の戦後政治構想については、服部龍二『幣原喜重郎と二十世紀の日本』（有斐閣、二〇〇六年）二三六〜二三七頁が参考となる。

(30)『次田大三郎日記』一九四五年一一月一七日条に、

幣原が拝謁し「内大臣府廃止に伴ふ公式令、請願令改正の件」などを上奏しているので、内大臣府の機能分担に関する件も天皇に奏上されているはずである。

(31) 天皇は、陸軍の阿部信行を選んだ理由として、米内、岡田といった海軍重臣のみでは、陸海間の穏当を欠くためで、陸軍内で「最も常識ある」人物だと述べている。

(32) 『側近日誌』一九四五年一一月二四日、二七日、『入江日記』第二巻、一九四五年一一月二四日、『徳川日記』一九四五年一一月二四日の各条参照。

(33) GHQ内部では、松平が公職追放の項目に該当しないか詳しく調査していた。問題とされたのは、木戸のもとで内大臣秘書官長を務めていたことであったが、GSの判断では、国際検察局の取り調べで木戸との共犯を示す情報の引き出しに失敗している点、木戸の就任以前から同職に就いていたこと、任命は西園寺の推薦による点〔訳文ママ〕、松平自身の陳述で彼の地位が政策決定にかかわるものでなく、この陳述の間違いを示す証拠がないなどの理由により、追放に該当しないと結論づけていた。この意見にGⅡとCIS（民間諜報局）も同意している。以上、"Yasumasa Matsudaira" 11 June 1946, GHQ／SCAP Records, Government Section, GS(B)3275（国立国会図書館憲政資料室所蔵）。

(34) 松平自身の辞意については、『高木日記』一九四五年一一月一五日条、『木戸日記』一九四五年一一月二一日条。松平は、後任者決定までの暫定措置として内記部長就任を受諾していた。

(35) 『高木日記』一九四五年一一月一六日条。

(36) 前掲藤樫『千代田城』八〇頁、拙著『昭和戦前期の宮中勢力と政治』三〇六頁参照。また、内大臣秘書官長を務めていた松平康昌と松平慶民宮相ら宮内省との関係も微妙であった。牧野伸顕宛松平康昌書簡、一九四六年二月九日付（「牧野伸顕関係文書」二七四－一、国立国会図書館憲政資料室所蔵）には、松平康昌が宗秩寮総裁に転任した挨拶のなかで、「宮内省の考へ方その他に付多少如何かと被存らるゝ所もあり又宮内大臣は親類関係にて小生としては内心甚だ辛き所も有之候」と、複雑な心境を語った一節がある。

(37) 前掲高柳ほか編『日本国憲法制定の過程Ⅰ』一三五頁。ケーディス以下の運営委員会は全員一致でこの「宮中の重要性を強調」しすぎる条文に反対し、最終案での削除を命じた。なお、前掲鈴木『日本国憲法を生んだ密室の九日間』二一七頁も参照。

(38) 入江俊郎『憲法成立の経緯と憲法上の諸問題』（第一法規出版、一九七六年）三六二～三七六頁、佐藤達夫『日本国憲法誕生記』（中公文庫版、一九九九年、初版一九五七年）一四一～一五〇頁、前掲高橋『昭和天皇1945-1948』第三～四章、前掲遠藤『天皇制慈恵主義の成立』第三章など参照。

(39) 芦部信喜・高見勝利編著『日本立法資料全集一 皇室典範』（信山社、一九九〇年〔以下、『資料皇室典範』と略称〕）五～六頁。

(40) 前掲吉田『昭和天皇の終戦史』五七頁、河西秀哉『「象徴天皇」の戦後史』（講談社選書メチエ、二〇一〇年）三六～三七頁。

(41)『徳川日記』一九四五年一〇月一七日条。さらに、「実録」同日条には、後日、GHQ側から「皇室典範を始め関係書類の提出につき要請」があったと付記されている。

(42) 前掲入江『憲法成立の経緯と憲法上の諸問題』四六二頁。

(43) 同前、四六二～四六三頁。この間、三月二九日に天皇の執務室に松平宮相や大金次官、木下侍従次長らが集まり、「皇室財産処分」につき天皇へ説明している（『側近日誌』同日条）。

(44) 川田敬一「日本国憲法制定過程における皇室財産論議」（金沢工業大学日本学研究所『日本学研究』第七号、二〇〇四年六月）二六一～二六二頁参照。

(45) 前掲入江『憲法成立の経緯と憲法上の諸問題』三六二～三七六頁。

(46) 同前。ただし、ここで「陛下の御同意を要する」官吏とは、宮内官僚に限定されている。

(47) 一九四六年三月六日の幣原内閣による「憲法改正草案要綱」の公表後、宮内省から政府へ質問事項を提示しており、そのなかで、「天皇の国務に関する行為は内閣がその責めに任ずるとはなつているが、国務以外の行為の輔弼責任は宮内大臣が負うものであるか」という件も照会している（前掲入江『憲法成立の経緯と憲法上の諸問題』四六二～四六三頁）。

(48) J・ウィリアムズ著／市雄貴・星健一訳『マッカーサーの政治改革』（朝日新聞社、一九八九年）一三八～一三九頁。

(49) 前掲佐藤『日本国憲法誕生記』九九～一〇六頁、前掲金森『憲法を愛していますか』一六六～一七〇頁。

(50) 臨時法制調査会に関しては、「佐藤達夫関係文書」一三八五-八八（国立国会図書館憲政資料室所蔵）の「臨時法制調査会」関係の諸文書、資料を参照。

(51) 第一部会（小委員会を含む）での皇室典範作成の経過については、高尾亮一筆『皇室典範の制定経過』（憲法調査会事務局、一九六二年四月）、『資料皇室典範』第二章参照。本文以下も同。

(52)「憲法調査会第三委員会第三回会議議事録」一九

五九年五月二〇日（『憲法調査会第三委員会第一回～第十回会議議事録』国立公文書館DA）二頁。

(53)「実録」一九四六年六月二〇日。さらに翌日にも松平康昌・大金・高尾が天皇に対して「一時間四十五分にわたり謁《えつ》を賜い、松平康昌・高尾より典範改正原案の審議経過」を奏上している。

(54)『河井日記』一、一九四六年六月一一日条。松平康昌は用事で中座している。

(55)同前、一九四六年六月二六日～二八日、七月二日、一一日条。河井の動きについては、奈良岡聰智「河井弥八と戦後日本の出発」（『河井日記』一の巻末に所収の解説）五七六～五七七頁も参照。

(56)『河井日記』一、一九四六年六月三〇日条。河井は七月一〇日に関屋宅を訪ねて夫人の衣子に「重要書類を返上」しているのだが（同日条）、枢密院で配布された皇室関係資料だったのではないだろうか。

(57)「臨時法制調査会第一回総会議事速記録」（『佐藤達夫関係文書』一三八八‐法二‐一、国立国会図書館憲政資料室所蔵）一〇～一一頁。

(58)『皇室典範の制定経過』七頁。

(59)『皇室典範の制定経過』四～三七頁、『資料皇室典範』一六～二五頁。

(60)『皇室典範の制定経過』四～三七頁、『資料皇室典範』一六～二五頁、高橋紘・所功『皇位継承』（文春新書、一九九八年）第六章、奥平康弘『「萬世一系」の研究』（岩波書店、二〇〇五年）第Ⅰ部、笠原英彦『象徴天皇制と皇位継承』（ちくま新書、二〇〇八年）第二、三、五章、笠原英彦「皇室典範制定過程の再検討」（『法学研究』第八三巻第一二号、二〇一〇年一二月）一〇～一四頁など。

(61)『皇室典範の制定経過』二八～二九頁。本文以下の記述も同資料より。今日における天皇の生前退位問題を先取りするかのような議論がこの時点でおこなわれていたことは興味深い。佐々木は、「御退位は天皇個人のものではなく又少数人の問題でもない、国民全体即ち国家の問題であるから、国家を根本として国民を中心として考えねばならない」とも述べている。

(62)『皇室典範の制定経過』一五頁、一八頁。

(63)同前、一四頁。さらに、高尾は後年、「当時は極東裁判の問題もあり、天皇の退位ということについて〔中略〕非常に問題として考えられた」と語っており、東京裁判対策という側面をより強調している（「憲法調査会第三委員会第三回会議議事録」一九五九年五月二〇日、『憲法調査会第三委員会第一回～第十回会議議事録』国立公文書館DA、七頁）。

(64)前掲吉田『昭和天皇の終戦史』八七～九二頁、冨永望『昭和天皇退位論のゆくえ』（吉川弘文館、二〇一四年）三七〜四八頁参照。

(65)『側近日誌』一九四六年二月七日条。その後、天皇は憲法改正の日本案を作成中の松本国務相に対しても、「摂政期間中、皇室典範の改正を禁ずるか又は皇位継承の順位を変更する事を禁ずるかの研究」を命じている（同一二日条）。

(66)「憲法調査会第三委員会第三回会議議事録」一九五九年五月二〇日（『憲法調査会第三委員会第一回〜第十回会議議事録』国立公文書館DA）二頁。法制局第一部長として高尾とともに両法案の交渉にあたった井手成三も、憲法改正や付属する重要法案ではGHQ側からの「押しつけ」や「極端な修正が加えられた事例が多かった」が、皇室典範のみは「原案の筋を通して承認された」と回想している（井手成三「皇室典範立案当時の思出」、『時の法令』第三〇三号、一九五九年一月、二〇頁）。

(67)『資料皇室典範』一五七頁、一七九頁。

(68)同前、一六三〜一六四頁、一八〇頁。

(69)皇室経済法の立案、GHQとの交渉から成立という過程については、川田敬一氏による研究、前掲川田「日本国憲法制定過程における皇室財産論議」、同「『皇室経済法』制定史（一）」金沢工業大学日本学研究所『日本学研究』第九号、二〇〇六年一二月）、同「『皇室経済法』の成立過程」（『産大法学』第四〇巻第三・四号、二〇〇七年三月）が詳しい。

(70)西修『日本国憲法成立過程の研究』（成文堂、二〇〇四年）一一六頁。西氏によるFEC文書の翻訳より引用。

(71)前掲古関『新憲法の誕生』二七一〜二七四頁。

(72)前掲入江『憲法成立の経緯と憲法上の諸問題』三七二〜三七三頁、前掲佐藤『日本国憲法成立史』第四巻（一九九四年）七九五〜八〇〇頁。

(73)「総司令部との折衝経過のまとめ（昭和二一年一二月）」（芦部信喜・高見勝利編著『日本立法資料全集七　皇室経済法』信山社、一九九二年〔以下、『資料皇室経済法』と略称〕）二一二頁。

(74)「皇室財産」（「佐藤達夫関係文書」一〇八三、国立国会図書館憲政資料室所蔵）内の「84条問題」なる日記メモの記述。佐藤ら日本側担当者は「之は皇族の範囲の問題にも影響を及す故、我方、深入りせず」と、その場での協議を控える対応をとった。

　なお、神崎豊「一九四七年一〇月における一一宮家の皇籍離脱」（『年報日本現代史』編集委員会編『年報・日本現代史』第一一号、現代史料出版、二〇〇六年）では、八月一五日の折衝につき本資料と異なる資料に依拠しながら、「GSが、一一宮家の皇籍離脱そのものについては、日本政府に提言したわけではなく、また、反対もしなかった」（三〇六頁）と述べているが、本資料に明記されているように、ケーディスは皇族範囲につき「直宮程度」と伝えていたのである。そのため、同稿でも指摘しているように、GSの提言を受けた宮内省が、八月下旬から皇族の臣籍降下を検討するようになったと考えられる（三〇二〜三〇三頁）。

(75)「昭和二一年一一月四日の折衝記録」（『資料皇室経済法』一九〇頁）。

(76) その場に参集した梨本宮伊都子の反応を紹介した、前掲小田部『皇族』二九七〜二九九頁参照。

(77)「実録」一九四六年九月四日条。「実録」では三名が拝謁し、牧野と鈴木の拝謁後に菓子が供されたことしか記されていないが、宮相、内大臣、侍従長の経歴をもつ三名を呼んで世間話に終始したとはとうてい思えない。時期と情勢から勘案しても、皇室問題につき意見を徴するためとみるのが自然である。ちなみに、牧野は参内前日の同三日、関屋貞三郎宅を訪ね、「一、二時間」ほど懇談している（「関屋日記」一九四六年九月三日条）。

(78) 寺崎英成／マリコ・テラサキ・ミラー編著『昭和天皇独白録　寺崎英成・御用掛日記』（文藝春秋、一九九一年〔以下、『寺崎日記』と略称〕）一九四六年九月一八日、一九日条、「実録」一九四六年九月一九日条。

(79)「関屋日記」一九四六年九月五日、六日条。これより少し前に関屋は天皇の免責工作にからみ、フェラーズや河井道らと接触しているので（同六月二三日、七月五日、二二日条）、この件に関する協議の可能性もあるが、時期と前後関係から考えて臨調会での審議に関する件が話題の中心となっていたはずである。

(80)『河井日記』一、一九四六年八月九日、三〇日、三一日条。このうち、八月三〇日の関屋との会談時には、「天皇御譲位規定の要否、天皇御財産取扱規定、皇族の範囲、臣籍御降下皇族取扱」など、まさに臨調会第一部会で議論の的となっているテーマについて協議している。また、臨調会での審議も大詰めを迎えていた一〇月一八日、河井は宮内省の高尾を訪ね、巡幸のことなどのほか、「皇室典範、皇室経済法立案の状況」を尋ねている（同日条）。

(81) 女帝の否定について、高尾は後年の憲法調査会での参考人招致の席上、「やはり女子が男子に優先するということは、国民感情上容認できないところであります」という当時の思いを率直に語っている（「憲法調査会第三委員会第三回会議議事録」一九五九年五月二〇日、『憲法調査会第三委員会第一回〜第十回会議議事録』国立公文書館DA、二〜三頁）。

(82)「昭和二一年一一月四日の折衝記録」（『資料皇室

経済法』一九〇頁)。

(83)「皇室典範案帝国議会へ提出の件」(第一回)(『枢密院委員会録』昭和二一年、国立公文書館所蔵、アジ歴、本館-二A-〇一五-〇七・枢B〇〇〇三三一〇〇-〇一三)。

(84)一九四六年一二月一一日の第九一回帝国議会衆議院皇室典範案委員会議録(帝国議会会議録検索システム、国立国会図書館)における北浦圭太郎(日本自由党)と馬越晃(日本進歩党)の質疑に対する答弁。

(85)「皇室用財産となる国有財産の内容如何」一九四六年一一月一四日(「入江俊郎関係文書」八五-三八、国立国会図書館憲政資料室所蔵)。タイプ文書に手書きで「宮内省提出ノ一問一答、二一・一一・一四、入江」と加筆されている。

(86)「宮内府の性格」(「佐藤達夫関係文書」六六四「憲法問題資料」に所収の手書き文書、国立国会図書館憲政資料室所蔵)。作成者や作成日付は記されていないものの、一九四六年後半から四七年初頭に法制局で作成された素案カ。

(87)高尾亮一筆『皇室経済法の制定経過』(憲法調査会事務局、一九六二年)二六頁。

(88)宮内官任用令は一九〇七年一一月、皇室典範にもとづく皇室令第一四号として公布された。ここでは、一九二一年一〇月に皇室令第一九号として改正されたものに依拠している(『官報』第二七五六号、一九二一年一〇月七日)。

(89)宮内官僚任免に関する宮内省官制の該当条項につき、旧稿「敗戦後の『国体』危機と宮中の対応」では誤認があったことを、瀬畑源「『宮中・府中の別』の解体過程」(『一橋社会科学』第五巻、二〇一三年七月)にて指摘された(二四頁)。本書ではその誤認を確認のうえ、訂正しておく。

(90)「宮内省官制」昭和二一年四月一日施行版(「入江俊郎関係文書」八三-三六、国立国会図書館憲政資料室所蔵)。

(91)『側近日誌』一九四六年四月一六日条。なお、草案要綱の第七条では、「天皇ハ内閣ノ輔弼賛同ニ依リ国民ノ為ニ左ノ国務ヲ行フコト」と規定されており、日本国憲法の「国事行為」規定より天皇の権限を強く設定していた。

(92)官吏法案や行政官庁法案に関する法制局→臨調会→閣議決定までの流れについては、国立公文書館DAの各文書から把握できる(『公文類聚』『公文雑纂』『臨時法制調査会関係・佐藤幹事』などに所収の各文書)。

(93)「入江俊郎関係文書」八三-二九(国立国会図書館憲政資料室所蔵)には、少なくとも「確定《(カ)》」と

「最終案」の二つの「宮内府法」文書があり、牧野伸顕宛松平恒雄書簡、一九四七年三月一九日付（「牧野伸顕関係文書」二七三―三、国立国会図書館憲政資料室所蔵）にも、「宮内府法」文書が添付されている。推敲の内容から「確定」版、「最終案」版、牧野書簡の添付版という順番で修正されていった経緯がわかる。

(94)「宮内府法案に関する交渉の経緯」（「芳賀四郎関係文書」四一六、国立国会図書館憲政資料室所蔵）。

(95)「昭和二十一年覚書」（「牧野伸顕関係文書」C二一六）からの要約。これをもとに、前掲の関屋貞三郎宛牧野書簡（一九四七年三月九日付）が書かれたと思われる。

(96)牧野伸顕宛松平恒雄書簡、一九四七年三月一六日付（「牧野伸顕関係文書」二七三―二、国立国会図書館憲政資料室所蔵）。

(97)「稲田周一備忘録」（前掲東野『昭和天皇二つの「独白録」』所収）一九四六年五月一五日条。

(98)牧野伸顕宛松平恒雄書簡、一九四七年三月一六日付。この後、吉田首相を訪ねた松平恒雄に対し、吉田は「政府筋の宮内府法ニ就《つい》ての考方」を牧野へ伝達するよう依頼しているので、松平から牧野へ伝えられたはずである。

(99)「宮内府に関する奏上」一九四七年三月八日（「入江俊郎関係文書」八三―三六、国立国会図書館憲政資料室所蔵）。なお、牧野伸顕宛松平恒雄書簡、一九四七年三月一九日付（「牧野伸顕関係文書」二七三―三、国立国会図書館憲政資料室所蔵）にも、宮内省の便箋に書かれた同じ文書が添付されているが、作成日付は記されていない。奏上前に法制局と宮内省で奏上内容を協議し、申し合わせた清書であろう。

(100)吉田茂宛牧野伸顕書簡、〔一九四七年〕三月二七日付（大磯町郷土資料館所蔵）。

(101)「皇室関係の事務」添付書類（「入江俊郎関係文書」八三―三二付、国立国会図書館憲政資料室所蔵）。

(102)「皇室関係の事務」一九四七年三月八日（「入江俊郎関係文書」八三―三二付、国立国会図書館憲政資料室所蔵）。

(103)「帝国議会第九二回貴族院行政官庁法案特別委員会議録」一九四七年三月三〇日（帝国議会会議録検索システム、国立国会図書館）。同じく、金森国務相も別の委員会での席上、この問題に関する質疑に対し、「宮内府の職員も適当に其の制度を運用して行きますならば、政治上の影響をうけないやうに実施し得るものと存じて居ります」と答弁している（「帝国議会第九一回貴族院皇室典範案特別委員会議録」一九四六年一二月一七日、引用元は同前）。

(104)「行政官庁法案に関する交渉の経緯」一九四七年

三月（『連合軍の本土進駐並びに軍政関係』A・一・〇・〇・二―三―二、外務省外交史料館所蔵）。ピークGS局員の発言。

（105）「宮内府法案に関する交渉の経緯」（「芳賀四郎関係文書」四一六、国立国会図書館憲政資料室所蔵）。

（106）同前「宮内府法案に関する交渉の経緯」によると、政府側の宮内法案に対し、ピークGS局員より以下四点の修正意見が出た。（1）第一条の「皇室関係の事務」を「皇室関係の国家事務」とする。（2）第七、八条の侍従長、侍従の職務につき、天皇の私的使用人であるような記述を改めさせた。（3）第一三条は天皇や皇族の公私の区別の問題が起りかねないので、削除した。（4）第四条の宮内府長官の職権につき、「府の職員の指揮監督」とあったのを、「職員の服務につき」と、より権限を限定させた。

（107）前掲瀬畑「『宮中・府中の別』の解体過程」が指摘するように、側近の人事権は宮内府長官のもとで維持されることになった（九頁）。本文前段にある政令第一一号も瀬畑論文からの参照によった。

（108）幣原や吉田の新憲法観については、前掲古関『新憲法の誕生』二五六～二五八頁参照。

（109）松尾尊兊『国際国家への出発』（集英社、一九九三年）一〇八～一一〇頁、『徳川日記』所収の御厨貴氏の解説（五二五頁）参照。

（110）『寺崎日記』一九四七年三月二八日条。このほか、四月七日に「拝謁　YS（吉田茂か？）の悪口を仰せらる」、四月九日に「陛下ハ吉田白須（白洲）のラインに疑念を持たるゝなりと云ふ」と記されている。

第三章

（1）徳川義寛・岩井克己『侍従長の遺言』（朝日新聞社、一九九七年）一四八～一四九頁。

（2）高柳賢三「憲法に関する逐条意見書」（『ジュリスト』第二八九号、一九六四年一月）三二一～三三三頁、横田耕一『憲法と天皇制』（岩波新書、一九九〇年）八三～八九頁参照。

（3）たとえば、イギリスとの場合、独立回復後の一九五二年六月五日、戦前までの慣例に従い、エリザベス女王の誕生日に祝賀のための勅使をイギリス大使館に派遣し、祝電も発している。以後、両国君主の誕生日に相手国大使館へ勅使を派遣することが慣例化していく（『実録』一九五二年六月五日条）。

（4）「憲法調査会第三委員会第三回会議議事録」一九五九年五月二〇日（『憲法調査会第三委員会第一回～第十回会議議事録』国立公文書館DA）。なお、本文同段落中の引用箇所は、すべて同議事録三三～三六頁より引用した。

(5) 前掲高柳ほか編『日本国憲法制定の過程Ⅱ』一一七〜一二〇頁、一三一頁。高柳は憲法調査会委員会の席上、天皇の国政に関する権能につき、「だいたいイギリスのキングとたいしてちがいないのだ」と発言している(「憲法調査会第三委員会第六回会議議事録」一九五九年九月一七日、『憲法調査会第三委員会第一回〜第十回会議議事録』国立公文書館DA、三四頁)。

(6) 前掲榎原『君主制の比較憲法学的研究』各論第三編第一〇章第四節、中村政則『象徴天皇制への道』(岩波新書、一九八九年)一八三〜一八四頁。

(7) 前掲バジョット「イギリス憲政論」一二三〜一二四頁。

(8) 前掲佐藤『日本国憲法成立史』第一巻、四二六〜四三〇頁、前掲「座談会　象徴天皇制の42年と今後の課題」参照。

(9) 前掲金森『憲法を愛していますか』一七二頁。金森が石渡より借用した本は、Lord Hugh Cecil, *Conservatism*, 1912, Home University Library であろう。邦訳版のヒュー・セシル著/栄田卓弘訳『保守主義とは何か』(早稲田大学出版部、一九七九年)の該当箇所には、「イギリスの君主制は、日本のミカドの地位をも凌ぐ運命に遭遇するかもしれない。ミカドはなにもしてはならないほど神聖な人間と見なされる慣わしとなっていた。日本では、天皇の権威はあげて他人の手にうつった。しかし、イギリスでは、われわれは長い間なにもしないミカドを拝すべきではない」(一八八頁)と記されている。

(10) 前掲セシル『保守主義とは何か』一八八頁および一八六〜一八九頁の要約。

(11) 前掲横田『憲法と天皇制』四九頁、前掲松尾『国際国家への出発』一〇八〜一〇九頁、渡辺治「戦後国民統合の変容と象徴天皇制」(歴史学研究会・日本史研究会編『日本史講座　戦後日本論』第一〇巻、東京大学出版会、二〇〇五年)七頁、河西秀哉「二重外交展開、占領下も『君主』でありつづけた昭和天皇」(『新潮45』第三二九号、二〇〇九年九月)参照。

(12) 高橋紘・鈴木邦彦編著『陛下、お尋ね申し上げます』(徳間書店、一九八二年)一五四〜一五五頁。「人間宣言」発表までの経緯については、『側近日誌』巻末の高橋紘氏による解説(三三六〜三四一頁)のほか、前掲松尾『戦後日本への出発』六〇〜七二頁が詳しい。

(13) 前掲高橋・鈴木『陛下、お尋ね申し上げます』一五七頁。該当の発言箇所は、会見後に宮内庁によって「わが子」と訂正された。

(14) 波多野澄雄ほか編『侍従武官長奈良武次日記・回

顧録』（柏書房、二〇〇〇年）第四巻、一一七頁。なお、前掲河西『「象徴天皇」の戦後史』四四～四九頁、前掲古川『昭和天皇』三二四～三二七頁、前掲高橋『人間　昭和天皇』下、一一二四～一一二七頁参照。

(15) 前掲鈴木『近代天皇制の支配秩序』八二～八六頁、渡辺治『戦後政治史の中の天皇制』（青木書店、一九九〇年）九二～九三頁、千葉慶『アマテラスと天皇』（吉川弘文館、二〇一一年）二二六～二二八頁、米原謙『国体論はなぜ生まれたか』（ミネルヴァ書房、二〇一五年）二二一～二二七頁、二三〇～二三一頁、一七三～一八一頁参照。とくに、米原氏による説明が、戦後における天皇の「国体論」イメージを理解する際の参考意見となるであろう。米原氏は、福沢諭吉の「帝室論」と「文明論之概略」を引用しつつ、戦後の国体論について、「万世一系の皇統神話を〔中略〕国民共通の『懐古の情』として定着」させ、「国民の一体感」を育んできた「伝統」と説明している。

(16) 戦後の「内奏」をめぐるまとまった研究として、後藤致人『昭和天皇と近現代日本』（吉川弘文館、二〇〇三年）第Ⅲ部第三、四章、前掲後藤『内奏』第五章～終章参照。

(17) 『側近日誌』一九四五年一一月三〇日条、同書に所収の関係文書二一九頁など。

(18) 芦田、重光、佐藤らの内奏と聖意の伝達について、升味準之輔『昭和天皇とその時代』（山川出版社、一九九八年）第四、五章、五十嵐暁郎「象徴天皇と政権党」（五十嵐暁郎編『象徴天皇の現在』世織書房、二〇〇八年）、前掲後藤『内奏』第五、六章、前掲古川ほか編『「昭和天皇実録」講義』戦後編第一章～第三章に所収の冨永望、河西秀哉、舟橋正真各氏の論稿参照。

(19) 前掲古川『昭和天皇』第五章、前掲豊下『昭和天皇・マッカーサー会見』第三、四章、吉次公介「戦後日米関係と『天皇外交』」（前掲五十嵐編『象徴天皇の現在』所収）、青木冨貴子『昭和天皇とワシントンを結んだ男』（新潮社、二〇一一年）第四、六、九章、前掲伊藤『昭和天皇伝』第三部など参照。

当然ながら、内奏や聖意の政治的影響力の程度をめぐり、研究者間で解釈の相違が生じてくる。古川氏が、天皇の政治意思につき、「新憲法下の昭和天皇の発言に強制力はなかった」（『昭和天皇』三五五頁）と、政局への影響力を限定的にとらえるのに対し、豊下氏、吉次氏、五十嵐氏、伊藤氏らの研究では、程度の差こそあれ、天皇の政治意思が現実の政局で存在感を示し、政策決定に影響を及ぼしていた可能性を指摘している。

(20)「公的行為」の是非や範囲をめぐる議論は、ここでは省略し、前掲下條『象徴君主制憲法の20世紀的展開』第二部第五、第六章、中村睦男「国事行為ないし天皇の公的行為」(前掲『ジュリスト』第九三三号に所収)を参考文献としてあげるにとどめる。
(21) 本庄繁『本庄日記〈普及版〉』(原書房、一九八九年)一九三五年四月二七日条。前掲古川『昭和天皇』一九六～一九七頁参照。
(22)『本庄日記』一九三五年四月二七日条。
(23) 前掲遠藤『天皇制慈恵主義の成立』第三章参照。
(24) 同前、二〇頁。
(25)『徳川日記』一九四五年九月一七日条。発言者は大金次官である。
(26)『高木日記』一九四五年一〇月一日条。
(27) 佐藤元英監修『高松宮宣仁親王』(ゆまに書房、二〇一二年、初版一九九一年)四五八～四九八頁。
(28) 前掲遠藤『天皇制慈恵主義の成立』一六六～一六八頁。
(29) 戦災援護会については、「物によって恵み、精神的に働きかけて」いくという意見が提示されており、また、「事業の統一指導に積極的に乗り出し、賞詞、賜茶等また結構と思う。直営互助会病院に或る機関を設け又は巡回をなさしむ等」という提案も示されていた(『徳川日記』一九四五年九月一七日条)。
(30)『側近日誌』に散見されるほか、松平宮相から幣原首相宛で皇室財産下賜の実現を促す電報や書簡がたびたび発せられていた(「皇室財産ノ開放ニ関スル件」、「芳賀四郎関係文書」四〇三、国立国会図書館憲政資料室所蔵)。
(31)『側近日誌』一九四五年一一月一一日、一九四六年一月二五日～二六日条。また、皇室財産下賜に関する点については、前掲高橋『昭和天皇1945－1948』第四章に詳しい。
(32)『皇室経済法の制定経過』四～五頁。
(33) 前掲遠藤『天皇制慈恵主義の成立』一七五頁、一八七～一八八頁。
(34) 鈴木しづ子「天皇行幸と象徴天皇制の確立」(『歴史評論』第二九八号、一九七五年二月)、坂本孝治郎『象徴天皇制へのパフォーマンス』(山川出版社、一九八九年)、前掲高橋『昭和天皇1945－1948』第六章、瀬畑源「象徴天皇制における行幸」(河西秀哉編『戦後史のなかの象徴天皇制』吉田書店、二〇一三年)参照。また、民衆支配という戦前からの継続性を理解するための研究として、原武史『可視化された帝国』(みすず書房、二〇〇一年)参照。
(35) 瀬畑源「昭和天皇『戦後巡幸』の再検討」(『日本史研究』第五七三号、二〇一〇年五月)参照。

(36) 同前、三三頁、四三〜四五頁。
(37) 甘露寺受長『背広の天皇』(東西文明社、一九五七年)二四五〜二四六頁、昭和天皇巡幸編纂委員会『昭和天皇巡幸』(創芸社、二〇一二年)六三〜六六頁参照。
(38) 大金益次郎『巡幸餘芳』(新小説社、一九五五年)口絵八〜九頁。
(39) 同前、二五六頁。
(40) ただし、天皇を迎える民衆の心理が一様であったわけではない。前掲瀬畑「象徴天皇制における行幸」六四頁参照。
(41) オクの新憲法観を示す事例として、侍従の徳川がGHQ草案を「翻訳したものにては不可」と評し、「人民主権論は日本の歴史に反す。君臣一体の共同の上に、個に対する全、そのデモクラシーの本質に則らざるべからず」(『徳川日記』一九四六年五月一日条)と語っていること、また、新憲法の施行日に際し、侍従の入江が「こんなつまらぬ憲法」(『入江日記』第二巻、一九四七年五月三日条)と評していることなどは、その典型であろう。
新憲法を一方的に評価する徳川や入江の見解は、昨今、憲法改正を叫ぶ保守派の政治家や論客が用いる「押しつけ憲法」論と相通じるところがある。日本国憲法を短絡的に評価する人々は、憲法制定にいたるまでの国内外の情勢や天皇(制)への厳しい視線という背景が読みとれない(意図的に読みとらないのかもしれないが)のであろう。
(42)『憲法改正草案・枢密院審査委員会審査記録(三)』(国立公文書館DA)内の憲法改正草案審議第八日(一九四六年五月一五日)議事録における関屋の発言。
(43) 前掲高橋・鈴木『陛下、お尋ね申し上げます』六頁。天皇のイギリス流立憲君主制への憧憬の原点は、皇太子時代の訪欧旅行にあった。最初の訪問国イギリスにおいて、皇太子裕仁はジョージ五世との会見のほか、イギリス国制史の権威であったタンナーから「英国王室とその国民との関係」について講義を受けている。タンナーの講義では、イギリスにおける君主権の制限や「英国の国王は時には内外の政策を適当に調節緩和するに与って力がある」ことなどを学んだ(波多野勝『裕仁皇太子ヨーロッパ外遊記』草思社、一九九八年、九七〜九八頁)。前掲君塚『ジョージ五世』二一〇〜二一一頁、前掲伊藤『昭和天皇伝』一〇三〜一〇六頁も参照。
(44) イギリスでは、エリザベス女王と首相がともにロンドンにいる時、毎週水曜夕方に首相から政務報告を受けている。イギリス王室史に詳しい君塚直隆氏の教示によると、首相の政務報告は従来、火曜夕方からであったが、キャメロン政権の二〇一〇年頃から現在のように水曜と変更になったとのことである。君塚氏はその理由として、議会での党首討論が一九九七年のブレア政権時に水曜の正午からと固定化されたため、準備にあわただしい直前の火曜の拝謁をやめ、党首討論後の水曜夕方になったのではないかと指摘する（筆者の照会に対する君塚氏からの返答）。なお、エリザベス女王時代の政務報告については、前掲ボグダナー『英国の立憲君主政』八四〜八五頁、君塚直隆『女王陛下の影法師』（筑摩書房、二〇〇七年）二六八頁参照。

(45) この点、多少の差異はあれ、近年の昭和天皇研究、象徴天皇制研究でも同様に指摘されている。前掲古川『昭和天皇』三五七〜三六〇頁、前掲伊藤『昭和天皇伝』第一三章、前掲冨永『象徴天皇制の形成と定着』二二八〜二二九頁など。実際、戦後のイギリス王室（エリザベス女王）の立憲君主としての姿は、まさに昭和天皇の実態と類似した面が少なくない。大臣からの政務報告と自身の政治意思の表明、君主の政治的影響力の「行使」、それを裏づける在位期間の長さに比例した政治経験の豊富さなどである。この点、前掲ボグダナー『英国の立憲君主政』八〇〜八六頁参照。

(46) ここで想起されるのは、村井良太氏の論ずる「立憲君主論」である。村井氏は戦前期に天皇や牧野内大臣らの志向していた立憲君主制につき、元老西園寺公望の理想とする「君臨すれども統治せず」の「全権委任型の立憲君主」と異なり、時に議会政治の調停者として積極的な役割を果たす「政党政治を補完する立憲君主」であったと説いている（前掲村井「昭和天皇と政党内閣制」一六四〜一六六頁）。このような戦前、戦中期の認識が、戦後も天皇のなかで残存していたように思われる。

(47) イギリスの外交文書を解析した、徳本栄一郎『英国機密ファイルの昭和天皇』（新潮社、二〇〇七年）第二部、波多野勝『明仁皇太子エリザベス女王戴冠式列席記』（草思社、二〇一二年）第三章〜第五章、冨永望「イギリスから見た戦後天皇制」（前掲河西編『戦後史のなかの象徴天皇制』）、天川晃『占領下の日本』（現代史料出版、二〇一四年）第五章など参照。

(48) 前掲冨永「イギリスから見た戦後天皇制」九六〜九七頁。典拠は、Memorandum on the Japanese Constitution, September 27th 1948, FO371/69825.

(49) 「実録」では、松平の渡欧の目的につき、「大使・公使の信任状及び解任状捧呈式、並びに外国人の謁見について調査のため」と記されている（一九五二年一月二日条）。

(50) Pilcher to Dening, 15th February 1952, FO370/99530. このやりとりについては、引用する原文書は異なるものの、すでに前掲徳本『英国機密ファイルの昭和天皇』二一四頁、前掲冨永「イギリスから見た戦後天皇制」一〇三頁で紹介されている。

(51) 松平は帰国した翌日の三月一五日、天皇に帰国報告している(「実録」一九五二年三月一五日条)。訪欧時の詳細な報告はこの日すべてなされなかったとしても、後日、重要な点を中心に奏上されているはずである。

(52) このような君主制の認識は、昭和天皇にとどまらず、前出の高柳賢三ら当時の知識人層にも広まっていた(前掲高柳ほか編『日本国憲法制定の過程Ⅱ』一三一~一三二頁参照)。ただし、高柳は、「天皇に調整的機能を与えるため」の改憲には、「天皇の象徴的価値を失わしめる危険を伴なうから」という理由で反対していた(前掲高柳「憲法に関する逐条意見書」三四頁)。

なお、天皇や側近がイギリス王室のことを研究していた理由について、国家形態や君主の権能といった国制上の問題のほか、昭和天皇の退位問題を検討するため、「王冠を賭けた恋」で知られる、一九三六年のエドワード八世(Edward Ⅷ)の退位問題を調査していたことにも留意すべきである。この点につき、加藤恭子『田島道治』(TBSブリタニカ、二〇〇二年)二一四頁参照。

(53) 前掲吉田『昭和天皇の終戦史』、粟屋憲太郎・NHK取材班『東京裁判への道』(日本放送出版協会、一九九四年)、前掲粟屋『東京裁判への道』上下参照。

(54) 前掲東野『昭和天皇二つの「独白録」』。その後、以上の先行研究をふまえた研究成果が次々と発表されていった。前掲升味『昭和天皇とその時代』第二章、前掲高橋『昭和天皇1945-1948』第八~第一〇章など。

(55) 前掲吉田『昭和天皇の終戦史』四七~四九頁。

(56) 「戦争責任等に関する件」(粟屋憲太郎編『資料日本現代史』二、大月書店、一九八〇年、三四一~三四三頁)。

(57) 「国体護持ノ方略」(『側近日誌』二二五頁に所収の関係文書)。この文書は木下が記したメモであり、編者は「木下の考えを記したものか」と推測しているが、当時の側近首脳や牧野ら旧側近の考え、助言を筆記した可能性もある。

(58) 前掲粟屋『東京裁判への道』上、一六五~一七二頁参照。

(59) 『寺崎日記』一九四六年一月二四日条、『高松宮日記』第八巻、一九四六年二月二七日条。

(60)「[フェラーズ]准将の最高司令官あて覚書」(『資料天皇制』五一五〜五一六頁)。

(61)「ダグラス・マッカーサー元帥から米国陸軍参謀総長(アイゼンハワー)あて」(『資料天皇制』四六三〜四六四頁)。

(62)東京裁判開廷前の天皇の戦争責任をめぐる国内外の情勢については、前掲粟屋・NHK取材班『東京裁判への道』一二七〜一六二頁、日暮吉延『東京裁判の国際関係』(木鐸社、二〇〇二年)二七七〜二八二頁、前掲粟屋『東京裁判への道』上、第五章、前掲東野『昭和天皇二つの「独白録」』第五、六、八章、日暮吉延『東京裁判』(講談社現代新書、二〇〇八年)六三〜七四頁参照。粟屋『東京裁判への道』上によると、オーストラリア検察団は国際検察局内での被告選定作業中に天皇を被告としてリストアップした唯一の国であった(一五三〜一五五頁)。

(63)高田万亀子「新出史料からみた『昭和天皇独白録』」(『政治経済史学』第二九九号、一九九一年)四一〜四二頁。

(64)同前、四二頁。

(65)前掲寺崎ほか『昭和天皇独白録』(文春文庫版、一九九五年)巻末に所収の座談会を参照のこと。

(66)「稲田周一備忘録」(前掲東野『昭和天皇二つの「独白録」』所収)一九四六年三月一八日条。

(67)藤原彰ほか『徹底検証「昭和天皇独白録」』(大月書店、一九九一年)七七〜八二頁参照。

(68)『側近日誌』一九四六年二月二八日、三月五日、六日、一九日の各条。

(69)同前、二二三〜二二四頁。本文以下の引用も同。

(70)前掲東野『昭和天皇二つの「独白録」』一二六頁、一三五〜一三八頁。

(71)同前、一二六頁。

(72)前掲吉次「戦後日米関係と『天皇外交』」参照。

(73)『寺崎日記』一九四七年六月二六日条。「日記 September 1947」(「加瀬俊一関係文書」六、国立国会図書館憲政資料室所蔵)一九四七年九月二六日条にも、「次官(岡崎勝男)より天皇陛下通訳のことを依頼さる」と記載されているので、外務省内で寺崎に代わる通訳候補を選考し、決定寸前まで進展していたようである。ただし、寺崎が復帰後に通訳を務めていることから、GHQ側から寺崎による通訳継続の要望があったのではないだろうか。

(74)進藤榮一「分割化された領土」(『世界』第四〇一号、一九七九年四月)。のち、同論文のほか関連する論稿を収録したうえ、進藤榮一『分割された領土』(岩波現代文庫、二〇〇二年)として刊行。

(75)ロバート・D・エルドリッヂ『沖縄問題の起源』(名古屋大学出版会、二〇〇三年)一〇九〜一一〇頁。

(76)前掲進藤『分割された領土』第一章、第二章参照。

(77)前掲エルドリッヂ『沖縄問題の起源』一四一〜一四四頁参照。フィアリーは覚書の結論で、基地租借方式は信託統治方式と比べて交渉の難航が予測されると指摘している(同一四四頁)。

(78)前掲渡辺『戦後政治史の中の天皇制』第Ⅱ部第三章、三浦陽一『吉田茂とサンフランシスコ講和』上(大月書店、一九九六年)九六〜九七頁、前掲冨永『昭和天皇退位論のゆくえ』一〇七〜一〇八頁など。

(79)『寺崎日記』一九四六年九月五日条。三浦陽一氏はこのような天皇の対ソ脅威論を「ソ連軍の幻」と指摘する(前掲三浦『吉田茂とサンフランシスコ講和』上、九七頁)。

(80)野坂参三を中心とした日本共産党の天皇観については、武田清子『天皇観の相剋』(岩波書店、一九九三年)一九一〜一九九頁、前掲粟屋・NHK取材班『東京裁判への道』一六三〜一七六頁、二二〇〜二四一頁、福永文夫「戦後改革と社会主義勢力」(中村政則ほか編『占領と改革』岩波書店、一九九五年)参照。

(81)『側近日誌』一九四五年一二月二一日条には、元共産党員でその後転向した田中清玄が天皇に拝謁し、「共産党相手に戦わんとする気構え」などを語っているので、このようなルートからも共産党内部の情勢を入手していたのであろう。

(82)W・J・シーボルト著/野末賢三訳『日本占領外交の回想』(朝日新聞社、一九六六年)八〇〜八一頁、グエン・テラサキ著/新田満里子訳『太陽にかける橋』(中公文庫、一九九一年)九九〜一〇〇頁、前掲吉田『昭和天皇の終戦史』一〇五〜一〇六頁参照。

(83)前掲テラサキ『太陽にかける橋』二九七頁。

(84)「実録」一九四七年一月六日、一九四八年一月六日、一九四九年一月四日条。

(85)『寺崎日記』一九四七年三月六日、七月一九日、九月一二日条、「寺崎英成日記」一九四九年分(「憲政資料室収集文書」一四六三、国立国会図書館憲政資料室所蔵〔以下、「寺崎日記」と略称〕)一九四九年六月二三日条。

(86)拙稿「新史料発見　御用掛・寺崎英成一九四九年日記」(『中央公論』二〇一五年九月号)。

(87)五十嵐武士『戦後日米関係の形成』(講談社学術文庫、一九九五年)一三五頁参照。

(88)外務省はロイヤル発言が報じられると、すぐさま真意を探るために担当者をシーボルトGHQ外交局長のもとに派遣し、ロイヤル発言に対する日本側の懸念を伝えるとともに、シーボルトから「米国政府としての方針でないことは確実である」との言質を引きだしていた（「AP・UP電に関する件」一九四九年二月一二日、『連合軍の本土進駐並びに軍政関係　連合国軍と日本側との連絡関係会談集』第二巻、A'、一〇二一三一二、外務省外交史料館所蔵）。

(89)『朝日新聞』一九四九年一月一九日、二〇日付。

(90)同前、一九四九年二月一九日付。

(91)前掲豊下『昭和天皇・マッカーサー会見』一一二頁。

(92)「駐日政治顧問部W・J・シーボルド）から国務長官あて」（『資料天皇制』五八七頁）。

(93)前掲豊下『昭和天皇・マッカーサー会見』第三章。

(94)『朝日新聞』一九四九年二月二七日付。

(95)寺崎は第五章で紹介する、一九四八年一一月に田島長官からマッカーサーに宛てて提出された、退位を明確に否定する天皇の決意を示した書簡につき、個人的情報としてシーボルトへ伝達している。The Acting Political Adviser in Japan (Sebald) to the Secretary of State, November 18, 1948. *Foreign Relations of the United States 1948, Vol 6*, p.896.

(96)前掲シーボルト『日本占領外交の回想』八〇頁、一四一頁。

(97)前掲五十嵐『戦後日米関係の形成』一一五〜一一六頁、前掲天川『占領下の日本』二五三頁参照。

(98)原武史『「昭和天皇実録」を読む』（岩波新書、二〇一五年）一八八〜二〇五頁。

(99)前掲テラサキ『太陽にかける橋』一〇四〜一一〇頁。

(100) William J. Sebald papers, 1887-1980, Series 11: DIARIES AND DATE BOOKS, 1920-1970, Personal Diary of William J. Sebald: Volume II, April 29, 1949.（米海軍兵学校ニミッツ図書館所蔵〔以下、Diary of William J. Sebald と略称〕）。

(101) Diary of William J. Sebald: vol. II, April 1, 1949.

(102) Ibid.

(103)「実録」一九四九年六月六日、一〇月一九日、一九五〇年三月一四日、二三日、四月二五日条。

(104)「アメリカの対日政策に関する勧告」（細谷千博ほか編『日米関係資料集一九四五〜九七』東京大学出版会、一九九九年）五五〜五八頁。

第四章

(1)以上の経過について、前掲西『日本国憲法成立過程の研究』一〇一〜一〇二頁参照。

(2)この時点までの巡幸（行幸）先は、神奈川（2・19〜20）、東京（2・28〜3・1）、群馬（3・25）、埼玉（3・28）であった。以上、前掲坂本『象徴天皇制へのパフォーマンス』巻末の「参考資料　昭和天皇の行幸一覧」に記載の情報による。

（3）C3-007, "Proposals for curtailment certain activities of the Japanese Emperor" 29 April 1946, Records of the Far Eastern Commission, 1945-1952, FEC(A) 0334-0335（国立国会図書館憲政資料室所蔵、以下「FEC文書」と略称）。なお、前掲西『日本国憲法成立過程の研究』一〇二〜一〇三頁により本資料の存在を知りえた。

（4）以下のFEC文書より。"COMMITTEE NO.3 CONSTITUTIONAL AND LEGAL REFORM MINUTES" 11th Meeting 24 May 1946, Minutes of Committee No.3 Meeting 1-68 FEC(A)0324, "ITEM 5-CONSULTATION WITH THE SUPREME COMMANDER FOR THE ALLIED POWERS ON THE EFFECT OF THE TOURS OF THE JAPANESE EMPEROR" EXCERPT FROM MINUTES 15th Meeting STEERING COMMITTEE, 28 May 1946, FEC(B)1487-1488.（国立国会図書館憲政資料室所蔵）。

（5）前掲西『日本国憲法成立過程の研究』一〇四頁。

（6）FEC文書、"COMMITTEE NO.3 CONSTITUTIONAL AND LEGAL REFORM MINUTES" 20th Meeting 12 July 1946, FEC(A)0326.（国立国会図書館憲政資料室所蔵）。

（7）井口治夫「戦後日本の君主制とアメリカ」（伊藤之雄・川田稔編『二〇世紀日本の天皇と君主制』吉川弘文館、二〇〇四年）一四六頁。

（8）前掲古関『新憲法の誕生』二一八〜二二三頁、二三八〜二四〇頁。

（9）FEC文書、"To General McCoy from KENNETH COLEGROVE" June 1 1946, FEC(B)1487-1488.（国立国会図書館憲政資料室所蔵）。また、作成年月日は不明だが、FEC文書 "ALLIED POLICY TOWARD THE EMPEROR" FEC(B)1487-1488.（国立国会図書館憲政資料室所蔵）のなかでも、「占領統治の円滑な遂行のために必要な日本政府、日本国民の協力を求めていくためにも、天皇の権威を損なうような行動をとるべきではない」（四頁）と指摘しつつ、巡幸について、「天皇と皇后が直接、民衆と触れ合う場所、荒廃した地域や病院への最近の視察旅行は、背後で天皇と皇后が民衆から神秘性を保持しているというカーテンを引き剝がす第一段階として重要な意味をもっている」（六頁）と述べ、ソ連の意見とは対照的に巡幸の民主的意義を強調している。

（10）FEC文書、"From Kenneth Colegrove to Ambassador Nelson T. Johnson" 15 Jun 1946, FEC(A)1075.（国立国会図書館憲政資料室所蔵）。このなかで、コールグローブは、「日本における憲法改正を遅らせようとしているFECのメンバーは、この国の反動的分子を手助けしており、民主主義的な目標への害となっている」と、ソ連を念頭にFECへの批判的な言葉を書き連ねつつ、日本側の反動主義者の動向についても、「帝国議会による新憲法の採択と同時に、法典や基本的な法令をまるごと修正した法律を制定しようと計画している」と述べており、復古的な風潮を警戒していた。

(11)『朝日新聞』一九四六年六月一日、七日付、『読売新聞』一九四六年六月一日付。

(12) Haruo Iguchi, "Kenneth Colegrove and Japan 1927-1946"(『同志社アメリカ研究』第四三号、二〇〇七年)三〜一六頁。

(13) 同前、二〇〜二一頁。拙著『牧野伸顕』二〇七〜二〇八頁参照。

(14) 牧野伸顕宛松平康昌書簡、一九四六年カ六月二一日付(「牧野伸顕関係文書」二七四-三、国立国会図書館憲政資料室所蔵)。

(15) Iguchi, op.cit, p22.

(16) 牧野伸顕宛吉田茂書簡、一九四六年七月一三日付(『吉田茂書翰』六七二〜六七三頁)。拝謁時、天皇はコールグローブにグルー夫妻への下賜品を送り届けてもらうよう依頼したほか、摂政時代の写真にサインをしてさずけるなど丁重にもてなしている。

(17) 牧野伸顕〔吉田茂首相方〕宛Kenneth Colegrove書簡、一九四六年一二月一八日付(「牧野伸顕関係文書」二七五-三、国立国会図書館憲政資料室所蔵)のなかで、コールグローブは、天皇と会えたことに感謝しつつ、天皇の印象として、「明敏さや良識、そして、政治家としての能力に大いに感銘を受け」、「新憲法体制下においてほとんど理想的な立憲君主のように思われる」と、高い評価をあたえている。天皇や牧野を評価する姿勢はグルーら知日派に共通のものである。なお、この時、コールグローブはすでに日本を離れ、エバンストンのノースウエスタン大学に戻っていた。

(18)「第三回天皇・マッカーサー元帥会談記録」(『資料天皇制』五七三〜五七四頁)。

(19) 前掲大金『巡幸餘芳』四〜五頁、五八頁。

(20) 石黒忠篤宛吉田茂書簡、一九四七年三月六日付(『吉田茂書翰』一〇三〜一〇四頁)。『寺崎日記』一九四七年三月一九日条には、吉田の発言として、「陛下謹慎を表する為葉山に行くべし」という記述がみられる。また、当時、宮内省総務課長の地位にあった犬丸実も、後に田島道治から聞いた話として、ソ連の天皇制批判の動向やGHQ内部の動きを読んで対処してくれなくては困るという、外務省から宮中への苦言について証言している(前掲高橋・鈴木『天皇家の密使たち』一五六頁)。

(21) 袖井林二郎「戦後史みなおしの原点」(『法学セミナー』第二三巻第一二号、一九七九年一一月) 二六〜二八頁参照。
(22)『真相』第一一号 (人民社、一九四七年九月)。
(23) 一九四七年九月二〇日、一〇月三日の第一回衆議院司法委員会会議録第三五号・同第四四号 (国会会議録検索システム、国立国会図書館) における北浦圭太郎 (自由党) と花村四郎 (自由党)、北浦、花村、明礼輝三郎 (自由党) の発言。なお、政府側の答弁では、「目下の複雑なる国内情勢及び国際情勢を勘考いたしますと、この際思いきつて一切の差別待遇を削除することが、むしろ国家的にみてよいのではないか」(大島多蔵・国民協同党) という意見を述べ、GHQ側の見解に依拠しながら不敬罪復活には与しない立場をとった。
(24) 不敬罪廃止問題の経過については、前掲松尾『国際国家への出発』一一一〜一一四頁、前掲古関『新憲法の誕生』三四六〜三五三頁も参照。
(25) 皇室財産処理問題の際に、ホイットニーGS局長は「マッカーサー元帥を先頭に、われわれが天皇制の温存に懸命になっているのに、吉田とその一派は、天皇の所有地を確保することにのみ心を砕いている」と述べ、強い不満を示していた (前掲ウィリアムズ『マッカーサーの政治改革』一三八〜一三九頁)。
このほか、吉田とGSとの関係は、第一次吉田政権期の食糧問題やインフレ、労働問題などをめぐり、GSをバイパスしてマッカーサーと直接交渉したり、GⅡの政治力を利用してGSを牽制する姿勢をとる吉田に対し、GS内部の不満は高まっていた (『回想十年』一、一二二〜一二五頁、増田弘『マッカーサー』中公新書、二〇〇九年、三六一頁参照)。
(26) セオドア・コーエン著/大前正臣訳『日本占領革命』上 (TBSブリタニカ、一九八三年) 一三九頁。
(27) 前掲袖井『マッカーサーの二千日』一五四頁。
(28) 前掲ウィリアムズ『マッカーサーの政治改革』五三頁。
(29) マッカーサーとホイットニーの関係については、ホイットニーがマッカーサーと同じく第一相互ビルの六階に執務室をあたえられ、副官をとおさずマッカーサーの部屋に通じる扉から自由に入っていけたという逸話を紹介しておけば足りるであろう。ハワード・B・ショーンバーガー著/宮崎章訳『占領1945〜1952』(時事通信社、一九九四年) 六五頁、前掲増田『マッカーサー』三二六頁、三六二頁参照。
(30)「都留重人日誌」(経済企画庁編『戦後経済復興と経済安定本部』大蔵省印刷局、一九八八年) 一九四七年五月一四日条。

(31)『芦田日記』第二巻、一九四八年二月一〇日、二四日、二七日、四月二日条など。

(32) C・A・ウィロビー著／延禎監修『ウィロビー回顧録　知られざる日本占領』（番町書房、一九七三年）一六一頁。このほか、当時、GHQに勤務していた者たちも異口同音に一九四八年頃までのGSの優位性を指摘している。前掲コーエン『日本占領革命』下、一二五頁、前掲ウィリアムズ『マッカーサーの政治改革』五三～五六頁参照。

(33) 一九四七年九月三〇日の第一回衆議院予算委員会会議録第八号（国会会議録検索システム、国立国会図書館、以下同）における稲村順三（社会党）、一九四七年一〇月八日の第一回参議院決算・労働連合委員会会議録第七号における帆足計（緑風会）、一九四七年一一月四日の第一回参議院予算委員会会議録第一五号における西郷吉之助（緑風会）、中西功（日本共産党）らの発言。

(34) 安倍源基『巣鴨日記』（展転社、一九九二年）一九四七年九月一一日、二一日、二四日、一〇月七日、一九四八年一月一一日の各条。このうち、一九四七年九月一一日条には、「陛下は少し行幸が多過ぎる、少し謹慎されなければならぬ」という木戸の意見が記述されている。

(35) "Expenditure of Funds by the Imperial Household Office" 15 November 1947, GHQ/SCAP Records, Government Section, GS(B)01216（国立国会図書館憲政資料室所蔵、〔以下、GSRと略称〕）。なお、福永文夫編『GHQ民政局資料　占領改革　経済・文化・社会』（丸善、二〇〇〇年）一八三～一八四頁に、「宮内庁〔ママ〕による支出」という題で同文書が所収されている。また、前掲瀬畑「『宮中・府中の別』の解体過程」第二章でも、GS文書を引用しながら巡幸の問題点を論じている。以降、なるべく瀬畑論文と重複しない範囲で、本書の趣旨にそってGS側の対応を紹介していく。

(36) スウォープの経歴やGSでの任務については、前掲ウィリアムズ『マッカーサーの政治改革』七九～八二頁参照。

(37) GSR, "Expenses Incurred on the Emperor's Tours" 21 November 1947, GS(B)01216; "Emperor's Trips and Expenses Thereof" 12 December 1947, GS(B)01318.（国立国会図書館憲政資料室所蔵）。前掲福永編『GHQ民政局資料　占領改革　経済・文化・社会』一八五～一八八頁にも、「天皇行幸に関する費用（一）」「天皇行幸とそれに伴う費用」という題で同文書が所収されている。

(38) 前掲のGSR, "Expenses Incurred on the Emperor's Tours" にも中国巡幸時の問題点が記されているが、

ここでは、要点をまとめた週刊新潮編集部『マッカーサーの日本』上（新潮文庫、一九八三年）一一四〜一一七頁を参照。

(39) 前掲週刊新潮編集部『マッカーサーの日本』上、一一五〜一一六頁。なお、中国巡幸に同行したGS局員について、地方の関係者から側近らへの贈答品の授受を監視していたある一人の局員が広島でその贈呈品を無心したという、徳川義寛の証言もある（前掲徳川・岩井『侍従長の遺言』一二三頁）。

また、後年、高橋紘氏が宮内府の供奉員や地方で一行を接待した関係者から聞き取りした話のなかで、宮内府の役人が闇米や差し入れを要求していたという実態を紹介している（前掲高橋・鈴木『天皇家の密使たち』二五四〜二五五頁）。

(40) 以下、本文中における同覚書からの引用箇所は、「公式覚書『天皇の視察旅行に要した費用』」（『資料天皇制』五八一〜五八五頁）より抜粋した。

(41) 同前、五八四頁。

(42) op.cit., "Emperor's Trips and Expenses Thereof" に記述された本文と添付文書の内容を要約しながら引用した。

(43) 前掲大金『巡幸餘芳』一四頁、三九〜四〇頁。

(44) 大霞会編『内務省史』第三巻（地方財務協会、一九七一年）七六一頁。

(45) 天皇一行を出迎えた民衆側の反応については、感涙にむせび万歳を唱和する各地の様子が供奉員や参列者の証言として記録されている。以上、前掲大金『巡幸餘芳』六〜七頁、前掲昭和天皇巡幸編纂委員会編『昭和天皇巡幸』一〇一頁、一四一〜一四二頁参照。

もちろん、地方官民すべてが天皇一行を熱烈に歓迎していたわけではないが、敗戦後の民衆意識について論じた研究では、民衆心理を分析する視角や考証に違いがみられるものの、天皇を熱狂的に迎える民衆の姿勢について、意図された演出ではなく、敗戦直後の地方民衆の真の姿を反映したものであるという点では一致した見解を示している。吉見義明「占領期日本の民衆意識」（『思想』第八一一号、一九九二年一月）九四〜九九頁、安田常雄「象徴天皇制と国民意識」（中村政則編『占領と戦後改革』吉川弘文館、一九九四年）一四四〜一四五頁、川島高峰『敗戦』（読売新聞社、一九九八年）二五〇頁、ジョン・ダワー著／三浦陽一ほか訳『増補版　敗北を抱きしめて』下（岩波書店、二〇〇四年）八〇〜八一頁など参照。

(46) 前掲ウィリアムズ『マッカーサーの政治改革』八二頁。また、中国巡幸の報告書を読んだ駐日カナダ代表部首席のE・H・ノーマンも、民衆の天皇への変わらぬ態度を読みとり、旧態依然とした天皇と宮内府職員の姿勢を批判している（E・H・ノーマン著／加藤周一監修・中野利子編訳『日本占領の記録　1946―48』人文書院、一九九七年、二八〇～二八一頁）。

(47) Diary of William J. Sebald: vol. I, September 21, 1948. シーボルトに対する寺崎の発言。巡幸についても、側近らはマッカーサーや副官のバンカーが巡幸の趣旨を理解してくれているものの、GSがこれを危惧し反対であったと受けとっていた（前掲徳川・岩井『侍従長の遺言』一三一～一三四頁）。

(48)「覚書（一九四七年五月三日附政令第五号に関する件）」一九四七年一二月一九日付（「森戸辰男関係文書」三―一一―一―一二、広島大学図書館所蔵）。英文は、GSR,“Imperial Household Office Law and Cabinet Order NO.5”19 December 1947, GS(A)585（国立国会図書館憲政資料室所蔵）。

(49) 前掲ノーマン『日本占領の記録　1946―48』にも、一九四八年一月初旬の時点でスウォープらがこの件を思案しているところであると記されている（二八〇頁）。

(50) 一九四八年二月一四日、宮内府は片山内閣に文書を提出し、「これ以上の人員削減は業務に支障がでる」と、人員整理に難色を示した（前掲瀬畑「『宮中・府中の別』の解体過程」一七頁）。

(51) この時期の片山内閣による宮内府改革の検討について、片山をはじめとする閣僚、政府関係者の個人資料のほか、国立公文書館所蔵の閣議関係書類など公文書を調査してみたが、事実を確認できる資料は見いだせなかった。閣議決定にいたっていないことを考えると、片山やその周辺だけでこの問題を検討し、人事権をもつ宮内府側（天皇を含む）へひそかに伝達していたのではないだろうか。

(52)『側近日誌』二一八～二一九頁に記載の原文を意訳した。

(53)『河井日記』一、一九四七年一〇月二四日条。「松影会」における現役側近との協議の席での河井の発言。

(54) 前掲ノーマン『日本占領の記録　1946―48』三〇九頁。

(55)「宮内府機構改正に関する件」一九四八年二月三日付（『公文類聚』第七三編第二九巻、国立公文書館DA、本館―二A―〇二八―〇一・類〇三一九三一〇〇）。

(56) 同前。

(57) 片山内閣総辞職にいたる経緯について、当事者の語る以下の証言を参照。片山哲『回顧と展望』（福村出版、一九六七年）第四篇第三章、西尾末広『西

尾末広の政治覚書』（毎日新聞社、一九六八年）二〇五～二一二頁。

(58) 片山内閣記録刊行会編『片山内閣』（同会、一九八〇年）二九九頁、大森彌「片山内閣」（林茂・辻清明編『日本内閣史録』五、第一法規出版、一九八一年）一二八～一二九頁、前掲五百旗頭『占領期』三四〇～三四一頁、三五〇頁など。

(59)『側近日誌』二一八頁。天皇は片山の首班指名を奏上しにきた松岡駒吉衆議院議長へ「片山は弱いような気がするが、どうかね」と尋ねている（前掲片山内閣記録刊行会編『片山内閣』二九九頁）。

(60) 前掲福永「戦後改革と社会主義勢力」二七四～二七六頁。

(61) 冨永望「戦後社会主義勢力と象徴天皇制」（赤澤史朗ほか編『年報・日本現代史』第一一号、二〇〇六年）一四一～一四五頁、前掲冨永『象徴天皇制の形成と定着』三九～四二頁。

(62) 一九四七年九月二〇日の第一回衆議院司法委員会会議録第三五号」（国会会議録検索システム、国立国会図書館）における片山の答弁を要約した。ただし、片山はこの発言の前後で、新憲法下での象徴天皇の性格を強調し、従来のような「超然的な取扱をしないで」民主憲法の枠内で国民の尊敬を集めなければならないとも述べている。この時点では、片山政権とGSは、巡幸の性格を同様にとらえていたと思われる。

(63) 前掲冨永『象徴天皇制の形成と定着』三九～四二頁。

(64) 前掲大金『巡幸餘芳』一〇頁。

(65)「日記　昭和二一－二三年」（「和田博雄関係文書」四七七、国立国会図書館憲政資料室所蔵）一九四六年八月一四日条。

(66) 漆野隆三郎書簡（下河辺三史宛）一九八五年一一月（『芦田日記』第七巻、三四一～三四二頁）。

(67) GSR,"Correspondence between General MacArthur and Prime Minister – General Whitney and Prime Minister"March 1948, GS(B)-1752.（国立国会図書館憲政資料室所蔵）。

(68)「宮内府法施行令の一部を改正する政令」一九四八年四月三〇日（『公文類聚』第七三編第二九巻、国立公文書館DA）。この措置により、宮内府の式部官、事務官、技官の専任職員が減員されたほか、御用掛設置の不許可や宮中の会計をあずかる内蔵寮の廃止も決定された。

(69) 同前。

(70)「実録」一九四八年三月二日条には、「以後、次期宮内府長官等が決定する五月半ば頃まで、〔中略〕松平長官等をしばしばお召しになる」と記述されている。

（71）松平康昌の処遇とは、側近歴の長さや内大臣秘書官長の前歴から更迭される可能性が高いことを憂慮した宮中側が、GHQや重臣との交渉役を務めていた松平の残留を希望し、芦田にその旨を伝えたものと思われる。

（72）吉田茂宛牧野伸顕書簡、〔一九四八年〕三月一八日付（大磯町郷土資料館所蔵）。

（73）『河井日記』二、一九四八年三月二日条。高尾の肩書は同日条で「人事課長」と表記されているが、「実録」の同年同月の記載では「文書課長」となっているので、「実録」の表記に従った。

（74）「実録」一九四八年四月一〇日条。天皇は発熱のため同七日以来仮床中で、この日もガウンを着たまま牧野の拝謁を受けていることから、事態の逼迫性が伝わってくる。

（75）GSR,"Appointment of Grand Steward, Imperial House Office" April 17, 1948, GS(A)-585.（国立国会図書館憲政資料室所蔵）。

（76）Ibid.

（77）前掲ノーマン『日本占領の記録　1946－48』三一〇頁。本国宛電報の日付は、一九四八年四月一三日付である。

（78）前掲加藤『田島道治』一九三～一九四頁。

（79）小泉信三『小泉信三全集』第二六巻（文藝春秋、一九六九年）二〇二頁。小泉は戦前から原田熊雄や池田成彬、吉田茂らの自由主義者と親交があったため（『小泉信三全集』第一六巻、一九六七年、五一〇～五一一頁）、保守勢力から候補者にあげられたものと推察される。なお、芦田は天皇の望む小泉案につき、「当ってみようか」（『芦田日記』一九四八年四月二九日条）と述べているので、一度、小泉に宮内府長官への就任を打診していた可能性が高い。しかし、その後、この件は芦田の日記に登場せず、小泉に関する書物にも何も記載されていないので、小泉は芦田の要請を断ったのであろう。

（80）『読売新聞』一九四八年四月二四日付。

（81）『朝日新聞』一九四八年四月二七日付。

（82）一九四八年四月二七日の第二回参議院決算委員会会議録第七号（国会会議録検索システム、国立国会図書館）。

（83）一九四八年五月一九日の第二回参議院決算委員会会議録第一一号（国会会議録検索システム、国立国会図書館）。国家行政組織法においては、中央行政機関の種類を整理し、総理府、法務府の二府のほか、国務大臣を所掌の長とする組織は「院」、それ以外の外局を「庁」とすることとした（同前、船田享二の説明）。また、外局の性格については、ほかの内局と比較してより強い権限を有するものでなく、職務の特殊性から位置づけられたものだという法務庁（旧法制局）の見解が示されていた（同年五月二〇日の第二回参議院決算・商業・鉱工業連合委員会会議録第一号における佐藤達夫法制長官の答弁）。

(84)「宮内府法」一九四七年四月一七日公布（『公文類聚』第七一編第九巻、国立公文書館DA、本館－二A－〇一〇－一一・類〇三〇四四一〇〇）第四条の規定より。

(85) 三谷隆信『回顧録　侍従長の昭和史』（中公文庫、一九九九年）二六七～二七〇頁、『芦田日記』第二巻、一九四八年五月一八日条。三谷は侍従長への転職につき、『回顧録』のなかで田島との交友関係からではなく、戦争に対する天皇の心労や苦難を思い、戦後における皇室の在り方の重要性を考慮し、宮中入りを決意したと語っている（前掲三谷『回顧録』二七〇～二七一頁）。

(86) 後に侍従長となる稲田周一は芦田による側近首脳同時更迭の進言につき、「之は不便だと思い、その進言を抑え、まず松平のみを許し、それから大金の退官も已むを得ないとして首相の進言に従った」という天皇の懐旧談を聞いている（『徳川日記』四九九頁）。

(87)『芦田日記』第二巻、一九四八年五月二六日条。

(88)『入江日記』第六巻、一九八二年三月一七日条。後年、加藤は辞職の理由について、「役人というものは大臣がやめたら退くのは当然」と、自発的に退官した事情を語っている（前掲高橋・鈴木『天皇家の密使たち』二五八頁）。

(89)「牧野伸顕伯よりの書翰」一九四八年三月三〇日付（小山完吾『小山完吾日記』慶應通信、一九五五年、三一六頁）。

(90) 前掲漆野隆三郎書簡（下河辺三史宛）一九八五年一一月。

(91)『芦田日記』第二巻、一九四八年五月二九日条。大金の更迭につき、天皇は加藤宮内府次長へ「『あのような忠良をなぜ辞めさせなければならぬのか』と激昂したという」（前掲高橋『象徴天皇』四九頁）。

(92) 前掲高橋『象徴天皇』四九頁。また、高橋氏の別の著書でも、鈴木菊男総務課長による、「オモテ（長官官房）とオク（侍従職）のトップが同時に辞職するなどということは、あり得ないこと」という談話が紹介されている（前掲高橋・鈴木『天皇家の密使たち』二五七頁）。

(93) 前掲高橋・鈴木『天皇家の密使たち』二五七頁、前掲徳川・岩井『侍従長の遺言』一三四頁。

(94) 前掲高橋・鈴木『天皇家の密使たち』二五七頁。大金はこのGⅡ職員に対し、辞職を決意しているので応援せずともよいと返答したという。

(95) この経緯については、『芦田日記』第二巻、一九四八年五月三一日～六月五日条。「六月二日（水）案件表（臨時）」（『芦田内閣閣議書類（その六）』国立公文書館DA、本館・四E－〇三六－〇〇・平一四内閣〇〇〇四〇一〇〇）参照。

(96) 大森彌「芦田内閣」（前掲林・辻編『日本内閣史録』五）、前掲五百旗頭『占領期』第六章、前掲増田『マッカーサー』第一一章、楠綾子『占領から独立へ』（吉川弘文館、二〇一三年）一二六頁、一六八頁など。

(97) 芦田は一連の宮中改革につき、宮内府機構の整理縮小については行政機構改革や官僚制度改革との関係もあり、船田享二などの担当閣僚と協議していた形跡をうかがわせるが、側近首脳の更迭問題については、片山前首相と事務引き継ぎをおこなった際にこの問題を確認し合ったほか、以後、安倍能成などの親しい友人を別とし、閣僚や党幹部ら政府関係者と話し合った形跡を見いだせない。芦田にとっても機微な問題という認識から、外部への情報流出を恐れて極秘裏に進行させていったものと思われる。

(98) 占領政策の転換という情勢の変化は、政局にあたっていた芦田の耳にも届いていた。側近更迭問題が大詰めを迎えていた一九四八年五月四日、芦田の命により退役陸軍軍人のウィルバー准将（William Wilbur）を訪ねた栗栖赳夫（経済安定本部総務長官）に対し、ウィルバーは米政府やマッカーサー側近らの見解と断わりつつ、ソ連の極東方面への進出に備えるため、「今日までの占領政策を再検討し、日本の経済復興及び自立を促進せしむるように変へなければならぬ」という意見を伝え、芦田と協議のうえ、「占領政策の大転換」を申し出るよう要請していた。ウィルバーの言葉を芦田に伝えた栗栖は、二日後の六日にウィルバーへ財閥解体の適用範囲の縮小を要請するという芦田の見解を伝えている（「栗栖赳夫在官日誌」栗栖赳夫法律著作選集刊行会『戦中戦後立法・起債調整論・日誌』有斐閣、一九六八年、二七八頁）。

(99) 福永文夫『占領下中道政権の形成と崩壊』（岩波書店、一九九七年）二七六頁、前掲増田『マッカーサー』三九一頁。このほか、全国巡幸の問題点を指摘したスウォープや宮中改革問題を担当してきたハッシーなど、占領初期以降、種々の民主化政策を担ってきたGSの中心メンバーも帰国していき、GSの影響力は低下していくこととなる（福永同書二五〇～二五一頁）。

第五章

（1）牧野伸顕宛吉田茂書簡、一九四七年三月二四日付（『吉田茂書翰』六七四頁）。

（2）『回想十年』二、四二頁。吉田は新憲法施行後にも同様の趣旨の議会答弁をおこなっている。一九五一年一一月一三日の第一二回参議院予算委員会第一四号会議録（国会会議録検索システム、国立国会図書館）における吉田首相兼外相の発言。

（3）前掲冨永『昭和天皇退位論のゆくえ』でも、『回想十年』を手掛かりに吉田の天皇観を分析しており、本書と似た見解が提示されている（一三一～一三四頁）。また、井上寿一「吉田茂」（増田弘編著『戦後日本首相の外交思想』ミネルヴァ書房、二〇一六年）では、吉田がイギリスをはじめとするヨーロッパ君主国のような「先進君主国」として日本を再建しようとしていたと論じている（四七頁）。

（4）冨永望「象徴天皇制の実相」（『二十世紀研究』第一六号、二〇一五年一二月）四四～四六頁。

（5）『回想十年』三、二五頁、二七三頁、『回想十年』四、二九頁。当時、吉田のもとで職務にあたっていた部下や関係者、講和・安保問題を専門に分析した研究者も、吉田の意気込みや慎重な姿勢について指摘している。西村熊雄「講和条約」（保科善四郎ほか『語りつぐ昭和史3』朝日文庫、一九九〇年）三一八～三二九頁、岡崎勝男『戦後二十年の遍歴』（中公文庫、一九九九年）五四頁、宮澤喜一『東京―ワシントンの密談』（中公文庫、一九九九年）四六～四七頁、前掲三浦『吉田茂とサンフランシスコ講和』上、一五六頁、一六三～一六四頁、前掲エルドリッヂ『沖縄問題の起源』二〇四～二〇五頁、楠綾子『吉田茂と安全保障政策の形成』（ミネルヴァ書房、二〇〇九年）一七一～一八九頁など。

（6）講和・安保問題の進展経緯や日米を中心とした関係国の思惑、方針など外交史上の全体像については、多数の研究によって明らかにされている。ここでは、天皇や宮中について論じる本書との関係から以下の文献をあげるにとどめる。前掲三浦『吉田茂とサンフランシスコ講和』上下、前掲エルドリッヂ『沖縄問題の起源』、前掲楠『吉田茂と安全保障政策の形成』、柴山太『日本再軍備への道』（ミネルヴァ書房、二〇一〇年）、吉次公介『日米同盟はいかに作られたか』（講談社選書メチエ、二〇一一年）、前掲豊下『昭和天皇の戦後日本』。

（7）前掲三浦『吉田茂とサンフランシスコ講和』上、一六三～一六四頁、前掲天川『占領下の日本』二五五頁参照。

（8）村井哲也『戦後政治体制の起源』（藤原書店、二〇〇八年）二〇頁、二九八頁、三〇六～三〇七頁、

三一三～三一四頁、三二九頁に記載された内容を参考にまとめた。外相官邸には側近の白洲次郎が居住し、娘の麻生和子が朝食会の準備をしていた。メンバーは増田甲子七官房長官、群祐一官房次長、広川弘禅幹事長が常任メンバーで、状況に応じ大臣、官僚、党役員が呼ばれた（同三一三頁）。

(9) 前掲村井『戦後政治体制の起源』三一四頁。

(10) 小宮京『自由民主党の誕生』（木鐸社、二〇一〇年）六七～七九頁参照。

(11) 前掲豊下『昭和天皇・マッカーサー会見』参照。

(12)『寺崎日記』一九四七年一一月七、八日条。また、会見直前の同一二日にも天皇と大金、寺崎の三人だけで会見時の天皇の発言について協議しており、そのなかで「外ム省ノ悪口」も出たと記されている（同一二日条）。

(13) 加藤恭子『昭和天皇と田島道治と吉田茂』（人文書館、二〇〇六年）四一～五七頁。

(14)『読売新聞』一九四九年六月二日付の「外務辞令」記事。

(15)「寺崎日記」一九四九年七月四～五日条、『入江日記』第二巻、一九四九年七月四～五日条。

(16) 猪木正道『評伝吉田茂』下（読売新聞社、一九八一年）三五一～三五二頁。

(17) 前掲豊下『昭和天皇・マッカーサー会見』一〇八頁。

(18)「実録」一九四八年五月六日条、一九四九年一月一〇日条。

(19) 幣原平和財団編『幣原喜重郎』（同、一九五五年）七四八頁。

(20)「日記 September 1947」（「加瀬俊一関係文書」六、国立国会図書館憲政資料室所蔵）一九四七年九月二三日、二四日、一〇月一〇日条、「日記 October-December 1947」（「加瀬俊一関係文書」七、国立国会図書館憲政資料室所蔵）一九四七年一一月一日、一二月二七日条など。加瀬俊一『加瀬俊一回想録』下（山手書房、一九八六年）九六～一〇八頁、前掲吉田『昭和天皇の終戦史』一一五～一一六頁参照。

(21)「日記 Aug-December 1948」（「加瀬俊一関係文書」八、国立国会図書館憲政資料室所蔵）一九四八年一〇月二三日条。

(22) 同前、一九四八年一〇月二四日条。

(23) 同前、一九四八年一一月一〇日条。本文以下の引用箇所も同じ。

(24) 同前、一九四八年一〇月二四日条には、「白須《ママ》、寺崎の輩ののさばる」と記されている。ただし、この「寺崎」は第一次吉田政権で外務次官を務めた兄の太郎をさしている可能性もある。

(25) その後、加瀬は関係の深い重光が政界入りすると政治の表舞台に復帰し、吉田が政界で第一線から退いていた一九五六年には日本の国連加盟にともない、初代国連大使に就任する。
(26) 前掲豊下『昭和天皇の戦後日本』一四二〜一八六頁参照。ただし、豊下氏は前著『安保条約の成立』(岩波新書、一九九六年)から「天皇外交」の論調を軟化させており、前著で頻繁に使用していた「天皇外交」や「二重外交」という語句も、『昭和天皇の戦後日本』では使用を抑えている。
(27) 前掲西村「講和条約」三二〇頁。
(28) 前掲豊下『昭和天皇の戦後日本』一四二〜一四三頁、一五三頁。
(29) パケナム邸での会合の概要については、大蔵省財政史室編『渡辺武日記』(東洋経済新報社、一九八三年)一九五一年六月二二日条。
(30) 前掲豊下『昭和天皇の戦後日本』一五二〜一五三頁。
(31) 前掲青木『昭和天皇とワシントンを結んだ男』一三八〜一四〇頁でも同様に指摘している。
(32) 前掲豊下『昭和天皇の戦後日本』一四七頁。
(33) 前掲吉田『昭和天皇の終戦史』六九頁、一〇九〜一一〇頁。
(34) ダレスの行動日程については、当該期の『朝日新聞』の記事によった。
(35) 「実録」一九五一年二月一四日条、前掲豊下『昭和天皇の戦後日本』一九九頁参照。
(36) 前掲青木『昭和天皇とワシントンを結んだ男』第八章、前掲豊下『昭和天皇の戦後日本』一七九〜一八六頁。
(37) 前掲豊下『昭和天皇の戦後日本』一八四〜一八六頁。
(38) 同前、一六一頁。
(39) 波多野澄雄「『再軍備』をめぐる政治力学」(近代日本研究会編『年報・近代日本研究』一一、山川出版社、一九八九年)一八八頁、前掲楠『吉田茂と安全保障政策の形成』一七一〜一九五頁参照。
(40) 前掲三浦『吉田茂とサンフランシスコ講和』下、一〇〇〜一〇一頁。
(41) Diary of William J. Sebald: vol. IV, February 9, 1951. 前掲三浦『吉田茂とサンフランシスコ講和』下、一九九〜二〇〇頁。天皇とダレスの会談について、シーボルトや国務省は国内外にあたえる影響を考慮して反対であった。
(42) 外務省編『日本外交文書　平和条約の締結に関する調書』第三冊(外務省、二〇〇二年)六六六〜六七〇頁、同第四冊三九六〜四〇三頁、同第五冊四一九、五六三〜五七〇頁。東健太郎「象徴天皇観と憲法の交錯」(『相関社会科学』第一六号、二〇〇六年）七七～七八頁参照。

(43) 講和会議に関する外交文書（西村調書）が公開された際におこなわれた専門家による座談会の席上、豊下氏が講和問題について頻繁に内奏されていたことを重視し、天皇や側近が「外交アクター」として、吉田とは独立に機能していた可能性」を指摘したのに対し、坂元一哉氏は内奏資料が「天皇に話をしにいくための資料」であり、天皇が外交政策に影響をあたえた可能性については、「わからない」と、慎重な意見を述べている（菅英輝ほか「吉田外交を見直す」（『論座』二〇〇二年一月号、一〇六～一〇八頁）。

(44) カーンとパケナムについては、前掲青木『昭和天皇とワシントンを結んだ男』のほか、前掲ショーンバーガー『占領1945～1952』第五章「ハリー・F・カーン」参照。

(45) シーボルトの日記でも、寺崎在任中は寺崎と頻繁に接触しているが、寺崎の免官後は松平の名前が頻出するようになる。ただし、シーボルトは寺崎には好印象を抱いていたものの、松平康昌については、「真実をアメリカ政府から探りだそうとする宮中のスパイのようだ」との印象をもっていた。Diary of William J. Sebald: vol. IV, May 5, 1951.

(46) 前掲加藤『昭和天皇と田島道治と吉田茂』八七～一〇五頁、前掲青木『昭和天皇とワシントンを結んだ男』第九章参照。

(47) 松井は一九五二年の皇太子の訪欧旅行にも随行するが、吉田から「東宮供奉ノ内命」を受け、「旅程、予算等作成ノ打合」にも参加し、政府を代表して田島ら宮内庁側との折衝にあたっている（前掲加藤『田島道治』三三一～三三七頁）。

(48) 田島は「口頭メッセージ」の件や同じく松平を通じてシーボルトやシドニー・ハフ（Sidney Huff）副官に伝達させた、朝鮮戦争に対するアメリカの素早い対応への感謝の意につき、天皇から報告を受けている（前掲加藤『田島道治』二七七頁）。

(49) 前掲加藤『田島道治』二五一頁。

(50) 同前、三一九頁。

(51) 前掲豊下『昭和天皇・マッカーサー会見』一二三頁。周知の事実だが、リッジウェイはマッカーサーが解任された後の一九五一年四月一六日、連合国軍最高司令官に就任している。

(52) 前掲豊下『昭和天皇の戦後日本』二四二～二四三頁。戦前における天皇の軍部不信については、拙稿「戦争の時代と天皇」（前掲古川ほか編『「昭和天皇実録」講義』戦前編第三章）でその一端を紹介している。

(53) Diary of William J. Sebald: vol. IV, April 22, 1951.

(54) FROM TOKYO TO FOREIGN OFFICE 12th June 1952, FO371/99532.

(55)「林敬三氏談話第六回速記録」(『内政史研究会旧蔵資料』一六五、国立国会図書館憲政資料室所蔵〔以下、「林談話録」と略称〕)八三頁、一〇七頁。

(56) 前掲升味『昭和天皇とその時代』二四三～二五四頁、前掲冨永『象徴天皇制の形成と定着』五一～七二頁、前掲高橋『人間　昭和天皇』下、一八六～一九六頁、前掲冨永『昭和天皇退位論のゆくえ』七九～九五頁など。

(57)『徳川日記』四九九頁。

(58) 退位問題との関係は不明だが、八月一四日には前侍従長で侍従職御用掛となった大金益次郎も天皇に拝謁し、三谷侍従長の陪席のもと、約三〇分何事かを奏上している(「実録」一九四八年八月一四日条)。

(59)『芦田日記』第二巻、一九四八年九月二七日条、「実録」一九四八年九月二七日条。

(60) Diary of William J. Sebald: vol. I, October 8, 1948.

(61) Ibid, vol. II, October 28, 1948.「W・J・シーボルドからH・メレル・ベニングホフあて」第二信(『資料天皇制』五九三～五九四頁)。

(62)「天皇のマッカーサーあてメッセージ」(『資料天皇制』五九四頁)。

(63)「実録」一九四八年一〇月二九日、一一月一一日条、「田島日記」一九四八年一一月一一日条。戦争責任問題もからんだ天皇の国民向けメッセージについては、加藤恭子『昭和天皇「謝罪詔勅草稿」の発見』(文藝春秋、二〇〇三年)第一章、前掲冨永『昭和天皇退位論のゆくえ』八二～九五頁参照。

(64)「実録」一九五二年五月三日条。講和条約調印から発効時における退位問題について、前掲升味『昭和天皇とその時代』二五一～二五四頁、前掲冨永『昭和天皇退位論のゆくえ』一四〇～一六一頁参照。

(65) 前掲加藤『田島道治』三〇〇～三一〇頁、前掲加藤『昭和天皇「謝罪詔勅草稿」の発見』第五、第六章参照。

(66) 前掲加藤『田島道治』三一八～三一九頁に掲載の「おことば」関係の経過筆記。

(67)「木戸談話録」一六一頁。

(68) 木戸鶴子宛木戸幸一書簡、一九五一年九月九日付(「木戸家文書」三九六、国立歴史民俗博物館所蔵)。ここでは、国立国会図書館憲政資料室所蔵の複製版を使用した。

(69) 粟屋憲太郎ほか編『木戸幸一尋問調書』(大月書店、一九八七年)の解説五五九頁。

(70) 同時期、松平は退位の噂を聞いたシーボルトから真偽を尋ねられ、「退位は一時検討されたが、天皇は自身の感情より国家の安定が重要だと考え、退位しないという決断を下した」と返答している。

(71) Diary of William J. Sebald: vol. V, October 24, 1951.

(72)『木戸幸一尋問調書』解説五六〇頁。

同前、五六一〜五六二頁。木戸は別の聞き取りのなかでも、「おことば」について、「それが出た文書〔おことば〕から読むと、むしろ逆に取れるようになっちゃっているんだ、あれは。だから、陛下としてははなはだ不本意じゃなかったかと思いますがね」という感想を語っている（「木戸談話録」一六二頁）。つまり、木戸は「おことば」について、天皇自身の戦争責任を語ったものではなく、かえって何の責任も負わずに在位しますということを宣言した「不本意」な発表と受けとっていたのである。

(73) 前掲吉田『昭和天皇の終戦史』二三三〜二四一頁、前掲升味『昭和天皇とその時代』二五四頁、前掲伊藤『昭和天皇伝』四七六〜四七七頁、前掲冨永『昭和天皇退位論のゆくえ』エピローグほか。

(74) 前掲加藤『田島道治』二〇八頁。

(75)「田島日記」一九五〇年四月二六日条には、田島と吉田首相の会談内容で「宮内庁根本問題」と出てくる。おそらく、以前、芦田に語っていた「侍従改革」のことであろう。

(76)「林談話録」六、八七頁。

(77) 同前。

(78) 前掲加藤『昭和天皇と田島道治と吉田茂』七九〜八一頁。

(79)「林談話録」六、九八頁。なお、「田島日記」では、吉田が伝えた内容として「新規警察長官ノ話」と記されている（前掲加藤『昭和天皇と田島道治と吉田茂』八二頁）。

(80) 林の引き抜き工作で折衝役となった官房長官の増田甲子七と岡崎勝男は吉田の腹心であり、吉田の意思を受けて動いていたことは間違いない。増田と岡崎も、吉田の指示で行動していたことを回想している。増田甲子七『増田甲子七回想録』（毎日新聞社、一九八四年）一二二頁、前掲岡崎『戦後二十年の遍歴』四七〜四八頁参照。

(81)「林談話録」六、九八〜一〇二頁。

(82) 前掲加藤『昭和天皇と田島道治と吉田茂』八二〜八四頁。

(83)『入江日記』第二巻、一九五〇年九月二七日条。入江とこの件を協議した鈴木菊男書陵部長は「最大の危機だ」とまで語っている。

(84)「林談話録」六、九〇〜九八頁。

(85) それぞれ、一九四九年五月一三日、二〇日の第五回衆議院内閣委員会第二〇回・第二六回会議録（国会会議録検索システム、国立国会図書館）における木村栄（日本共産党）と土橋一吉（日本共産党）の発言。

(86) 一九五〇年三月三日の第七回衆議院内閣委員会第七号会議録(国会会議録検索システム、国立国会図書館)における木村栄(日本共産党)の発言。

(87) 一九五二年一二月一九日の第一五回参議院文部委員会第一二号会議録(国会会議録検索システム、国立国会図書館)における相馬助治、矢嶋三義(日本社会党)の発言。

(88) 「林談話録」六、一一七~一一九頁。さらに、林は酒を飲んだ際に、昔からのしきたりなのか、無礼講で上役にからむ者が多かったとも指摘している。

(89) 前掲徳川・岩井『侍従長の遺言』一三四頁。田島評として、入江は「スターリンの如き強引さ」(『入江日記』第三巻、一九五二年一〇月一〇日条)という表現まで使っている。

(90) 前掲佐藤『高松宮宣仁親王』五八〇~五八一頁に記載の一九五一年六月一六日付のメモ。

(91) 中島三千男『天皇の代替りと国民』(青木書店、一九九〇年)第三章参照。なお、皇族の葬儀時における服喪については、その後、一九八一年に宮内庁に内規が設けられ、それを参考にしながら天皇の意向をうかがって決定しているという(渡邉允『天皇家の執事』文春文庫、二〇一一年、三〇八頁)。

(92) 前掲中島『天皇の代替りと国民』一七二~一七三頁。また、秩父宮の遺体は結核対策の一助となりたいという本人の遺言により、解剖されている(佐藤元英監修『秩父宮雍仁親王』ゆまに書房、二〇一二年、初版一九七〇年、九〇六頁)。

(93) 前掲波多野『明仁皇太子エリザベス女王戴冠式列席記』一三二~一三五頁。

(94) 前掲徳川・岩井『侍従長の遺言』一三六~一三七頁。

(95) 「田島日記」一九五三年八月二七日条。『入江日記』第三巻の同日条によると、午後から天皇が侍従の詰所にあらわれて侍従らと長時間懇談し、入江も「お楽しさうにお話し遊ばす」と、天皇が上機嫌である様子を記している。入江ら侍従にとっては、天皇の息抜きの付き合いという戦前からの認識で対応したのであろうが、田島は天皇や上官に対する入江の言動を林敬三が指摘する「無礼講」で失礼な態度と受けとったのであろう。

(96) 前掲藤樫『千代田城』八一頁、八九頁。

(97) この点、藤樫も田島の侍従職改革は「長年の伝統とあって、そう簡単に手のくだしようがなかった」とも述べている(同前、八八頁)。

(98) 拙著『昭和戦前期の宮中勢力と政治』第八章、拙著『牧野伸顕』八九~九五頁参照。

(99) 前掲加藤『田島道治』三三一~三三二頁。

（100）同前、三四六〜三四七頁参照。

（101）同様の指摘として、前掲加藤『田島道治』三五七頁。

（102）「林談話録」六、九〇頁、前掲加藤『昭和天皇と田島道治と吉田茂』二〇六頁。

（103）前掲加藤『田島道治』三四九〜三五一頁。加藤氏は、「田島日記」にある「宇佐美も了承のこと」の箇所を、「（吉田は）宇佐美の長官承認も了承した」と解釈しているが（三五一頁）、「宇佐美も田島の辞任に了承した」と解釈することもできる。後述するように、田島は宇佐美に対して辞任の直前に「始めて辞任及後任ノコト話ス」とでてくるので、ここでは最低限の事実として、後者の解釈をとった。

（104）「実録」一九五三年一一月六日条、前掲加藤『田島道治』三五七頁、三六三頁。田島の一一月六日のメモには、「吉田打合無視ノコト」と記されている。

（105）前掲加藤『田島道治』三六三頁。加藤氏は同書のなかで、okaを「岡部長景」ではないかと推測しているが（三六四頁）、田島の日記やメモの内容との整合性、何より吉田との人間関係からみて、「岡崎勝男」だと思われる。

（106）前掲加藤『田島道治』三六一頁参照。

終章

（1）独立回復後における昭和天皇の国政への関心については、前掲吉次「戦後日米関係と『天皇外交』」、前掲後藤『内奏』第五章以降、前掲古川ほか編『「昭和天皇実録」講義』戦後編第二、第三章の河西、舟橋論文、岩見隆夫『陛下の御質問』（文春文庫、二〇〇五年）など参照。

（2）前掲豊下『昭和天皇の戦後日本』のなかで使用している「安保国体」という造語につき、「『皇統』を守り抜くこと、天皇制を防衛することが至上の課題であった」（二二二頁）との説明だけでは不十分であり、少なくとも天皇自身にとっては、「皇統と国家、国民を守り抜くこと」としてとらえられていたといえよう。

（3）一九七九年のソ連によるアフガニスタン侵攻に際して、天皇は「西側は蛮族にむしばまれて、滅ぼされやしないか」と述べ、ソ連を中心とする東側陣営を「蛮族」とまで称している（前掲岩見『陛下の御質問』七八頁）。

（4）国王秘書官については、Dermot Morrah,'The Private Secretary' in *The National and English Review,149*（*1959*）、前掲ボグダナー『英国の立憲君主政』第八章、前掲君塚『女王陛下の影法師』参照。

(5)「実録」にみえる一九四九年以降の松影会の開催は、一九四九年四月八日、一九五〇年四月一八日、一一月七日であり、一九五一年以降は年一回四月を中心に開かれている(一九六〇年分まで確認)。
(6)「実録」一九七一年一〇月七日~九日条、『朝日新聞』二〇一三年三月八日付朝刊、舟橋正真「佐藤栄作内閣期の昭和天皇『皇室外交』」(前掲河西編『戦後史のなかの象徴天皇制』)参照。
(7)「聖談拝聴録原稿(木下のメモ)③」(『側近日誌』二一四~二一七頁に所収の関係文書)、『寺崎日記』一九四六年一一月一三日、一二月二日、六日、九日条。
(8)国際連盟脱退を煽る輿論につき、当時の牧野内大臣は「帝国人心の軽徴〔佻〕」に概嘆し(『牧野伸顕日記』一九三三年二月二〇日条)、ナチス・ドイツに心酔するかのような国内の社会情勢について、当時の元老西園寺が、「現在の情況を見ると、日本人の程度がまだ〳〵低い」(原田熊雄述『西園寺公と政局』第七巻、岩波書店、一九五二年、三六六頁)と評価しているように、それぞれ天皇のいう「付和雷同」性を指摘していた。
(9)「聖談拝聴録原稿(木下のメモ)③」には、政治家に対する国民の信頼を高める方策のなかで、「為政家達に対する陛下の御工夫」という項目がたてられている(『側近日誌』二一七頁)。天皇みずからが政治家を啓蒙していくということを想定していた証拠である。
(10)杉浦が倫理学の講義において重視したのが、三種の神器、五箇条の誓文、教育勅語であったことに鑑みても、敗戦前後の昭和天皇の君主観に大きな影響をあたえ続けていたことがみてとれる。前掲古川『昭和天皇』一〇~一三頁参照。
(11)小泉信三『ジョオジ五世伝と帝室論』(文藝春秋、一九八九年)二〇頁。
(12)『ジョオジ五世伝』は原典のHarold Nicolson, *King George the Fifth: His Life and Reign*, London, 1952.をテキストとしていた。
(13)前掲小泉『ジョオジ五世伝と帝室論』九八~一一〇頁。
(14)前掲君塚『ジョージ五世』五頁参照。
(15)瀬畑源「小泉信三の象徴天皇論」(『一橋社会科学』第二号、二〇〇七年)でも、小泉の教育方針についてより詳細に分析しているが、結論は本書と同じような見解となっている。
(16)前掲小泉『ジョオジ五世伝と帝室論』九九頁。
(17)前掲君塚『ジョージ五世』第四章参照。
(18)武藤秀太郎「小泉信三の天皇像」(猪木武徳・マルクス・リュッターマン編著『近代日本の公と私、

官と民』NTT出版、二〇一四年）一五二〜一五八頁参照。

(19) 小泉は後年、皇太子の人格形成上におけるヴァイニング夫人の影響を指摘している（前掲小泉『小泉信三全集』第一七巻、一九六八年、三五八頁）。

(20) 河西秀哉『明仁天皇と戦後日本』（洋泉社、二〇一六年）一九〜二七頁参照。引用箇所は二六〜二七頁。

(21) ケネス・ルオフ著／高橋紘監修『国民の天皇』（共同通信社、二〇〇三年）第六章、前掲河西『「象徴天皇」の戦後史』第六章、森暢平「ミッチー・ブーム、その後」（前掲河西編『戦後史のなかの象徴天皇制』）参照。

(22) 松下圭一『戦後政治の歴史と思想』（ちくま学芸文庫、一九九四年、「大衆天皇制論」の初出は一九五九年）一〇五頁。

(23) 昭和天皇の発言は、前掲高橋・鈴木『陛下、お尋ね申し上げます』一四七頁、明仁天皇の発言は、宮内庁ホームページの「おことば・記者会見」にある「天皇陛下ご即位に際し（平成元年）」参照。

(24) 前掲渡邉『天皇家の執事』第六章、前掲河西『明仁天皇と戦後日本』一三四〜一三六頁参照。

(25) 前掲宮内庁ホームページ「天皇陛下ご即位に際し（平成元年）」。

(26) 前掲後藤『内奏』第七章、終章参照。

(27) 佐藤功氏も、自身の説く「人民主権下の議会君主制」のスタートを平成の新天皇以降に定めている（前掲「座談会　象徴天皇制の42年と今後の課題」二六頁）。

あとがき

本書は、二〇一一年から発表してきた論稿を大幅に加筆修正したうえ、本書の構成にあわせて章節単位で分離し、さらに、第一章や第三章、第五章では書き下ろし原稿を加えてまとめたものである。なお、本書のもとになった拙稿は以下のとおりである（発表順）。

・「敗戦後の『国体』危機と宮中の対応」（『アジア太平洋研究』第三六号、二〇一一年一一月）
・「象徴天皇制の君主制形態をめぐる研究整理と一考察」（『成蹊大学文学部紀要』第四七号、二〇一二年三月）
・「象徴天皇制の成立過程にみる政治葛藤」（『成蹊大学文学部紀要』第四九号、二〇一四年三月）
・「新史料発見　御用掛・寺崎英成一九四九年日記」（『中央公論』二〇一五年九月号）
・「『側近日誌』と「寺崎英成・御用掛日記」危機に瀕した皇室をいかに救うべきか」（黒沢文貴・季武嘉也編著『日記で読む近現代日本政治史』第一三章、ミネルヴァ書房、二〇一七年）
・「『終戦工作』における宮中勢力の政治動向」（校了、近日発表予定）

※このほか、二〇一一年度と二〇一三年度の日本政治学会研究大会分科会での報告発表、「敗戦後の宮中再編をめぐる政治的攻防―宮内府設置と側近首脳更迭問題を中心に―」と「象徴天皇制の成立過程にみる政治葛藤―一九四八年の側近首脳更迭問題より―」の成果も盛り込んでいる。

筆者はこれまで大正期から昭和戦前期にかけての近代天皇制、とくに宮中の側近たちの動向をおもな研究対象としてきた。そのなかで、戦時期の宮中を調査するうち、自然と敗戦後の天皇や側近の動向について関心をもつようになった。本書の書きだしが、「終戦工作」時における天皇や木戸内大臣の対応を分析したところからとなっているのもそのためである。そして、前述の研究論文を発表するとともに、その成果の一部を新書や一般書のなかでも紹介してきた。

筆者の日本近現代史への研究関心は、「昭和天皇独白録」の発表後に興味をもったところからはじまり、一九九四年度に提出した卒業論文も「独白録」の作成過程をテーマとした。そういう意味では、卒論提出から二〇年以上経過した今、久しぶりに戦後史の研究成果を発表したことになる。

象徴天皇制研究にまつわる話を続けると、筆者が日本近現代史を専攻しようと考えたきっかけは「独白録」であったと述べたが、もう少し具体的にいえば、「独白録」の内容や作成された背景を検証した、藤原彰、粟屋憲太郎、吉田裕、山田朗の四先生による『徹底検証昭和天皇「独白録」』（大月書店、一九九一年）を大学一年次に読んだことがきっかけであった。不思議なもので、その後、明治大学に赴任してきた山田先生のゼミに入り、大学院進学後は、単位互換制度がある立教大学の粟屋先生のゼミにも参加させていただき、博士後期課程からは粟屋先生のもとで本格的な研究を行うようになった。また、藤原先生と吉田先生にも研究会やゼミの席でお会いした際に教えをいただく機会をえた。四先生の指導をうけることで、筆者は歴史学研究の基本である史料批判の技術を身につけていくことができた。本書やそのもととなった論文を執筆するにあたっても、刊行された資料だけでなく、未刊行の一次史料を調査、分析する過程をおろそかにしないよう心掛けてきたつもりである。

そして、本書をまとめるにあたっては、研究生活のなかで知遇をえた人々との交流や指導から多大な恩恵を受けていることにもふれておきたい。まず、イギリス王室史を専門とする関東学院大学の君塚直隆先生は、研究会でお会いして以降、ご高著を上梓されるたびに恵贈くださり、また、筆者が立教大学で担当していた比較政治史の講義内容につき、イギリス立憲君主制の制度や現状など不明な点をメールでうかがった際には、その都度、丁寧にご教示くださった。君塚先生からの助言は、その後の授業に資するだけでなく、筆者の君主制研究の理解を深めるのに貴重な情報となった。本書を執筆していくうえでも、イギリス立憲君主制に関する基本的な知識を養っておけたことは非常に有益であった。

つぎに、フリージャーナリストの吉見直人氏とは、以前、氏がたずさわっていたＮＨＫの番組制作に協力して以来の関係であり、以後も氏が関係者への取材を通じて入手した未公開資料の調査、解読を依頼されてきた。本書でも使用した大金益次郎と寺崎英成、牧野伸顕の資料も吉見氏から調査依頼を受けて閲覧し、研究上の使用にあたっても遺族や関係機関との間で許諾の労をとっていただいてきた。

このほか、河西秀哉氏ら象徴天皇制について研究するグループが発表した諸論稿も、本書をまとめていくうえで大いに参考となった。河西氏らとは、二〇一四年秋に公開された「昭和天皇実録」の解読調査に共同で取り組んだほか、その継続として、日本大学の古川隆久先生、成城大学の森暢平先生を交え、「実録」の解説書となる『「昭和天皇実録」講義』(吉川弘文館)を分担執筆のうえ刊行した。「はじめに」でも紹介したように、河西氏らの象徴天皇制研究は、現在の研究の最先端を示す成果といっても過言ではない。

恩恵にあずかった方といえば、別の拙著でも紹介したが、皇室研究者の故高橋紘氏にも博士論文の審査を担当していただいて以降、大変お世話になった。今回の本書の執筆にあたっても、高橋氏がご健在であればまさに氏の専門とする分野でもあり、文献資料にはでてこない貴重な情報を聞くことができたであろうと想像する。つくづく、氏の不在が残念に思えてならない。

現在、筆者は自身の力量不足から専任の研究職に就くことができない状況にある。恩師の粟屋先生や山田先生、立教大学の沼尻晃伸先生、ゼミの先輩でもある都留文科大学の伊香俊哉先生らのほか、助教として赴任していた成蹊大学文学部現代社会学科の先生方からは筆者の研究環境を気にかけていただき、大学の授業を紹介していただいている。

最後に、本書の担当となったNHK出版編集部の伊藤周一朗氏には、執筆依頼から校了までの間、いろいろとお世話になった。もともと、筆者はあと一、二本の独立論文を書きあげてから、まず専門的な研究書としてまとめる予定であった。そんな折、拙稿「象徴天皇制の君主制形態をめぐる研究整理と一考察」を読んだ伊藤氏から、「象徴天皇制はほかの君主制とどこが異なり、そして、象徴天皇は今の日本にとってどういう意味をもつ存在なのか」という点を明らかにするため、拙稿を膨らませＮＨＫブックスから刊行してはどうかと薦めていただいた。その時点では、まだ生前退位問題が起きる前であったが、今思えば、伊藤氏の関心は、まさに現在の日本人が考えていかなくてはならない点を鋭く指摘していたことになる。

伊藤氏からの提案に、筆者は一般向けの選書ではあるが、より専門的な研究書に近いスタイルでまとめたいという意向を伝えたうえで、本書の執筆を引き受けた次第である。いざ執筆にとりかかると、発表してきた拙稿を本書の構成にあわせて大幅に加筆修正する作業が必要となり、また、拙稿の発表後に公開された文献や新資料の再調査のほか、新たな書き下ろし部分も多く、文献や資料の山に埋もれてなかなか筆がすすまない時期もあった。伊藤氏からの激励もあり、こうして何とか形にまとめることができた。願わくは、「天皇外交」や田島道治宮内庁長官時代について論じた第五章をもう少し検証する時間があればよかったという気もするが、このあたりは今後の課題としたい。

本書を読了した読者が象徴天皇（制）に対する何かしらの考えや思いをもってくだされば、筆者として幸甚である。

二〇一七年四月

茶谷誠一

参考文献一覧

1. 研究書

青木冨貴子『昭和天皇とワシントンを結んだ男』(新潮社、二〇一一年)
赤澤計眞『君主制国家論の歴史的系譜』(近代文藝社、一九九二年)
天川晃『占領下の日本』(現代史料出版、二〇一四年)
A・V・ダイシー著/高田早苗、梅若誠太郎訳『英國憲法論全 附英図憲法講義』復刻版(信山社、二〇〇六年、初版一八九九年)
粟屋憲太郎・NHK取材班『東京裁判への道』(日本放送出版協会、一九九四年)
粟屋憲太郎『東京裁判への道』上下(講談社選書メチエ、二〇〇六年)
五百旗頭真『占領期』(講談社学術文庫、二〇〇七年)
五十嵐武士『戦後日米関係の形成』(講談社学術文庫、一九九五年)
石井良助『天皇』(山川出版社、一九八二年)
伊藤之雄『昭和天皇伝』(文藝春秋、二〇一一年)
猪木正道『評伝吉田茂』下(読売新聞社、一九八一年)
入江俊郎『憲法成立の経緯と憲法上の諸問題』(第一法規出版、一九七六年)
岩見隆夫『陛下の御質問』(文春文庫、二〇〇五年)
ヴァーノン・ボグダナー著/小室輝久ほか共訳『英国の立憲君主政』(木鐸社、二〇〇三年)
W・J・シーボルト著/野末賢三訳『日本占領外交の回想』(朝日新聞社、一九六六年)
江口圭一『日本帝国主義史研究』(青木書店、一九九八年)
E・H・ノーマン著/加藤周一監修・中野利子編訳『日本占領の記録 1946-48』(人文書院、一九

九七年）
榎原猛『君主制の比較憲法学的研究』（有信堂、一九六九年）
遠藤興一『天皇制慈恵主義の成立』（学文社、二〇一〇年）
大金益次郎『巡幸餘芳』（新小説社、一九五五年）
岡崎勝男『戦後二十年の遍歴』（中公文庫、一九九九年）
岡本嗣郎『陛下をお救いなさいまし』（集英社、二〇〇二年）
奥平康弘『「萬世一系」の研究』（岩波書店、二〇〇五年）
小田部雄次『皇族』（中公新書、二〇〇九年）
カール・レーヴェンシュタイン著／秋元律郎、佐藤慶幸訳『君主制』（みすず書房、一九五七年）
筧素彦『今上陛下と母宮貞明皇后』（日本教文社、一九八七年）
笠原英彦『象徴天皇制と皇位継承』（ちくま新書、二〇〇八年）
加瀬俊一『加瀬俊一回想録』下（山手書房、一九八六年）
片山哲『回顧と展望』（福村出版、一九六七年）
加藤恭子『田島道治』（ＴＢＳブリタニカ、二〇〇二年）
加藤恭子『昭和天皇「謝罪詔勅草稿」の発見』（文藝春秋、二〇〇三年）
加藤恭子『昭和天皇と田島道治と吉田茂』（人文書館、二〇〇六年）
加藤陽子『昭和天皇と戦争の世紀』（講談社、二〇一一年）
金澤周作『チャリティとイギリス近代』（京都大学学術出版会、二〇〇八年）
金森徳次郎『帝国憲法要綱』訂正版（巌松堂書店、一九三四年）
金森徳次郎著／鈴木正編・解説『憲法を愛していますか』（農山漁村文化協会、一九九七年）
川島高峰『敗戦』（読売新聞社、一九九八年）
河西秀哉『「象徴天皇」の戦後史』（講談社選書メチエ、二〇一〇年）
河西秀哉『明仁天皇と戦後日本』（洋泉社、二〇一六年）

甘露寺受長『背広の天皇』（東西文明社、一九五七年）
木下道雄『新編宮中見聞録』（日本教文社、一九九八年）
君塚直隆『イギリス二大政党制への道』（有斐閣、一九九八年）
君塚直隆『女王陛下の影法師』（筑摩書房、二〇〇七年）
君塚直隆『ジョージ五世』（日経プレミアシリーズ、二〇一一年）
君塚直隆『ベル・エポックの国際政治』（中央公論新社、二〇一二年）
君塚直隆『チャールズ皇太子の地球環境戦略』（勁草書房、二〇一三年）
グエン・テラサキ著／新田満里子訳『太陽にかける橋』（中公文庫、一九九一年）
楠綾子『吉田茂と安全保障政策の形成』（ミネルヴァ書房、二〇〇九年）
楠綾子『占領から独立へ』（吉川弘文館、二〇一三年）
久野収・鶴見俊輔『現代日本の思想』（岩波新書、一九五六年）
栗田直樹『緒方竹虎』（吉川弘文館、二〇〇一年）
G・イェリネク著／芦部信喜ほか訳『一般国家学』（学陽書房、一九七四年）
ケネス・ルオフ著／高橋紘監修『国民の天皇』（共同通信社、二〇〇三年）
小泉信三『ジョオジ五世伝と帝室論』（文藝春秋、一九八九年）
纐纈厚『「聖断」虚構と昭和天皇』（新日本出版社、二〇〇六年）
古関彰一『新憲法の誕生』（中公文庫、一九九五年）
後藤致人『昭和天皇と近現代日本』（吉川弘文館、二〇〇三年）
後藤致人『内奏』（中公新書、二〇一〇年）
小宮京『自由民主党の誕生』（木鐸社、二〇一〇年）
坂本孝治郎『象徴天皇制へのパフォーマンス』（山川出版社、一九八九年）
佐々木惣一『改訂日本国憲法論』（有斐閣、一九五二年）

佐々木隆爾『現代天皇制の起源と機能』（昭和出版、一九九〇年）
佐藤功『君主制の研究』（日本評論新社、一九五七年）
佐藤達夫『日本国憲法成立史』第一巻、第四巻（有斐閣、一九六二年、一九九四年）
佐藤達夫『日本国憲法誕生記』（中公文庫版、一九九九年、初版一九五七年）
柴山太『日本再軍備への道』（ミネルヴァ書房、二〇一〇年）
下條芳明『象徴君主制憲法の20世紀的展開』（東信堂、二〇〇五年）
J・ウィリアムズ著／市雄貴・星健一訳『マッカーサーの政治改革』（朝日新聞社、一九八九年）
週刊新潮編集部『マッカーサーの日本』上（新潮文庫、一九八三年）
昭和天皇巡幸編纂委員会『昭和天皇巡幸』（創芸社、二〇一二年）
ジョン・ダワー著／三浦陽一ほか訳『増補版　敗北を抱きしめて』下（岩波書店、二〇〇四年）
進藤榮一『分割された領土』（岩波現代文庫、二〇〇二年）
鈴木昭典『日本国憲法を生んだ密室の九日間』（角川ソフィア文庫版、二〇一四年）
鈴木多聞『「終戦」の政治史　1943－1945』（東京大学出版会、二〇一一年）
鈴木正幸『近代天皇制の支配秩序』（校倉書房、一九八六年）
鈴木正幸『国民国家と天皇制』（校倉書房、二〇〇〇年）
セオドア・コーエン著／大前正臣訳『日本占領革命』上（TBSブリタニカ、一九八三年）
関口哲矢『昭和期の内閣と戦争指導体制』（吉川弘文館、二〇一六年）
関屋友彦『使命感に燃えた三人男』（紀尾井出版、二〇〇一年）
袖井林二郎『マッカーサーの二千日』（中公文庫、二〇〇四年）
高尾亮一筆『皇室典範の制定経過』（憲法調査会事務局、一九六二年）
高尾亮一筆『皇室経済法の制定経過』（憲法調査会事務局、一九六二年）
高橋紘・鈴木邦彦編著『陛下、お尋ね申し上げます』（徳間書店、一九八二年）

高橋紘『象徴天皇』（岩波新書、一九八七年）
高橋紘・鈴木邦彦『天皇家の密使たち』（文春文庫、一九八九年）
高橋紘・所功『皇位継承』（文春新書、一九九八年）
高橋紘『昭和天皇1945－1948』（岩波現代文庫、二〇〇八年）
高橋紘『人間　昭和天皇』上下（講談社、二〇一一年）
高柳賢三ほか編『日本国憲法制定の過程』Ⅰ・Ⅱ（有斐閣、一九七二年）
ダグラス・マッカーサー著／津島一夫訳『マッカーサー大戦回顧録』下（中公文庫、二〇〇三年（原典は、『マッカーサー回想記』下、朝日新聞社、一九六四年））
武田清子『天皇観の相剋』（岩波書店、一九九三年）
千葉慶『アマテラスと天皇』（吉川弘文館、二〇一一年）
茶谷誠一『昭和戦前期の宮中勢力と政治』（吉川弘文館、二〇〇九年）
茶谷誠一『昭和天皇側近たちの戦争』（吉川弘文館、二〇一〇年）
茶谷誠一『牧野伸顕』（吉川弘文館、二〇一三年）
手嶋泰伸『昭和戦時期の海軍と政治』（吉川弘文館、二〇一三年）
藤樫準二『千代田城』（光文社、一九五八年）
徳川義寛・岩井克己『侍従長の遺言』（朝日新聞社、一九九七年）
徳本栄一郎『英国機密ファイルの昭和天皇』（新潮社、二〇〇七年）
冨永望『象徴天皇制の形成と定着』（思文閣出版、二〇一〇年）
冨永望『昭和天皇退位論のゆくえ』（吉川弘文館、二〇一四年）
豊下楢彦『安保条約の成立』（岩波新書、一九九六年）
豊下楢彦『昭和天皇・マッカーサー会見』（岩波現代文庫、二〇〇八年）
豊下楢彦『昭和天皇の戦後日本』（岩波書店、二〇一五年）

中島三千男『天皇の代替りと国民』（青木書店、一九九〇年）
中村政則『象徴天皇制への道』（岩波新書、一九八九年）
西修『日本国憲法成立過程の研究』（成文堂、二〇〇四年）
西尾末広『西尾末広の政治覚書』（毎日新聞社、一九六八年）
波多野澄雄『宰相鈴木貫太郎の決断』（岩波現代全書、二〇一五年）
波多野勝『裕仁皇太子ヨーロッパ外遊記』（草思社、一九九八年）
波多野勝『明仁皇太子エリザベス女王戴冠式列席記』（草思社、二〇一二年）
服部龍二『幣原喜重郎と二十世紀の日本』（有斐閣、二〇〇六年）
原武史『可視化された帝国』（みすず書房、二〇〇一年）
原武史『「昭和天皇実録」を読む』（岩波新書、二〇一五年）
ハワード・B・ショーンバーガー著／宮崎章訳『占領1945〜1952』（時事通信社、一九九四年）
東野真『昭和天皇二つの「独白録」』（日本放送出版協会、一九九八年）
日暮吉延『東京裁判の国際関係』（木鐸社、二〇〇二年）
日暮吉延『東京裁判』（講談社現代新書、二〇〇八年）
ヒュー・セシル著／栄田卓弘訳『保守主義とは何か』（早稲田大学出版部、一九七九年）
福永文夫『占領下中道政権の形成と崩壊』（岩波書店、一九九七年）
藤原彰ほか『徹底検証「昭和天皇独白録」』（大月書店、一九九一年）
古川隆久『昭和天皇』（中公新書、二〇一一年）
古川隆久ほか編『「昭和天皇実録」講義』（吉川弘文館、二〇一五年）
増田甲子七『増田甲子七回想録』（毎日新聞社、一九八四年）
増田弘『マッカーサー』（中公新書、二〇〇九年）
升味準之輔『昭和天皇とその時代』（山川出版社、一九九八年）

松尾尊兊『国際国家への出発』（集英社、一九九三年）
松尾尊兊『戦後日本への出発』（岩波書店、二〇〇二年）
松下圭一『戦後政治の歴史と思想』（ちくま学芸文庫、一九九四年）
松田好史『内大臣の研究』（吉川弘文館、二〇一四年）
三浦陽一『吉田茂とサンフランシスコ講和』上下巻（大月書店、一九九六年）
水林彪『天皇制史論』（岩波書店、二〇〇六年）
三谷隆信『回顧録　侍従長の昭和史』（中公文庫、一九九九年）
宮澤喜一『東京－ワシントンの密談』（中公文庫、一九九九年）
村井哲也『戦後政治体制の起源』（藤原書店、二〇〇八年）
元山健・倉持孝司編『新版　現代憲法　日本とイギリス』（敬文堂、二〇〇〇年）
諸橋襄『明治憲法と枢密院制』（芦書房、一九六四年）
安田浩『天皇の政治史』（青木書店、一九九八年）
安田浩『近代天皇制国家の歴史的位置』（大月書店、二〇一一年）
山田朗『昭和天皇の軍事思想と戦略』（校倉書房、二〇〇二年）
山田朗『昭和天皇の戦争』（岩波書店、二〇一七年）
横田耕一『憲法と天皇制』（岩波新書、一九九〇年）
吉田裕『昭和天皇の終戦史』（岩波新書、一九九二年）
吉次公介『日米同盟はいかに作られたか』（講談社選書メチエ、二〇一一年）
米原謙『国体論はなぜ生まれたか』（ミネルヴァ書房、二〇一五年）
ロバート・D・エルドリッヂ『沖縄問題の起源』（名古屋大学出版会、二〇〇三年）
渡辺治『戦後政治史の中の天皇制』（青木書店、一九九〇年）
渡邉允『天皇家の執事』（文春文庫、二〇一一年）

2. 研究論文

芦部信喜ほか「座談会　象徴天皇制の42年と今後の課題」(『ジュリスト』第九三三号、一九八九年五月)
五十嵐暁郎編『象徴天皇の現在』(世織書房、二〇〇八年)所収の五十嵐暁郎、吉次公介の論稿
井口治夫「戦後日本の君主制とアメリカ」(伊藤之雄・川田稔編『二〇世紀日本の天皇と君主制』吉川弘文館、二〇〇四年)
井手成三「皇室典範立案当時の思出」(『時の法令』第三〇三号、一九五九年一月)
Haruo Iguchi, "Kenneth Colegrove and Japan 1927-1946"(『同志社アメリカ研究』第四三号、二〇〇七年)
井上寿一「吉田茂」(増田弘編著『戦後日本首相の外交思想』ミネルヴァ書房、二〇一六年)
ウォルター・バジョット著/小松春雄訳「イギリス憲政論」(辻清明編『世界の名著60』中央公論社、一九七〇年)
奥平康弘「日本国憲法と『内なる天皇制』」(『世界』第五二三号、一九八九年一月)
笠原英彦「皇室典範制定過程の再検討」(『法学研究』第八三巻第一二号、二〇一〇年一二月)
梶田明宏「『昭和天皇像』の形成」(鳥海靖ほか編『日本立憲政治の形成と変質』吉川弘文館、二〇〇五年)
嘉戸一将「『忠君』と『愛国』」(鈴木徳男・嘉戸一将編『明治国家の精神史的研究』以文社、二〇〇八年)
川田敬一「日本国憲法制定過程における皇室財産論議」(金沢工業大学日本学研究所『日本学研究』第七号、二〇〇四年六月)
川田敬一「『皇室経済法』制定史(一)」金沢工業大学日本学研究所『日本学研究』第九号、二〇〇六年一二月)
川田敬一「『皇室経済法』の成立過程」(『産大法学』第四〇巻第三・四号、二〇〇七年三月)
川田稔「立憲制的君主制から議会制的君主制へ」(伊藤之雄・川田稔編『環太平洋の国際秩序の模索と日本』山川出版社、一九九九年)
河西秀哉「二重外交展開、占領下も『君主』でありつづけた昭和天皇」(『新潮45』第三二九号、二〇〇九年

九月）
河西秀哉「天皇制と現代化」（『日本史研究』第五八二号、二〇一一年二月）
河西秀哉編『戦後史のなかの象徴天皇制』（吉田書店、二〇一三年）所収の河西秀哉、瀬畑源、冨永望、舟橋正真、森暢平の論稿
菅英輝ほか「吉田外交を見直す」（『論座』二〇〇二年一月号）
神崎豊「一九四七年一〇月における一一宮家の皇籍離脱」（「年報日本現代史」編集委員会編『年報・日本現代史』第一一号、現代史料出版、二〇〇六年）
進藤榮一「分割化された領土」（『世界』第四〇一号、一九七九年四月）
瀬畑源「小泉信三の象徴天皇論」（『一橋社会科学』第二号、二〇〇七年）
瀬畑源「昭和天皇『戦後巡幸』の再検討」（『日本史研究』第五七三号、二〇一〇年五月）
瀬畑源「『宮中・府中の別』の解体過程」（『一橋社会科学』第五巻、二〇一三年七月）
袖井林二郎「戦後史みなおしの原点」（『法学セミナー』第二三巻第一二号、一九七九年一一月）
高田万亀子「新出史料からみた『昭和天皇独白録』」（『政治経済史学』第二九九号、一九九一年）
高柳賢三「憲法に関する逐条意見書」（『ジュリスト』第二八九号、一九六四年一月）
C・A・ウィロビー著／延禎監修『ウィロビー回顧録　知られざる日本占領』（番町書房、一九七三年）
茶谷誠一「宮中勢力による社会経済問題への対応」（粟屋憲太郎編『近現代日本の戦争と平和』現代史料出版、二〇一一年）
茶谷誠一「新史料発見　御用掛・寺崎英成一九四九年日記」（『中央公論』二〇一五年九月号）
茶谷誠一「『終戦工作』における宮中勢力の政治動向」（校了、未発表）
冨永望「戦後社会主義勢力と象徴天皇制」（赤澤史朗ほか編『年報・日本現代史』第一一号、二〇〇六年）
冨永望「象徴天皇制の実相」（『二十世紀研究』第一六号、二〇一五年一二月）
永井均「戦争犯罪人に関する政府声明案」（『年報・日本現代史』第一〇号、現代史料出版、二〇〇五年）

中村睦男「国事行為ないし天皇の公的行為」（『ジュリスト』第九三三号、一九八九年五月）
西村熊雄「講和条約」（保科善四郎ほか『語りつぐ昭和史3』朝日文庫、一九九〇年）
波多野澄雄「『再軍備』をめぐる政治力学」（近代日本研究会編『年報・近代日本研究』一一、山川出版社、一九八九年）
東健太郎「象徴天皇観と憲法の交錯」（『相関社会科学』第一六号、二〇〇六年）
福永文夫「戦後改革と社会主義勢力」（中村政則ほか編『占領と改革』岩波書店、一九九五年）
古川隆久ほか編『「昭和天皇実録」講義』（吉川弘文館、二〇一五年）所収の河西秀哉、茶谷誠一、冨永望、舟橋正真の論稿
御厨貴「『帝国』日本の解体と『民主』日本の形成」（中村政則ほか編『戦後日本占領と戦後改革2　占領と改革』岩波書店、一九九五年）
武藤秀太郎「小泉信三の天皇像」（猪木武徳・マルクス・リュッターマン編著『近代日本の公と私、官と民』NTT出版、二〇一四年）
村井良太「昭和天皇と政党内閣制」（日本政治学会編『年報政治学二〇〇四』岩波書店、二〇〇五年）
安田常雄「象徴天皇制と国民意識」（中村政則編『占領と戦後改革』吉川弘文館、一九九四年）
吉見義明「占領期日本の民衆意識」（『思想』第八一一号、一九九二年一月）
渡辺治「戦後国民統合の変容と象徴天皇制」（歴史学研究会・日本史研究会編『日本史講座　戦後日本論』第一〇巻、東京大学出版会、二〇〇五年）
Dermot Morrah, 'The Private Secretary' in *The National and English Review*, 149（1959）.

3．刊行資料

芦部信喜・高見勝利編著『日本立法資料全集一　皇室典範』（信山社、一九九〇年）
芦部信喜・高見勝利編著『日本立法資料全集七　皇室経済法』（信山社、一九九二年）

安倍源基『巣鴨日記』（展転社、一九九二年）
粟屋憲太郎編『資料日本現代史』二（大月書店、一九八〇年）
粟屋憲太郎ほか編『木戸幸一尋問調書』（大月書店、一九八七年）
石渡荘太郎伝記編纂会編『石渡荘太郎』（同会、一九五四年）
伊藤隆・広瀬順晧編『牧野伸顕日記』（中央公論社、一九九〇年）
伊藤隆編『高木惣吉　日記と情報』下（みすず書房、二〇〇〇年）
入江為年監修／朝日新聞社編『入江相政日記』第一巻～第六巻（朝日新聞社、一九九〇年～九一年）
江藤淳編『占領史録』第一巻（講談社学術文庫、一九八九年）
大蔵省財政史室編『渡辺武日記』（東洋経済新報社、一九八三年）
太田健一ほか編著『次田大三郎日記』（山陽新聞社、一九九一年）
外務省編『日本外交文書　平和条約の締結に関する調書』第三冊～第五冊（外務省、二〇〇二年）
片山内閣記録刊行会編『片山内閣』（同会、一九八〇年）
木戸幸一『木戸幸一日記』下巻（東京大学出版会、一九六六年）
木戸日記研究会編『木戸幸一関係文書』（東京大学出版会、一九六六年）
木下道雄『側近日誌』（文藝春秋、一九九〇年）
栗栖赳夫法律著作選集刊行会『戦中戦後立法・起債調整論・日誌』（有斐閣、一九六八年）「栗栖赳夫在官日誌」
経済企画庁編『戦後経済復興と経済安定本部』（大蔵省印刷局、一九八八年）「都留重人日誌」
小泉信三『小泉信三全集』第一六・第一七・第二六巻（文藝春秋、一九六七年～六九年）
小山完吾『小山完吾日記』慶應通信、一九五五年
櫻井良樹「鈴木貫太郎日記（昭和二一年）について」（『野田市史研究』第一六号、二〇〇五年）
佐藤元英監修『秩父宮雍仁親王』（ゆまに書房、二〇一二年、初版一九七〇年）

佐藤元英監修『高松宮宣仁親王』（ゆまに書房、二〇一二年、初版一九九一年）
参謀本部所蔵『敗戦の記録〈普及版〉』（原書房、一九八九年）
重光葵『重光葵手記』（中央公論社、一九八六年）
重光葵『続重光葵手記』（中央公論社、一九八八年）
幣原喜重郎『外交五十年』（中公文庫版、一九八七年）
幣原平和財団編『幣原喜重郎』（同財団、一九五五年）
柴田紳一編『吉田茂書翰追補』（中央公論新社、二〇一一年）
尚友倶楽部ほか編『河井弥八日記』戦後篇一・二（信山社、二〇一五年〜一六年）
尚友倶楽部・今津敏晃編『小林次郎日記』（芙蓉書房出版、二〇一六年）
進藤榮一編『芦田均日記』第一巻〜第七巻（岩波書店、一九八六年〜九二年）
鈴木しづ子「天皇行幸と象徴天皇制の確立」（『歴史評論』第二九八号、一九七五年二月）
大霞会編『内務省史』第三巻（地方財務協会、一九七一年）
高松宮宣仁親王『高松宮日記』第八巻（中央公論社、一九九七年）
寺崎英成／マリコ・テラサキ・ミラー編著『昭和天皇独白録　寺崎英成・御用掛日記』（文藝春秋、一九九一年、文庫版一九九五年）
徳川義寛『徳川義寛終戦日記』（朝日新聞社、一九九九年）
波多野澄雄ほか編『侍従武官長奈良武次日記・回顧録』第四巻（柏書房、二〇〇〇年）
林茂・辻清明編『日本内閣史録』五（第一法規出版、一九八一年）
原田熊雄述『西園寺公と政局』第七巻（岩波書店、一九五二年）
東久邇稔彦『東久邇日記』（徳間書店、一九六八年）
福永文夫編『GHQ民政局資料　占領改革　経済・文化・社会』（丸善、二〇〇〇年）
藤田尚徳『侍従長の回想』（中公文庫、一九八七年）

細川護貞『細川日記』（中央公論社、一九七八年）
細谷千博ほか編『日米関係資料集一九四五〜九七』（東京大学出版会、一九九九年）
本庄繁『本庄日記〈普及版〉』（原書房、一九八九年）
山極晃・中村政則編『資料日本占領1　天皇制』大月書店、一九九〇年
吉田茂『回想十年』一〜四（中公文庫、一九九八年）
吉田茂記念事業財団編『吉田茂書翰』（中央公論社、一九九四年）
『真相』第一一号（人民社、一九四七年九月）
宮内庁ホームページ「おことば・記者会見」・「天皇陛下ご即位に際し（平成元年）」
British Foreign Office Files for Post-War Japan (FO370, 371)
Foreign Relations of the United States 1948, Vol 6.

〈未刊行資料〉

「入江俊郎関係文書」（国立国会図書館憲政資料室所蔵）
「加瀬俊一関係文書」（国立国会図書館憲政資料室所蔵）
「木戸幸一政治談話速記録」（国立国会図書館憲政資料室所蔵）
「佐藤達夫関係文書」（国立国会図書館憲政資料室所蔵）
「幣原平和文庫」（国立国会図書館憲政資料室所蔵）
「関屋貞三郎日記」（国立国会図書館憲政資料室所蔵）
「寺崎英成日記」一九四九年分（「憲政資料室収集文書」一四六三、国立国会図書館憲政資料室所蔵）
「芳賀四郎関係文書」（国立国会図書館憲政資料室所蔵）
「林敬三氏談話速記録」（「内政史研究会旧蔵資料」一六五、国立国会図書館憲政資料室所蔵）
「牧野伸顕関係文書」（国立国会図書館憲政資料室所蔵）

「和田博雄関係文書」（国立国会図書館憲政資料室所蔵）
GHQ/SCAP Records, Government Section.（国立国会図書館憲政資料室所蔵）
Records of the Far Eastern Commission, 1945-1952.（国立国会図書館憲政資料室所蔵）
「木戸家文書」（国立歴史民俗博物館所蔵）
「森戸辰男関係文書」（広島大学図書館所蔵）
関屋貞三郎宛牧野伸顕書簡（大磯町郷土資料館所蔵）
吉田茂宛牧野伸顕書簡（大磯町郷土資料館所蔵）
※大磯町郷土資料館所蔵の牧野伸顕書簡の使用にあたっては、フリージャーナリストの吉見直人氏に仲介の労をとっていただいた。
『連合軍の本土進駐並びに軍政関係』（外務省外交史料館所蔵）
『連合軍の本土進駐並びに軍政関係　連合国軍と日本側との連絡関係会談集』第二巻（外務省外交史料館所蔵）
『芦田内閣閣議書類（その六）』（国立公文書館デジタルアーカイブ）
『憲法調査会第三委員会第一回〜第十回会議議事録』（国立公文書館デジタルアーカイブ）
『憲法改正草案・枢密院審査委員会審査記録（三）』（国立公文書館デジタルアーカイブ）
『公文雑纂』（国立公文書館デジタルアーカイブ）
『公文類聚』第七一編第九巻、第七三編第二九巻（国立公文書館デジタルアーカイブ）
『臨時法制調査会関係・佐藤幹事』（国立公文書館デジタルアーカイブ）
『枢密院委員会録』昭和二一年、国立公文書館所蔵、アジ歴、本館－二A－〇一五－〇七・枢B〇〇〇三三一〇〇－〇一三）
帝国議会衆議院・貴族院会議録、衆議院・参議院会議録、『官報』（国会会議録検索システム、国立国会図書館）

William J. Sebald papers, 1887-1980, Series 11: DIARIES AND DATE BOOKS, 1920-1970, Personal Diary of William J. Sebald.（米海軍兵学校ニミッツ図書館所蔵）

〈個人資料〉

〔大金益次郎ノート〕（大金順子氏所蔵）

※本資料の閲覧、使用にあたっては、フリージャーナリストの吉見直人氏から厚遇をうけた。

や行

ら行

わ行

な行

は行

ま行

さ行

た行

人名索引

あ行

か行

茶谷誠一（ちゃだに・せいいち）
1971年石川県生まれ。2006年立教大学大学院文学研究科博士後期課程修了。博士（文学）。現在、明治大学、立教大学兼任講師。専攻は日本近現代史。
著書に、『昭和戦前期の宮中勢力と政治』『昭和天皇側近たちの戦争』『牧野伸顕』（以上、吉川弘文館）、『宮中からみる日本近代史』（ちくま新書）、編著に『「昭和天皇実録」講義』（吉川弘文館）など。

NHK BOOKS 1244

象徴天皇制の成立
昭和天皇と宮中の「葛藤」

2017（平成29）年5月25日　第1刷発行

著　者　茶谷誠一　
発行者　小泉公二
発行所　NHK出版
東京都渋谷区宇田川町41-1　郵便番号150-8081
電話 0570-002-247（編集）　0570-000-321（注文）
ホームページ　http://www.nhk-book.co.jp
振替　00110-1-49701
装幀者　水戸部 功
印　刷　三秀舎・近代美術
製　本　三森製本所

Printed in Japan　ISBN978-4-14-091244-7 C1321

NHK BOOKS

＊歴史（Ⅰ）

※在庫品切れの際はご容赦下さい。

NHK BOOKS

＊歴史(Ⅱ)

人類がたどってきた道 ―〝文化の多様化〟の起源を探る― 海部陽介
アメリカ黒人の歴史 ジェームス・M・バーダマン
十字軍という聖戦 ―キリスト教世界の解放のための戦い― 八塚春児
異端者たちの中世ヨーロッパ 小田内　隆
フランス革命を生きた「テロリスト」―ルカルパンティエの生涯― 遅塚忠躬
文明を変えた植物たち ―コロンブスが遺した種子― 酒井伸雄
世界史の中のアラビアンナイト 西尾哲夫
「棲み分け」の世界史 ―欧米はなぜ覇権を握ったのか― 下田　淳

＊社会

デザインの20世紀 柏木　博
嗤う日本の「ナショナリズム」 北田暁大
新版 図書館の発見 前川恒雄／石井　敦
社会学入門 ―〈多元化する時代〉をどう捉えるか― 稲葉振一郎
ウェブ社会の思想 ―〈遍在する私〉をどう生きるか― 鈴木謙介
新版 データで読む家族問題 湯沢雍彦／宮本みち子
現代日本の転機 ―「自由」と「安定」のジレンマ― 高原基彰
メディアスポーツ解体 ―〈見えない権力〉をあぶり出す― 森田浩之
議論のルール 福澤一吉
「韓流」と「日流」―文化から読み解く日韓新時代― クォン・ヨンソク
希望論 ―2010年代の文化と社会― 宇野常寛・濱野智史
ITが守る、ITを守る ―天災・人災と情報技術― 坂井修一
団地の空間政治学 原　武史
図説 日本のメディア 藤竹　暁
ウェブ社会のゆくえ ―〈多孔化〉した現実のなかで― 鈴木謙介
情報社会の情念 ―クリエイティブの条件を問う― 黒瀬陽平
未来をつくる権利 ―社会問題を読み解く6つの講義― 荻上チキ
新東京風景論 ―箱化する都市、衰退する街― 三浦　展
日本人の行動パターン ルース・ベネディクト
「就活」と日本社会 ―平等幻想を超えて― 常見陽平
現代日本人の意識構造［第八版］ NHK放送文化研究所 編

※在庫品切れの際はご容赦下さい。

NHK BOOKS

＊政治・法律

現代民主主義の病理―戦後日本をどう見るか― 佐伯啓思
国家論―日本社会をどう強化するか― 佐藤　優
マルチチュード―〈帝国〉時代の戦争と民主主義―(上)(下) アントニオ・ネグリ／マイケル・ハート
コモンウェルス―〈帝国〉を超える革命論―(上)(下) アントニオ・ネグリ／マイケル・ハート
叛逆―マルチチュードの民主主義宣言― アントニオ・ネグリ／マイケル・ハート
ポピュリズムを考える―民主主義への再入門― 吉田　徹
中東　新秩序の形成―「アラブの春」を超えて― 山内昌之
「デモ」とは何か―変貌する直接民主主義― 五野井郁夫
権力移行―何が政治を安定させるのか― 牧原　出
国家緊急権 橋爪大三郎
自民党政治の変容 中北浩爾
未承認国家と覇権なき世界 廣瀬陽子
安全保障を問いなおす―「九条―安保体制」を越えて― 添谷芳秀
アメリカ大統領制の現在―権限の弱さをどう乗り越えるか― 待鳥聡史
日本とフランス「官僚国家」の戦後史 大嶽秀夫

＊経済

分断される経済―バブルと不況が共存する時代― 松原隆一郎
考える技術としての統計学―生活・ビジネス・投資に生かす― 飯田泰之
生きるための経済学―〈選択の自由〉からの脱却― 安冨　歩
資本主義はどこへ向かうのか―内部化する市場と自由投資主義― 西部　忠
ドル・円・ユーロの正体―市場心理と通貨の興亡― 坂田豊光
日本銀行論―金融政策の本質とは何か― 相沢幸悦
雇用再生―持続可能な働き方を考える― 清家　篤
希望の日本農業論 大泉一貫

※在庫品切れの際はご容赦下さい。